말씀 묵상 104

이 책은 저자가 코로나 팬데믹 시기에
대면하지 못하는 속회원들에게
2021년 5월부터 2023년 5월까지
2년 104주 동안 매주 수요일 편지로 보낸
104편의 말씀 묵상을 엮은 것입니다.

말씀 묵상 104

노상균 지음

Edia

추천의 글

금번에 노상균 장로님이 집필하신 말씀 묵상집이 발간됨을 진심으로 기쁘고 감사하게 생각합니다. 노 장로님은 남산교회 원로장로님이시고 법무법인 동인의 대표변호사이기도 하신데, 바쁜 삶 가운데서도 늘 말씀을 사모하시며 성경 연구와 묵상, 그리고 이를 주위 교우들과 나누고 전하는 일을 게을리하지 않는 분이십니다.

장로님은 일찍이 여러 성경공부 프로그램에 참여하여 체계적으로 말씀을 배우고 연구하셨으며 남산교회에서 여러 해 성경공부 강사로, 속회 지도자로 활동해 오신 경력과 은사를 가지고 계신 분입니다. 그래서 이미 『통독을 위한 성경 다이제스트』라는 책을 펴내기도 하셨고, 이번에도 코로나 이후 속회원들을 위해 심혈을 기울여 기도하며 준비하여 온라인 상으로 말씀을 전하신 내용들을 정리하여 말씀 묵상집을 발간하시게 된 것입니다.

장로님의 말씀 묵상 내용을 보면 참으로 충실하면서도 은혜로운 내용들로 가득 차 있습니다. 말씀을 가르치고 전하는 일을 전문적으로 하는 목회자나 신학 교수의 말씀 묵상 내용을 뺨치는 수준의 글들이라는 느낌을 지울 수 없습니다. 이는 장로님의 평소의 성경 지식과 지적 능력에 기인하는 것이기도 하지만, 무엇보다 깊이 묵상하고 기도하시며 성령께서 주시는 영감과 은사를 따라 말씀의 맥을 잡고 풀어가는 능력 때문이라고 생각합니다.

특히 제가 개인적으로 좋게 여기는 것은 철저히 본문과 성경 중심으로 강해를 하면서도 핵심적인 메시지들을 잘 뽑아내 체계적이고 논리적으로 전개하고 있는 점입니다. 그뿐만 아니라 그 메시지들이 오늘 우리 성도들의 신앙과 삶에 적용될 수 있도록 잘 설명하고 권면하며 도전하는 내용들을 균형 있게 담고 있다는 것입니다.

여기에 그때그때 성경의 말씀들을 풍성하게 인용하여 보충 설명함으로써, 성경을 폭넓게 배우고 이해하는데도 큰 도움을 주고 있습니다. 이런 일들은 결코 쉬운 일이 아니며, 다시 말씀드리지만, 오직 기도와 땀, 폭넓은 성경 지식과 지적 통찰력, 무엇보다 성령의 감동과 은사로만 가능한 것입니다.

금 번 말씀 묵상집은 말씀을 사모하며 말씀과 동행하고자 하는 모든 분들에게 좋은 선물이 될 것이라 믿어 의심치 않습니다. 일반 성도님들은 물론 목회자들에게도 유익하리라 생각합니다. 이에 적극적으로 추천하는 바입니다.

말씀 묵상집이 나오기까지 기도하고 수고하신 장로님께 감사와 축복의 말씀을 드리며, 부디 이 말씀 묵상집을 통해 많은 분들이 하나님 말씀과 더 가까워지고 생명의 말씀을 통해 주시는 은혜와 축복을 풍성히 받아 누리시기를 기원합니다.

이원재
남산교회 담임목사

속회원의 글

··· 예배의 방법을 몰라 방황하며 속절없이 기다리는 시간이 길어질 즈음에 속회 인도자이신 장로님의 수고와 헌신으로 On-line이라는 새로운 방법을 가지고 속회를 시작했습니다.

한주도 빠지지 않고 올라오는 속회 말씀은 듣고 흘려버리는 것이 아니고, 내가 말씀을 이해하며 묵상할수 있는 좋은 시간으로 변해갔고, 매주 말씀을 기다리는 시간이 되었습니다.

무엇보다 힘이 되거나 기억하고 싶은 말씀은 주석을 달아주듯이 성경의 구절을 발췌해 주셔서 찾아 읽게되니, 혼자서 드리는 작은 예배의 시간이 더욱 풍성한 은혜를 주시는 시간들로 채울 수 있었습니다.

설교를 듣던 때 보다 하루에도 은혜로운 글은 반복해서 읽게 되니, 힘든 하루를 보낼 때면 말씀을 붙잡고 힘을 얻을 수 있어서 더욱 소중했고, 내가 좋아하는 지인들과 주시는 말씀 내용을 나눌 수 있어서 더욱 행복했습니다.

결코 짧지 않았던 시간동안 정성을 다하여서 말씀을 준비해서 올리셨을 장로님을 보면서 말씀이 더욱 귀하게 다가왔습니다. 장로님 감사합니다.

조갑주, 이수정

··· 모태신앙이지만 선데이 크리스천이였던 저에게 첫 속회모임은 낯설고 어색하기만 했지만 지금은 너무 소중한 모임이 되었습니다. 주님 안에서 교제함이 얼마나 큰 은혜이고 기쁨인지를 깨닫게해 준 소중한 교제의 시간들이였습니다.

어려운 일이 있을 땐 기도와 말씀으로 힘을 주셨고 기쁜 일은 함께 기뻐하며 나눌 수 있음에 감사했습니다. 코로나로 서로 만날 수 없었던 시기에 매주 수요일이면 울리는 카톡 소리와 함께 장로님의 말씀으로 하루를 시작하게 되었고 또한 저희 가정에 큰 어려움이 있던 시기에 매주 올려주신 생명의 말씀은 큰 위로와 힘이 되어주었습니다.

장로님의 기도와 땀이 서린 귀한 책이 출간됨을 진심으로 축하드립니다. 저희 속회에서 받았던 은혜 그대로 이 책을 읽는 독자에게도 전해지길 소망합니다. 바쁜 와중에도 매주 말씀으로 섬겨주신 장로님께 감사드립니다.

염기호, 허지은

··· 먼저 책 발간을 축하드립니다. 코로나로 인해 대면으로 속회 공부를 진행할 수 없었던 상황에서 비대면 수업으로 매주 속회 카톡방에 속회 공부를 올려주셨던 귀한 노고에 감사의 말씀을 전하고 싶습니다.

장로님의 헌신과 노력, 믿음과 행함의 모범으로 말미암아 우리 속회가 여전히 단단하게 이어져갔다고 생각합니다. 책으로 출간된 그간의 내용은 여러 사람들에게 큰 은혜와 가르침이 될 것입니다. 많은 사람들에게 도움을 주는 역할을 맡으셨음에 자부심을 가지셔도 좋을 것 같습니다.

그간의 장로님의 믿음과 헌신적인 수고에 깊이 감사하며 함께 이 믿음의 길을 걷는 큰 기쁨을 느끼고 있습니다.

책 발간을 다시 한번 축하드리며 그간의 장로님의 시간과 수고에 진심으로 감사의 인사를 드립니다.

김영준, 신용실

프롤로그

　장로직을 은퇴하게 되면 지난날의 교회생활을 돌아보면서 영적 재충전을 하기 위하여 1년간의 안식년을 가진 후에, 새롭게 교회생활을 재출발하려는 생각을 갖고 있었습니다. 그런데 2020년 2월 장로직을 은퇴하자마자, 코로나로 인하여 교회의 예배와 활동이 제한됨에 따라 자연스럽게 안식년과 같은 시간을 갖게 되었습니다. 처음에는 비대면으로 예배를 드리는 것이 나름대로 편하고 좋은 점도 있었지만, 시간이 갈수록 예배에 집중도 안되고 믿음생활 또한 무분별해짐에 따라 영적 재충전은 커녕 영적 기갈 같은 것을 느끼지 않을 수 없었습니다. 모름지기 바람직한 믿음생활이란 온전한 예배에서 비롯됨을 새삼스럽게 깨달았습니다

　이처럼 코로나 사태의 여파로 1년 넘게 속회 모임을 하지 못하다가 2021년 5월 경 속회 모임을 활성화하라는 목회부의 권면에 따라 비대면으로 속회 모임을 하게 되었습니다. 우리 양선 1속(종전 서래 5속)은 속장이신 정진국 권사님이 IT 전문가답게 카톡방을 개설하여 속회공과 교재의 주요 내용과 찬송가를 보내는 방법으로 속회가 재개되었습니다. 저는 인도자인 입장에서 속회공과 말씀을 묵상한 내용을 글로 정리하여 보냈습니다. 속

회원들의 반응도 좋고, 저 자신도 새롭게 성경 말씀을 묵상하는 즐거움도 있어 이를 계속 하였습니다.

처음에는 인도자의 직분에 충실하겠다는 마음으로 시작했지만 평신도 입장에서 매주 말씀 묵상을 글로 쓰는 일이 힘들고 부담도 되어 괜히 시작했나 하는 후회도 했습니다. 그런데 말씀 묵상의 글을 거듭 작성하다 보니 성경이 주는 영적 교훈을 깨닫게 되는 즐거움을 누리기도 하였습니다. 마치 많은 작은 보석들이 하나로 꿰어져 큰 보물로 변하는 것 같았습니다. 그러다가 어느 때부터인지 말씀 묵상의 글은 저에게 믿음의 열매요 기쁨과 감사의 표징으로 다가왔습니다. 더욱이 2022년 교회의 365 말씀동행 사역과 맞물려 말씀 안에서 누리는 은혜를 갑절로 받기도 했습니다. 특히 이원재 담임목사님의 설교 말씀집인 '365 말씀동행' 책을 통하여 많은 은혜를 받았을 뿐만 아니라 말씀 묵상의 글을 작성함에 있어서도 큰 도움을 받았습니다

또한 말씀 묵상의 글을 작성하면서 이전에 성경 공부를 통하여 느꼈던 것과는 또다른 말씀의 즐거움을 체험하기도 했습니다. 분명 말씀 묵상과 성경 공부 간에는 다음과 같은 차이점이

있습니다. 첫째, 성경 공부는 소가 들에서 풀을 먹는 것이고, 말씀 묵상은 소가 외양간에서 먹은 풀을 되새김하는 것이라고 비유할 수 있겠습니다. 둘째, 성경 공부는 성경의 구조와 맥, 역사적 배경과 기록목적, 요절 말씀 등을 통하여 성경을 보다 넓은 안목으로 이해하는 강점이 있어 초신자들이 선호하는 편인 반면, 말씀 묵상은 말씀을 깊이 생각하는 가운데 하나님의 뜻을 깨닫고 하나님을 인격적으로 알아가는 장점이 있다고 하겠습니다. 셋째, 성경 공부는 로고스(Logos)인 기록된 하나님 말씀을 알아가는 것으로 영적 성장에 유익이 있는 반면, 말씀 묵상은 레마(Rhema)인 하나님 말씀을 깨닫는(듣는) 것으로 영적 성숙에 도움을 준다고 할 수 있겠습니다

2023년 5월 코로나 엔데믹 선언으로 대면 속회 모임이 재개됨에 따라 지난 2년간 해오던 말씀 묵상의 글을 작성하는 일을 자연스럽게 중단했습니다. 이는 장로직을 내려 놓을 때처럼 무거운 짐을 벗는 홀가분함도 있었지만 한편 내심 말씀 안에서 혼자 누리는 즐거움을 맛보지 못하는 아쉬움도 있었습니다. 지난 2년을 돌아보니 말씀 묵상의 글을 작성하는 일은 비록 힘들었지만 개인적으로는 카이로스와 같은 뜻깊은 시간이었습니다. 이에

10년 전 성경 공부를 인도하면서 작성한 성경 공부 강의안을 중심으로『통독을 위한 성경 다이제스트』라는 성경해설서를 출간한 경험이 있는 터라 이번 말씀 묵상의 글들을 모아 묵상집으로 출간하는 것도 의미가 있다는 생각이 들었습니다

이 책은 2021년 5월부터 2023년 5월까지 매주 작성한 속회 공과 말씀 묵상 104편을 공과 순서대로 편집한 말씀 묵상집입니다. 그래서 책 제목을『말씀 묵상 104』로 정했습니다. 참고로 말씀 묵상 내용을 간략히 말씀드리면, 첫째 서론, 본론, 결론의 구조에 따라 작성하였습니다. 서론에서는 본문 성경에 대한 역사적 배경과 기록 목적을 설명하고, 본론에서는 본문의 주제와 함께 영적 교훈의 메시지를 담았으며, 결론에서는 삶에서의 적용에 중점을 두었습니다. 둘째, 본문을 성경 중심적으로 해석하면서 관련된 성경 구절을 가급적 많이 인용했습니다. 이는 하나님의 말씀과 보다 더 가까워짐으로써 말씀 중심의 믿음을 갖기 위함이었습니다. 셋째, 본문 말씀의 주제와 관련된 영적 교훈의 메시지를 담으려고 노력했습니다. 이는 본문의 주제를 성경적 관점에서 보다 깊고 넓게 이해하도록 하기 위함이었습니다

한편 말씀 묵상한 것을 말로 전하는 것과 이를 글로 작성하여 전하는 것은 실제 많이 달랐습니다. 글은 오래 남을 수 있기에 함부로 전할 수 없어 더 많이 생각할 수 밖에 없었습니다. 그러다보니 묵상의 정도가 자연히 깊어지게 되고 넓어질 수 밖에 없었지만, 한편의 글을 완성한다는 것은 절대로 쉬운 일은 아니었습니다. 책 발간을 준비하면서 영적 교훈의 메시지들을 다시 읽어보니 이는 하나님의 은혜 없이 저 믿음과 지식의 수준만으로는 결코 쓸 수 없는 것들이었음을 고백하지 않을 수 없습니다. 결론적으로, 묵상의 글을 작성하면서 얻은 유익 중 하나는 말씀의 거울을 통하여 믿음생활을 많이 회개했던 것이고, 최고의 영적 교훈은 성령의 충만함이 없이는 참다운 믿음생활을 할 수 없으므로, 성령의 충만을 받도록 예배와 기도에 더욱 힘쓰는 것이라고 생각합니다

끝으로 오랜만에 안식의 귀한 시간을 가지시는 일정 가운데서도 기꺼이 추천사를 써주셨을 뿐만 아니라 과분한 평가를 해주신 이원재 담임목사님과 말씀 묵상의 글에 대한 호감을 가지고 진심어린 격려와 응원을 보내주신 양선 1속 형제 자매님들께 충심으로 감사를 드립니다. 그리고 항상 곁에서 조용하게 믿음

의 조언을 해주는 아내 최인숙 권사와 아빠의 칠순 기념으로 흔쾌히 출판 비용을 부담한 아들 부부(진원과 주연)와 딸 부부(태환과 혜진)에게 고맙다는 말을 전하고 싶습니다. 이 책 『말씀 묵상 104』가 독자들의 영적 성장에 조금이나마 도움이 되기를 바라고 아울러 훗날 『성경 다이제스트』와 함께 손자 손녀들의 믿음에도 도움이 되기를 소망하며 이 모든 것이 다 하나님의 은혜였음에 하나님께 영광을 올려 드립니다.

2023년 7월
노상균

차례

추천의 글	6
속회원의 글	9
프롤로그	12

01_오순절의 기적	23
02_칭찬받는 믿음	26
03_새 삶을 찾은 여인	28
04_새 인생을 살게하시는 은혜	30
05_제자의 삶을 살아야 합니다	33
06_예수님을 만난 삭개오	36
07_맥추절을 명령하신 하나님의 뜻	39

08_하나님의 거룩한 사랑	41
09_여호와께로 돌아오라	44
10_하나님이 원하시는 삶	47
11_대신 갚아 주시는 하나님	50
12_모든 민족을 사랑하시는 하나님	53
13_하나님께서 원하시는 것	56
14_니느웨를 향한 예언	58
15_불황을 극복하는 삶의 비결	61
16_사랑과 구원의 하나님	64
17_성전을 재건하라	67
18_하나님이 기뻐하시는 금식	71

19_십일조의 복 74	34_우리 가운데 오신 예수님 131
20_최초의 교회 77	35_혼인 잔치의 기적 135
21_우리가 줄 수 있는 것 81	36_성전을 깨끗하게 하라 139
22_아나니아와 삽비라 84	37_하나님이 찾으시는 참된 예배자 143
23_스데반의 순교 87	38_일하시는 하나님 147
24_히스기야의 종교개혁 91	39_정죄하지 않으시는 예수님 150
25_그리스도를 만난 사울 95	40_선한 목자이신 주님 154
26_하나님의 관점으로 사는 삶 99	41_사랑의 계명 158
27_영혼을 추수하는 일꾼 103	42_향유를 부은 여인 162
28_그리스도인이라 불리다 107	43_예루살렘 입성 166
29_살아난 베드로와 죽게 된 헤롯 111	44_제자들의 발을 씻기다 170
30_복음 전파의 영향력 115	45_대제사장이신 예수님의 기도 174
31_성령에 매인 사람 119	46_진정한 신앙의 용기 178
32_기쁨의 좋은 소식 123	47_십자가에서 남긴 말씀 182
33_전도자의 자세 127	48_부활의 첫 증인 186

49_하나님이 자랑하고 싶은 사람 190

50_아버지의 훈계 194

51_욥의 고백 198

52_복 있는 사람 201

53_좋은 목자이신 하나님 205

54_회개하는 마음 209

55_여호와께 맡기는 신앙 213

56_창조주 하나님을 기억하는 삶 217

57_끊을 수 없는 사랑 221

58_여호와께 감사하라 225

59_영원한 대제사장 예수 그리스도 229

60_새 언약의 중보자 233

61_하나님을 기쁘시게 하는 믿음 237

62_믿는 자의 실천사항 241

63_온전한 믿음 245

64_말과 지혜 249

65_주님이 높이시는 삶 253

66_거룩하게 살아가기 257

67_참된 지식을 가진 그리스도인 261

68_적그리스도를 분별하라 265

69_행함과 진실함으로 269

70_진리를 수호하는 사랑 공동체 273

71_범사에 강건한 삶 277

72_성전에서 부름 받은 이사야 281

73_메시아 예언 285

74_내 백성을 위로하라 289

75_고난받는 종 293

76_유다 백성의 죄 297

77_슬픔의 예언자 301

78_우리를 향하신 하나님의 뜻	305
79_신앙의 위기를 극복하려면	309
80_마음에 기록된 새 언약	313
81_스스로 돌이키라	317
82_파수꾼의 사명	321
83_큰 기쁨 좋은 소식	325
84_마른 뼈가 살아나다	329

85_하나님의 마음에 드는 사람	333
86_마음 지키기	337
87_올바른 선택	341
88_여호와의 이름을 부르다	345
89_나봇의 포도원 사건	349
90_굳건한 믿음	353
91_북왕국 이스라엘의 멸망	357
92_여호와께서 건지시리라	361

93_히스기야의 기도	365
94_요시야의 개혁	369
95_성전에 대한 잘못된 신앙	373
96_거짓 선지자 하나냐	377
97_남왕국 유다의 멸망	381

98_파수꾼의 사명	385
99_새 영과 새 마음	389
100_자기 백성을 붙드시는 하나님	393
101_역사의 주인이신 하나님	397
102_여호와의 제사장으로 불릴 사람들	401
103_첫 번째 귀향	405
104_성전을 재건하다	409

Letter 01

오순절의 기적

사도행전 2:1-13

오순절 날이 이미 이르매 그들이 다같이 한 곳에 모였더니 홀연히 하늘로부터 급하고 강한 바람 같은 소리가 있어 그들이 앉은 온 집에 가득하며 마치 불의 혀처럼 갈라지는 것들이 그들에게 보여 각 사람 위에 하나씩 임하여 있더니 그들이 다 성령의 충만함을 받고 성령이 말하게 하심을 따라 다른 언어들로 말하기를 시작하니라(1-4)

본문은 오순절 성령강림에 관한 말씀입니다. 성령강림 사건은 예수님의 성육신과 같이 기독교 역사에 있어 아주 중요합니다. 그리스도(메시아) 도래 예언이 예수님에 의하여 성취되었듯이, 요엘 선지자의 만인에 대한 성령강림 예언(요엘 2:28)은 오순절에 성취되었습니다. 제자들이 '하나님이 약속하신 성령을 받으라'고 당부하신 예수님의 말씀에 순종하여 10일간 오로지 기도에 힘쓰자, 성령이 바람같이 불같이 강림했습니다. 참고로 오순절은 예수님 부활 후 50일째 되는 날이며(부활후 승천까지 40일+다락방 기도 10일), 구약의 맥추절(칠칠절, 유월절 후 첫 안식일 다음날인 초실절로부터 50일째 되는 날)과 같습니다.

성령 하나님은 성부 하나님, 성자 하나님(예수님)과 함께 삼위일체 하나님으로 하나님, 예수님의 영이십니다. 성령으로 아니하고서는 누구든지 예수를 주시라 할 수 없으며(고전 12:3), 누구든지 그리스도의 영이 없으면 그리스도의 사람이 아닙니다(롬 8:9). 하나님이 성령을 주신 목적은, 교회가 성령에 의하여 태동되고 예수님의 지상명령에 따라 복음을 땅끝까지 전파하였듯이, 이 땅의 교회와 그리스도인으로 하여금 만민에게 복음(구원)을 전파하도록 하기 위함입니다. 복음은 모든 믿는 자에게 구원을 주시는 하나님의 능력입니다(롬 1:16). 다시말하면 예수님의 십자가 보혈과 부활을 믿는 자에게 죄와 율법과 사망으로부터의 자유를 주시는 하나님의 은혜이며 선물입니다(엡 2:8). 성령이 아니고서는 십자가 공로와 부활을 믿을 수 없습니다. 따라서 참 그리스도인으로서 복음의 능력과 축복을 받기 위해서는 성령 세례를 받아야 하고(막 1:8), 또한 성령 충만을 받아야 합니다(엡 5:18).

성령은 어떻게 우리에게 임할까요? 성령은 바람같이 임합니다. 바람이 불면 공기 중에 있는 미세먼지와 같은 나쁜 것들이 없어지듯이 바람과 같은 성령이 임하면 모든 죄악된 더러움이 물러나고 신선한 새 생명의 활기가 주어집니다(생명의 역사). 성령은 불같이 임합니다. 성령은 죄악과 저주를 태우고 소멸시키고, 미지근한 심령을 뜨겁게 합니다. 성령은 혀같이 임합니다. 성령의 말하게 하심을 따라 방언과 예언을 하게 하며, 배려와 격려와 위로의 말을 하게 합니다(행 2:2-4).

우리는 어떻게 성령을 받을 수 있을까요? ①성령을 구해야 합니다(행 1:14, 눅 11:13). ②회개함과 죄 사함을 받아야 합니다(행 2:38, 5:31). ③하나님에게 순종해야 합니다(행 5:32조). 그리고 성령 충만을 받으려면 하나님의 말씀이 우리 안에 풍성히 거하고 합심기도에 힘써야 합니다(요 6:63, 행 4:23-31). 성령을 근심하게 하거나 소멸시키지 말아야 합니다(엡 4:30, 살전 5:19).

만일 그리스도인에게 성령이 없다면 이는 십자가 보혈과 부활을 믿지 않는 유대인과 바리새인처럼 예배는 드리지만 기쁨과 감사가 없는 율법주의 신앙에 매일 수 밖에 없다는 사실을 잊지 말아야 합니다. 즉 자기중심의 신앙으로 하나님의 의를 모르고 자기 의를 세우려고 힘쓰게 됩니다. 흙으로 만든 사람에게 하나님의 생기가 임할 때 생령이 되듯이 성령이 없으면 육체적으로는 살아있으나 영적으로는 죽은 사람과 같아 하나님의 음성을 들을 수 없습니다. 따라서 능력있는 참 그리스도인이 되기 위해서는 성령 세례를 받고, 성령 충만해야 합니다(말씀과 기도, 회개와 순종의 삶). 참고로 예배충만, 말씀충만, 기도충만, 성령충만, 은혜충만은 하나의 사슬에 연결된 된 고리와 같이 서로 뗄려야 뗄 수 없는 관계입니다.

칭찬받는 믿음

누가복음 7:1~10

그러므로 내가 주께 나아가기도 감당하지 못할 줄을 알았나이다 말씀만 하사 내 하인을 낫게 하소서, 예수께서 무리에게 이르시되 이스라엘 중에서도 이만한 믿음을 만나 보지 못하였노라 하시더라(7, 9)

본문은 예수님께 칭찬받는 로마 백부장의 믿음에 관한 말씀입니다. 로마 백부장이 병들어 죽어가는 자신의 하인을 살리고자 예수님에게 치료 부탁을 하면서, 자신의 집에 방문하여 직접 치료하지 않고 예수님의 말씀만으로도 나을 수 있다고 말합니다. 이에 예수님이 백부장의 믿음을 보시고 하인의 병을 고쳐 주시고 백부장의 믿음을 크게 칭찬하는 내용입니다. 위와같은 이방인 백부장의 믿음을 유대인들의 믿음보다 더 낫다고 칭찬하시는 예수님의 말씀을 통하여 '믿음의 본질'을 묵상해 봅시다.

먼저 예수님께서 칭찬하시는 백부장의 믿음은 예수님을 절대적으로 신뢰하는 믿음, 하나님의 뜻에 순종하는 행함있는 믿음이라고 할 수 있습니다. 살피건대 믿음의 본질이란 '예수님은 그리스도시요 살아계신 하나님의 아들이시다'(마 16:16)라는 베드로의 신앙고백에 따라 예수님의 말씀에 순종하는 삶을 살아가는 것이 아닌가 생각합니다. 즉 믿음이란 믿음의 주요 온전하게 하시는 예수님을 믿음의 눈으로 바라보며(히12:2), 모든 일에 예수님의 마음을 품고 예수님을 본받아 살아가는 것입니다(빌 2:5, 오직 예수, 오직 믿음).

한편 인간은 육체의 본성을 가지고 있기 때문에 인간 스스로는 절대로 자비와 긍휼의 마음을 가지고 선행을 할 수 없는 존재입니다. 그러므로 참 그리스도인다운 선행의 삶을 살아가기 위해서는 무엇보다도 말씀과 기도에 힘써 오직 예수, 오직 믿음으로 항상 성령의 충만함을 받아 살아가야 할 것입니다. 이번 주에는 우리 자신이 과연 예수님의 말씀에 어느 정도 순종하는 삶을 살아가고 있는지 우리의 신앙생활을 겸손하고 정직하게 돌아보며 우리의 믿음을 다시한번 점검해 보는 시간을 가졌으면 좋겠습니다.

Letter 03
새 삶을 찾은 여인

누가복음 7:36~50

너는 내 머리에 감람유도 붓지 아니 하였으되 그는 향유를 내 발에 부었으니라 이러므로 내가 네게 말하오니 그의 많은 죄가 사하여졌도다 이는 그의 사랑함이 많음이라 사함을 받은 일이 적은 자는 적게 사랑하느니라 (46, 47)

본문은 예수님이 예수님의 발에 향유를 붓고 머리로 발을 씻겨 드리는 막달라 마리아의 믿음을 보시고 '네 믿음이 너를 구원하였다'며 마리아의 죄를 사하여 주시는 말씀입니다. 본문을 통하여 우리의 믿음이 참 믿음인지 묵상하며 회개의 능력을 살펴봅시다.

참 믿음은 먼저 예수님 앞에 겸손히 나아가는 것입니다. 막달라 마리아의 믿음과 바리새인 시몬의 믿음 중 어느 믿음이 예수님이 칭찬하시는 참 믿음인지 깊이 생각해 보아야 합니다. 세상의 눈으로는 율법을 철저히 지키는 바리새인의 믿음이 귀신 들렸다가 고침 받은 여인의 믿음보다 비교할 수 없을 정도로 당연히 낫다고 하겠지만 예수님의 평가는 그렇지 않습니다. 고침을 받고 진정으로 회개하며 감사하는 자의 모습을 높이 평가하고 있습니다.

회개(悔改)는 '뉘우칠 회, 고칠 개' 뜻처럼 단지 뉘우치는 것만으로는 부족하고 자신의 잘못을 다시는 저지르지 않는 행함까지 나아가는 것입니다. 이런 참 회개가 있을 때 하나님의 은총이 임하게 됩니다. 막달라 마리아는 가난한 경제적 형편임에도 값비싼 향유를 붓고 머리로 주님의 발을 씻겨 드리는, 진정한 회개와 온전한 헌신을 함으로써 죄 사함의 은혜를 받았습니다.

온전한 회개의 은총을 받기 위해서는 지난 잘못을 되풀이 하지 않고 말씀대로 살아가야 하는데, 우리의 힘과 능으로는 절대적 한계가 있음을 깨닫고 그리스도 예수님 앞에 나아가 성령의 도우심을 구해야 할 것입니다. 참 믿음은 순종하는(행함있는) 믿음입니다. 믿음과 행함은 결코 따로가 아니고 하나입니다.

하늘에 계신 우리 하나님 아버지! 반쪽짜리 믿음으로 살아가는 저를 불쌍히 여기시고 이시간 회개의 영을 불어주사, 심령 안에 성령의 의와 평강과 희락의 하나님 나라가 임하게 하옵소서. 그리하여 오직 예수 그리스도 복음의 능력에 힘입어 감사와 기쁨으로 하나님이 기뻐하시는 거룩한 삶을 살아가게 하옵소서.

Letter 04

새 인생을 살게하시는 은혜

누가복음 8:26-39

귀신 들린 자가 어떻게 구원 받았는지를 본 자들이 그들에게 이르매 거라사인의 땅 근방 모든 백성이 크게 두려워하여 예수께 떠나가시기를 구하더라 예수께서 배에 올라 돌아가실새 귀신 나간 사람이 함께 있기를 구하였으나 예수께서 그를 보내시며 이르시되 집으로 돌아가 하나님이 네게 어떻게 큰 일을 하셨는지를 말하라 하시니 그가 가서 예수께서 자기에게 어떻게 큰 일을 하셨는지를 온 성내에 전파하니라 (36-39)

본문은 예수님의 많은 이적사건 중 하나인 군대귀신 들린 거라사 광인(狂人)을 고치시는 말씀입니다(마 8:28-34, 막 5:1-20, 눅 8:26-39). 예수님이 거라사 광인 안에 있는 군대 귀신을 쫓아내고 그로하여금 복음 전파의 새 인생을 살게 하였다는 내용입니다. 즉 귀신 들린 미친 사람도 예수 그리스도를 만나면 거룩한 삶을 살아간다는 것입니다.

본문 말씀을 통하여, 예수님을 구주로 고백하며 교회생활을 오래한 우리 모두 과연 어떠한 새 인생을 살아가고 있는지 자신의 신앙의 모습을 돌아보며, 예수 그리스도의 복음의 능력과 축복을 새롭게 깨닫는 귀한 시간이 되었으면 합니다. 그리하여 예수님의 십자가와 성령의 능력에 힘입어 하나님의 자녀, 예수님의 제자, 성령의 사람으로 새롭게 변화되기를 원합니다.

우리는 간혹 예배나 말씀, 기도, 찬양 중에 성령의 감동으로 우리의 죄와 허물을 회개하며 새로운 삶을 살겠다고 다짐하곤 합니다만, 여전히 탐심과 정욕의 세상적인 삶으로부터 자유롭지 못한 채 살아가고 있는 자신을 발견하며 자괴감이 들 때가 많음을 고백하지 않을 수 없습니다.

그런데 '오호라 나는 곤고한 사람이로다 이 사망의 몸에서 누가 나를 건져내랴, 우리 주 예수 그리스도로 말미암아 하나님께 감사하리로다'(롬7:24-25a)라는 바울 사도의 고백으로 말미암아 위로와 함께 소망도 갖게 됩니다. 왜냐하면 육신의 몸을 갖고 있는 우리의 힘과 능력으로는 세상적인 죄로부터 결코 해방될 수 없으며, 오직 예수 그리스도를 붙잡을 때 비로소 죄로부터 자유로울 수 있기 때문입니다.

따라서 내가 그리스도와 함께 십자가에 못박혔나니 그런즉 이제는 내가 사는 것이 아니요 오직 내 안에 그리스도께서 사시는 것이라 이제 내가 육체 가운데 사는 것은 나를 사랑하사 나를 위하여 자기 자신을 버리신 하나님의 아들을 믿는 믿음 안에서 사는 것이라(갈 2:20)는 사도 바울의 신앙고백을 우리의 신앙고백으로 삼고 우리 죄를 대속하신 예수님을 깊이 생각하고 바라보며 살아갈 때 탐심과 정욕의 죄로부터 벗어날 수 있다고 믿습니다.

하늘에 계신 우리 하나님 아버지! 사도 바울의 말씀처럼 우리의 옛 사람이 예수님과 함께 십자가에 못박힌 사실을 깨닫고 우리가 더 이상 죄에게 종 노릇 하지 아니하게 하옵소서. 우리 육체와 함께 정욕과 탐심을 십자가에 못박게 하옵소서. 이제는 우리 안에 부활의 예수님, 성령님이 계심을 믿사오니, 오직 예수님과 성령님을 따라 나는 죽고 예수로 사는 복음의 능력으로 살아가게 하옵소서. 우리를 죄에서 구속하신 예수님의 이름으로 기도합니다. 아멘.

Letter 05

제자의 삶을 살아야 합니다

누가복음 18:18-30

예수께서 이 말을 들으시고 이르시되 네게 아직도 한 가지 부족한 것이 있으니 네게 있는 것을 다 팔아 가난한 자들에게 나눠 주라 그리하면 하늘에서 네게 보화가 있으리라 그 사람이 큰 부자이므로 이 말씀을 듣고 심히 근심하더라 예수께서 그를 보시고 이르시되 재물이 있는 자는 하나님의 나라에 들어가기가 얼마나 어려운지 낙타가 바늘귀로 들어가는 것이 부자가 하나님의 나라에 들어가는 것보다 쉬우니라 하시니(22-25)

본문은 어떻게 해야 영생을 얻을 수 있는가에 관한 말씀입니다. 부자 관리는 예수님에게 '무엇을 하여야 영생을 얻으리이까'라고 질문하자, 예수님은 '네게 있는 것을 다 팔아 가난한 자들에게 나눠 주라'고 대답하십니다. 이에 부자 관리가 근심하며 떠나가자, 예수님은 제자들에게 '사람이 구원을 할 수 없는 것을 하나님은 하실 수 있다, 하나님 나라를 위하여 자신의 부모형제와 재물을 버린 자는 현세에 여러 배를 받고 내세에 영생을 받지 못할 자가 없느니라'고 말씀하십니다.

말씀의 요지는, 구원의 완성인 영생을 얻기 위해서는 하나님을 온전히 신뢰하여 그 말씀에 전적으로 순종하는 믿음으로 하나님이 기뻐하시고 원하시는 선한 뜻을 행하여야 한다는 것입니다. 그리고 구원은 사람이 할 수 없고 하나님만이 하신다는 것입니다. 참고로 구원의 시작은 칭의이고, 구원의 과정은 성화이며, 구원의 완성은 영화입니다.

영생 즉 구원(천국복락)은 모든 인간에게 있어 가장 중요한 인생의 문제인데, 믿는 자 중에도 상당수가 이를 단순한 교리나 성경적 지식으로 생각하며 확신하지 않은 채 하나님 나라 보다는 세상적인 삶을 구하며 살아가는 것 같습니다. 그러나 예수님은 산상수훈에서 분명히 '하나님의 뜻대로 행하는 자만이 천국에 들어간다'(마 7:21)고 말씀하셨기 때문에 우리는 천국 구원을 위한 믿음과 행함의 진리를 온전히 깨닫고 이를 실천하며 살아가야 할 것입니다.

저 개인적으로는 자신의 모든 재산을 다 팔아 가난한 자들에게 나눠 주라는 위 말씀은 쉬이 받아들이기 어려웠습니다. 가난한 자를 돕기 위해서는 꼭 자신의 모든 재산을 다 팔아야 하는가? 재산이 많은 사람의 경우 일부 재산만으로도 가난한 자를 충분히 도울 수 있는 것이 아닌가? 그리스도 사랑의 마음을 가지고 가난한 자를 돕는 것 자체가 중요한 것이 아닌가? 하는 의문이 들었습니다.

그런데 이번에 위 말씀을 묵상하면서 주님을 나의 구주 하나님의 아들이라고 진정으로 믿는다면 주님이 무슨 말씀을 하든지 이를 믿고 행함의 순종으로 나아가야만 한다는 사실을 깨닫게 되었습니다. 주님이 나에게 직접 말씀하셨음에도 나의 생각과 다르다는 이유로 이를 순종하지 않는다면 이는 결국 주님을 믿지 않는 것과 다름없는 것입니다. 따라서 영생을 얻기 위해서는 주님의 뜻에 순종하는 믿음, 행함있는 믿음으로 예수 제자의 삶을 살아야 합니다. 땅에서 보화를 발견한 사람이 자신의 모든 재산을 팔아 위 보화가 있는 땅을 사는 것처럼, 현세에 여러 배를 받고 내세에 영생을 받는다는 주님의 약속을 진정 믿는다면 주님 말씀에 따라 자신의 모든 재산을 다 팔아 가난한 자에게 나눠 주어야 할 것입니다.

참고로 **너희는 하나님의 은혜에 의하여 믿음으로 말미암아 구원을 받았으니 이것은 너희에게서 난 것이 아니요 하나님의 선물이라**(엡2:8), **사람이 물과 성령으로 거듭나지 아니하면 하나님 나라에 들어갈 수 없느니라**(요3:5)는 말씀처럼, 구원은 사람의 힘과 능으로는 얻을 수 없는 하나님의 은혜요 선물이며, 또한 성령의 도우심과 감동으로 거듭남의 삶이 없이는 결코 하나님 나라에 들어갈 수 없음을 깨닫고 오직 성령 충만을 구해야 할 것입니다(엡5:18).

 Letter 06

예수님을 만난 삭개오

누가복음 19:1-10

삭개오가 서서 주께 여짜오되 주여 보시옵소서 내 소유의 절반을 가난한 자들에게 주겠사오며 만일 누구의 것을 속여 빼앗은 일이 있으면 네 갑절이나 갚겠나이다 예수께서 이르시되 오늘 구원이 이 집에 이르렀으니 이 사람도 아브라함의 자손임이로다 인자가 온 것은 잃어버린 자를 찾아 구원하려 함이니라(8-10)

본문은, 로마 세무당국의 하수인 세리들의 우두머리인 세리장 삭개오가 예수님을 만난 후 변화되어 자신이 모은 재산의 절반을 가난한 사람들에게 주고 나아가 누군가의 것을 옳지 않은 방법으로 빼앗은 일이 있다면 4배로 갚겠다고 회개하자, 예수님이 구원을 약속하신 내용입니다.

언제부터인지 확실하지 않지만 세상은 모든 것을 돈의 많고 적음으로 평가하는 사회로 전락된 듯 합니다. 전에는 인격과 품격, 지식과 지혜 등 인생의 경륜에 따라 사람을 평가하였지만 지금은 그 모든 것 앞에 재물을 앞세우고 있는 것 같습니다. 재물의 중요성은 결코 부인할 수 없지만 재물을 마치 우리 인생의 최고 가치척도로 삼고있는 현 실태는 분명 큰 문제라고 생각합니다.

본문 말씀에서 우리는 삭개오가 왜 뽕나무에 올라가면서까지 동네에 오신 예수님을 보려고 했을까? 재물을 모으기 위하여 불의한 짓도 마다하지 아니한 삭개오가 왜 그렇게 아끼던 재물을 절반 넘게 세상에 내놓을까? 하는 질문의 답을 쉽게 구할 수 있습니다. 인생에 있어 정말 중요한 것은 세상적인 재물의 많고 적음이 아니라 구원의 문제라는 것입니다.

인자가 온 것은 잃어버린 자를 찾아 구원하려 함이니라
(눅 19:10)

따라서 죄와 사망의 심판으로부터 구원을 받기 위해서는 삭개오처럼 예수님을 진정으로 만나 자신의 죄를 회개하고 하나님의 뜻을 행하여야 하겠습니다. 지난주 부자관리는 십계명을 지키는 등 세상적인 눈으로는 문제없는 삶을 사는 것 같았지만 예수님의 말씀에 불순종하여 구원을 받지 못한 반면, 삭개오는 죄인이었지만 자신의 죄를 회개하고 예수님을 믿고 그 말씀에 순종하여 구원을 받았듯이, 구원은 사람의 힘과 능이 아닌 오직 예수님께 달려있음을 다시한번 마음에 깊이 새겨야 하겠습니다.

나로 말미암지 않고는 아버지께로 올 자가 없느니라(요 14:6ᴮ)

  우리는 가끔 어려운 일이 생길 때 기도와 말씀 묵상에서 답을 구하기 보다 세상적인 방법을 구할 때가 많습니다. 기도한다고 과연 해결될 수 있을까 하는 회의감으로 기도에 소홀하기도 합니다. 그런데 오늘 말씀을 통하여 삭개오처럼 예수님을 만나 인생의 제일 중요한 구원을 받듯이 우리의 모든 문제의 해답은 결국 예수님께 달려있음을 온전히 믿어야 하겠습니다. 날마다 우리의 죄를 대속하신 예수님의 십자가 사랑을 깊이 생각하고 예수님을 바라보며, 우리 안에 계시는 성령님의 도우심으로 천국의 소망을 가지고 승리의 삶을 살아 갑시다. 혼자의 힘으로는 부족하니 우리 모두 주 안에서 하나되어 합심기도로 중보합시다.

> 볼지어다 내가 문 밖에 서서 두드리노니 누구든지 내 음성을 듣고 문을 열면 내가 그에게로 들어가 그와 더불어 먹고 그는 나와 더불어 먹으리라(계 3:20)

Letter 07

맥추절을 명령하신 하나님의 뜻

출애굽기 23:14-19

너는 매년 세 번 내게 절기를 지킬지니라 너는 무교병의 절기를 지켜라 이는 네가 애굽에서 나왔음이라 빈 손으로 내 앞에 나오지 말지니라 맥추절을 지키라 이는 네가 수고하여 밭에 뿌린 것의 첫 열매를 거둠이니라 수장절을 지키라 이는 네가 수고하여 이룬 것을 연말에 밭에서부터 거두어 저장함이니라(14-16)

 오늘 말씀은 맥추감사주일에 맞는 구약의 맥추절에 관한 내용입니다. 맥추절은 아시다시피 출애굽기에 있는 3대 절기(유월절, 맥추절, 수장절) 중 하나로 그 해 농사 첫 열매를 하나님께 드리는 추수감사제 성격의 축제입니다. 유월절 이후 49일이 지난 다음날이라 칠칠절이라고도 하며, 무엇보다도 이스라엘 민족이 유월절 후 홍해를 지나 시내산에 정착하여 십계명 율법을 받은 날과 관련이 있습니다. 그리고 신약에 와서는 예수님이 부활하신 후 성령이 강림한 오순절과 관련된 절기이기도 합니다.

 절기는 하나님이 이스라엘 민족으로 하여금 하나님이 베풀어 주신 은혜와 사랑을 기억하고 기념하도록 하기 위하여 정하신 (명령하신) 전민족적 축제입니다. 이스라엘 민족은 맥추절에 당시 자신들이 농사를 짓고 수확한 가장 소중한 첫 수확물을 드렸습니다.

우리도 특별 절기인 추수감사주일, 부활주일, 성탄주일, 맥추감사주일, 신년주일 예배를 드리면서 특별 헌금을 드리고 있습니다. 위 특별 주일을 제정한 목적은 우리로 하여금 하나님의 은혜와 사랑을 더욱 기억하고 기념하도록 하기 위함입니다. 따라서 특별 주일에는 평소와 구별된 마음으로 더욱 하나님의 은혜와 사랑을 기억하며 감사의 예배를 드려야 할 것입니다.

성경적으로 맥추감사절은 하나님이 우리에게 구약의 율법과 신약의 성령을 선물로 주신 것을 기념하는 절기입니다(참고로 유월절은 애굽에서의 해방과 십자가에서의 속죄를 뜻합니다). 하나님이 우리의 일상적 삶에서 육적인 재물 등 먹을 것을 주신 것도 감사하지만 영적 자산인 율법과 성령을 주신 것은 돈으로 산정할 수 없는 진정 최고의 선물이라 할 수 있겠습니다. 따라서 이번 맥추감사주일을 맞아 기도하는 가운데 하나님이 우리 각자에게 주신 감사의 내용과 제목들이 무엇인지 곰곰이 생각하면서 보다 뜻깊은 맥추감사주일 예배를 드리기를 바랍니다.

Letter 08

하나님의 거룩한 사랑

호세아 11:1-11

여호와께서 호세아에게 이르시되 너는 가서 음란한 여자를 맞이하여 음란한 자식들을 낳으라 이 나라가 여호와를 떠나 크게 음란함이니라, 이스라엘 족속의 나라가 폐할 것임이니라, 다시는 이스라엘 족속을 긍휼히 여겨서 용서하지 않을 것임이니라, 너희는 내 백성이 아니요 나는 너희 하나님이 되지 아니할 것임이니라, 그러나 이스라엘 자손의 수가 바닷가의 모래 같이 되어서 헤아릴 수도 없고 셀 수도 없을 것이며 전에 그들에게 이르기를 너희는 내 백성이 아니라 한 그 곳에서 그들에게 이르기를 너희는 살아 계신 하나님의 아들들이라 할 것이라(2,4,6,9,10)

 속회공과의 3분기 내용은 호세아에서부터 말라기까지 구약의 소예언서 12권에 관한 것입니다. 이번 기회에 분량도 많지 않으므로 소예언서를 통독하도록 합시다. 이번 공과는 '호세아'로 사랑의 선지자 호세아가 우상 숭배와 불의의 길을 걷고 있는 북이스라엘에게 심판과 함께 한편 하나님을 힘써 알고 하나님께로 돌아오면 구원(회복)해 주겠다는 하나님의 심판과 구원의 메시지를 담고 있습니다. 특히 '하나님의 불붙는 사랑'을 강조하고 있습니다.

우리의 실상도 정도의 차이가 다를 뿐 본질적으로 호세아 시대의 북이스라엘처럼 우상 숭배와 탐욕의 세상을 가까이 하고 있음을 부인하기 어렵습니다. 그리스도가 머리인 교회도 세속주의로부터 자유롭지 못한 채 그리스도 십자가 복음의 본질보다 기독교 교리와 성경의 지식 등 율법과 예배의 형식을 강조하는 율법주의적인 풍토에 빠져 있다는 비판을 받고 있는 실정입니다. 호세아의 요절 말씀입니다.

> 나는 인애를 원하고 제사를 원하지 아니하며 번제보다 하나님을 아는 것을 원하노라(호 6:6).

우리는 우리의 신앙의 실상을 냉철하게 점검할 필요가 있습니다. 하나님의 말씀인 성경의 거울로 세상 속에서 알게 모르게 저지른 우리의 얼룩진 흔적들을 발견해야 하며, 성경의 잣대로 우리의 은밀한 실상의 모습들을 판단해야 합니다. 우리는 우리 자신이 십자가를 지고 예수님을 따르기 보다 사람들에게 기쁨을 구하며 세상의 길을 걷고 있는 연약한 존재임을 부인하기 어렵습니다.

따라서 우리는 예수님이 재림하시는 '여호와의 그 날'에 심판을 피할 수 없을 것입니다. 그런데 하나님께서 우상 숭배와 불의로 가득한 이스라엘조차도 하나님께로 돌아오면 그 크신 사랑과 긍휼로 구원해 주시겠다고 약속하셨습니다. 이에 우리는 하나님을 힘써 알고 하나님께로 돌아가야 합니다. 날마다 말씀과 기도 가운데 하나님을 온전히 알아 서로 용납하고 용서하며 서로 섬기고 사랑하며 살아가야 할 것입니다.

결론적으로 우리는 하나님의 사랑과 예수님의 은혜 없이는 하나님의 심판으로부터 자유롭지 못한 죄인임을 절실히 깨닫고, 먼저 우리의 죄와 허물을 자백함으로 십자가 보혈의 은총을 받아야 합니다. 그리고 나는 죽고 예수로 사는 자같이 성령의 감화감동하심과 새롭게하심으로 서로 사랑과 이웃 사랑을 힘써 행하여야 합니다. 우리 모두 성령을 받아 우리의 가정과 일터에서 하나님의 나라와 의를 구하며 살아갑시다.

Letter 09

여호와께로 돌아오라

요엘 2:12-17

여호와의 말씀에 너희는 이제라도 금식하고 울며 애통하고 마음을 다하여 내게로 돌아오라 하셨나니 너희는 옷을 찢지 말고 마음을 찢고 너희 하나님 여호와께로 돌아올지어다 그는 은혜로우시며 자비로우시며 노하기를 더디하시며 인애가 크시사 뜻을 돌이켜 재앙을 내리지 아니하시나니(12-13)

본문은, 요엘 선지자가 우상 숭배와 불의로 가득한 백성들에게 하나님의 심판이 있기 전에 여호와께로 돌아오라고 회개를 촉구하는 말씀입니다. 참고로 '만민에게 하나님의 영을 부어 주겠다'는 하나님의 약속에 관한 요엘 선지자의 예언(욜 2:28)은 신약의 오순절 성령 강림때 성취되었습니다.

하나님은 왜 하나님께로 돌아오라고 할까요? 이는 하나님께로 돌아가는 길만이 하나님의 심판을 피할 수 있는 유일한 길이고 또한 하늘의 신령한 복을 누릴 수 있기 때문입니다. 성경은 구약과 신약 모두 하나님은 은혜롭고 자비로우시며 오래 참으시고 한결같은 사랑과 긍휼을 베푸시기 때문에 아무리 죄가 많은 자라도 하나님께로 돌아오기만 하면 뜻을 돌이켜 심판(재앙)을 거두어 주신다고 약속하고 있습니다(욜 2:13, 사 55:7, 누가복음 15장). 죄인인 우리는 위 약속의 말씀을 붙들고 하나님께로 돌아가도록 힘써야 할 것입니다.

그러면 우리는 어떻게 하나님께로 돌아갈 수 있을까요? 오늘 본문은 죄인인 이스라엘 백성들이 진심으로 회개할 때 가능하다고 합니다. 말로만 죄를 고백하는 회개가 아니라 금식하고 통곡하며 슬퍼하면서 마음을 찢는 진심 어린 회개를 할 때 비로소 하나님 앞으로 돌아갈 수 있다는 것입니다. 따라서 진정한 회개는 영적인 축복이며, 구원에 이르는 문입니다. 그런데 우리의 힘과 능으로 는 진정한 회개를 하기 어렵기 때문에 하나님께 회개의 영을 간절히 구해야 하겠습니다. 참고로 성경에서 회개의 백미는 바로 시편 51편입니다. 이번 기회에 다윗의 심정으로 정독하고 묵상하기 바랍니다. 마틴 로이드 존스 목사님의 시편 51편 강해설교책을 추천드리니 참고하기 바랍니다.

또한 **내가 곧 길이요 진리요 생명이니 나로 말미암지 않고는 아버지께로 올 자가 없느니라**(요 14:6)는 예수님의 말씀을 붙잡고 예수님과 동행하며 눈에 보이는 이 세상 보다 눈에 보이지 않는 영원한 하나님 나라와 뜻을 구하며 살아갑시다.

우리가 주목하는 것은 보이는 것이 아니요 보이지 않는 것이니 보이는 것은 잠깐이요 보이지 않는 것은 영원함이라 (고후4:18)

이 세상도, 그 정욕도 지나가되 오직 하나님의 뜻을 행하는 자는 영원히 거하느니라(요일 2:17)

끝으로 진리를 아는 것, 진리를 믿는 것, 진리대로 행하는 것은 정말 다른 것 같습니다. 우리는 '예수님은 그리스도시요 하나님의 아들이시다'는 진리를 너무나 잘 알고 있음에도 믿음이 적어 여전히 세상과 재물을 좋아하며 예수님 말씀대로 살아가지 못하고 있습니다. 우리의 힘과 능으로는 결코 하나님 나라에 갈 수 없는 죄인임을 깊이 깨닫고, 말씀과 기도 가운데 우리의 죄와 허물을 회개하며 십자가 보혈과 성령의 기름부으심에 힘입어 나는 죽고 예수로 사는 거룩한 삶을 살아갑시다.

Letter 10

하나님이 원하시는 삶

아모스 5:18-27

오직 정의를 물 같이 공의를 마르지 않는 강 같이 흐르게 할지어다(24)

　본문은 남유다 선지자 아모스가 우상 숭배와 불의로 가득찬 북이스라엘을 향하여 회개를 촉구하는 말씀입니다. 하나님의 심판과 구원의 날인 '여호와의 날'에 심판을 피하기 위해서는 하나님이 원하시는 제사 즉 살아 있는 예배를 회복해야 하고, 정의와 공의가 강물처럼 흐르는 삶을 살아야 한다고 회개를 촉구하고 있습니다.

　살아 있는 예배란 어떤 것일까요? 성경은 살아 있는 예배란 영과 진리로 드리는 예배이며(요 4:23-24), 우리 몸을 하나님이 기뻐하시는 거룩한 산 제물로 드리는 영적 예배라고 합니다(롬

12:1). 즉 살아 있는 예배란 성령의 임재 가운데 오직 진리이신 예수 그리스도 안에서 하나님의 은혜와 사랑에 찬양과 감사를 드리며 하나님의 뜻을 구하는 예배입니다. 다시말하면 살아 있는 예배란 내가 중심이 아니라 하나님과 예수님이 중심이며, 찬송가 288장의 가사처럼 예배 가운데 '나와 세상은 간 곳 없고 구속한 주만 보이는 것'입니다.

그런데 우리가 드리는 예배의 실상은 어떤가요? 구원의 감격을 잊은 채 하나님의 사랑과 은혜에 찬양과 감사를 드리기에 앞서 세상의 성공과 안락을 먼저 구하고 있지 않았은지 돌아보게 됩니다. 예배의 본질과 정신보다 예배의 형식과 전통의 틀에 사로잡혀 자칫 우리의 신앙생활이 외식적인 율법주의 신앙으로 변질되지 않을까 조심해야 하겠습니다. 하나님은 바리새인의 외식적인 기도보다 세리의 상한 심령의 기도를 좋아하시고, 부자의 많은 헌금보다 과부의 두 렙돈 헌금을 더 귀하게 여기십니다. 이처럼 하나님은 우리의 외모를 보지 않으시고 중심을 보시며(삼상 16:7), 형식적인 제사 보다는 인애(仁愛)를 원하시므로(호 6:6), 더욱 말씀과 기도에 힘써 하나님이 원하시는 위선과 거짓이 없는 참다운 예배와 삶을 회복해야 하겠습니다.

그리고 정의와 공의가 강물 같이 흐르는 삶이란 어떤 것일까요? 우리는 위 말을 잘 알고 있지만 이번 기회에 성경에 담고 있는 내용을 간단히 살펴봅시다. 이는 악에서 떠나는 삶, 하나님의 계명을 지키는 삶, 세상 중심의 삶보다 하나님 중심의 삶, 세상의 지혜가 아닌 하늘의 지혜로 살아가는 삶, 무엇보다도 사랑하는 삶이라고 할 수 있을 것입니다. 참고로 세상 중심의 삶은 우상 숭배와 탐욕으로 가득찬 육신적이고 정욕적이고 마귀적인 삶입니다(약 3:15, 요일 2:16). 하늘의 지혜는 성결하고 화평하며 관용하고 양순하며 긍휼과 선한 열매가 가득하고 편견과 거짓이 없습니다(약 3:17).

그러면 어떻게 정의와 공의가 강물 같이 흐르는 삶을 살아갈 수 있을까요? 오늘 말씀처럼 무엇보다도 먼저 살아 있는 예배를 회복해야 하겠습니다. 왜냐하면 영과 진리로 살아 있는 예배를 드릴 때 하나님이 찾아오셔서 진리의 영, 성령의 지혜와 능력을 부어 주시기 때문입니다. 예수의 증인된 삶은 결코 우리의 힘과 능으로는 할 수 없고 성령의 권능으로만 살아 갈 수 있습니다. 우리 모두 날마다 하나님과 말씀 앞에서 우리의 죄와 허물을 회개하고, 오직 믿음으로 세상과 타협하지 말고 세상을 이기며 먼저 하나님의 나라와 뜻을 구하고 불우한 이웃을 섬기며 사랑하는 삶을 살아갑시다(요일 5:4-5 참조).

Letter 11

대신 갚아 주시는 하나님

오바댜 1:10-21

네가 네 형제 야곱에게 행한 포악으로 말미암아 부끄러움을 당하고 영원히 멸절되리라, 여호와께서 만국을 멸할 날이 가까웠나니 네가 행한 대로 너도 받을 것인즉 네가 행한 것이 네 머리로 돌아갈 것이라, 야곱 족속은 불이 될 것이며 요셉 족속은 불꽃이 될 것이요 에서 족속은 지푸라기가 될 것이라 그들이 그들 위에 붙어서 그들을 불사를 것인즉 에서 족속에 남은 자가 없으리니 여호와께서 말씀하셨음이라(10, 15, 18)

　본문은 에돔의 심판을 예언한 오바댜서 말씀입니다. 이스라엘 민족은 하나님 말씀에 따라 에돔(에서의 후손) 사람을 이스라엘 민족의 형제로 인정하고 이스라엘 민족의 총회에 들어갈 수 있는 은혜를 베풀어 주었음에도, 에돔은 남유다가 바벨론에 멸망 당할 때 남유다를 도와주기는 커녕 바벨론편에 서서 이스라엘 민족을 배신했습니다. 하나님께서 오바댜 선지자를 통하여 에돔의 멸망(심판)과 함께 남유다의 회복(구원)을 약속하셨는데, 오바댜 예언대로 하나님이 에돔을 심판하시며 이스라엘의 복수를 대신 갚아 주셨습니다.

우리는 살아가면서 극히 드물지만 친구, 동료, 친척, 교인 뿐만 아니라 형제자매, 심지어는 부모 자녀들로부터 크고 작은 배신을 직접 당하거나 또는 간접적으로 이와 같은 일을 당했다는 말을 듣습니다. 위와같이 가까운 사람들로부터 배신을 당했을 때 어떻게 하는 것이 가장 합당한 방법일까요? 각 개인적 상황이 달라 일반적으로 말할 수 없습니다만 성경 말씀을 통하여 묵상한 것을 두렵고 떨리는 마음으로 감히 나누어 봅니다.

먼저 가까운 이들의 배신 원인을 살펴보면, 대체적으로 자신의 탐심과 유익, 상대방에 대한 오해 등에서 비롯되는 것 같고, 또한 자신이 받은 것 보다 자신이 준 것을 더 크게 생각한 나머지 죄책감을 별로 느끼지 못하는데 기인하는 것 같습니다. 그런데 우리 자신을 돌아 볼 때 우리 역시 위와같은 원인으로부터 자유로울 수 없는 부족한 존재이므로 언제든지 배신의 가해자가 될 수도 있습니다. 따라서 우리는 배신한 상대방을 우리 생각대로 무조건 나쁘다고 판단하거나 정죄해서는 안 될 것 같습니다.

다음으로 배신을 당했을 때 어떻게 하는 것이 좋을까요? 먼저 배신당한 감정을 누르고 상대방이 왜 그와같은 행동을 했는지 상대방의 입장을 곰곰이 생각해 볼 필요가 있겠습니다. 왜냐하면 상대방은 우리와 가까운 사이였음에도 불구하고 그와같은 일을 저지른데는 분명 이유가 있을 것이기 때문입니다. 우리는

자신의 눈에 있는 들보를 보지 않고 남의 눈에 있는 티끌을 보는 그런 존재입니다

　다음 상대방이 배신의 행동을 함에 있어 우리 자신이 원인 제공을 한 것이 없는지 살펴보아야 하겠습니다. 왜냐하면 우리의 행동이 우리 생각에는 아무런 문제가 없다고 할지라도 상대방에게는 예기치 않게 불편하거나 언짢게 느껴질 수도 있는 등 우리도 모르게 상대방에게 잘못을 저지를 수도 있기 때문입니다.

　위와같이 우리는 배신을 당하거나, 배신을 능히 할 수 있는 존재입니다. 그러므로 배신을 당하였을 때는 우리도 배신한 자와 같은 죄인임을 깨달아 상대방을 함부로 판단하지 말고 하나님께 맡겨야 하겠습니다(마 7:2, 롬 2:1 참조). 그리고 우리 또한 배신적 행동을 하지 않기 위하여, 상대방의 배신을 타산지석으로 삼아 우리 자신도 탐심과 이기심에 빠져 그런 유혹과 시험에 넘어지지 않도록 항상 기도하며 깨어 있어야 할 것입니다(눅 21:34-36 참조). 우리 자신이 토기장이이신 하나님의 손 안에 있는 흙과 토기 같은 존재임을 깨달아 우리의 모든 것을 하나님께 맡기고 예수 그리스도를 본받아 사랑과 용서의 삶을 살아가도록 힘씁시다.

너희가 친히 원수를 갚지 말고 하나님의 진노하심에 맡기라, 악에게 지지 말고 선으로 악을 이기라(롬12:19,21).

Letter 12

모든 민족을 사랑하시는 하나님

요나 4:1-11

여호와께서 이르시되 네가 수고도 아니하였고 재배도 아니하였고 하룻밤에 났다가 하룻밤에 말라 버린 이 박넝쿨을 아꼈거든 하물며 이 큰 성읍 니느웨에는 좌우를 분변하지 못하는 자가 십이만여 명이요 가축도 많이 있나니 내가 어찌 아끼지 아니하겠느냐 하시니라(10-11)

본문은, 하나님께서 북이스라엘을 멸망시킨 앗수르 이방 민족까지도 구원하시기를 원하시는 하나님의 만민 사랑에 관한 요나서 말씀입니다. 하나님께서 요나 선지자를 통하여 죄악 중에 있는 니느웨(앗수르 수도) 사람들에게 심판을 선포하자, 니느웨 사람들이 하나님의 말씀을 청종하여 모두 금식하며 절실하게 회개함에 따라, 뜻을 돌이켜 십이만 명을 구원해 주셨다는 내용입니다.

본문 말씀의 주제는, 첫째 하나님은 인자와 긍휼이 풍성하신 분이시므로 하나님의 심판을 예고받은 악한 죄인일지라도 금식

기도 등 전심으로 회개하면 하나님께서 뜻을 돌이켜 심판하시지 아니하고 구원하여 주신다는 것입니다. 죄인이 구원을 받기 위해서는 진실한 회개를 해야 합니다. 둘째 하나님은 이스라엘 민족이 아닌 이방 민족일지라도 회개하면 구원하시는, 진정 만민을 사랑하시는 창조주이심을 증거하고 있습니다. 예수를 나의 구주로 믿고 입으로 시인하면 모든 신분과 인종을 뛰어 넘어 누구나 하나님 나라의 백성이 될 수 있습니다.

한편 요나는 하나님의 말씀을 전하는 선지자임에도 불구하고 하나님의 뜻보다 먼저 자신의 뜻을 좇다가 3일간 물고기 배 속에 들어가는 고초를 당한 후에야 뉘우치고 마지 못해 하나님의 뜻을 행하였습니다. 또한 이스라엘 민족의 원수인 앗수르 니느웨 사람들이 하나님의 말씀을 듣고 회개하여 구원받는 것을 보고 하나님을 찬양하기 보다는 이를 못마땅하여 화를 내기도 했습니다. 그리고 자신에게 내리쬐는 햇볕을 막아주는 박넝쿨이 시들게 되어 햇볕을 더 이상 막아주지 못한다는 이유로 화를 내기도 했습니다.

이처럼 선지자도 하나님의 뜻보다 자기의 뜻을 좇아 하나님의 낯을 피하여 도망가기도 하고 또한 하나님의 구원의 역사를 하나님의 관점보다 자신의 관점에서 판단하기도 합니다. 정말 모든 인간은 '의인은 없나니 하나도 없다'(롬 3:10, 시 14:1-3)는 말씀처럼 하나님 앞에서 오십보 백보, 도토리 키 재기와 같이 별 차이가 없음을 깨닫게 됩니다. 인간은 하나님을 결코 이길 수 없으며, 토기장이이신 하나님의 손에 어떻게 사용되느냐에 따라 진노의 그릇이 되기도 하고 긍휼의 그릇이 되기도 합니다. 따라서 세상의 풍조를 본받지 말고 마음을 새롭게 함으로 하나님의 선하시고 거룩하신 뜻을 분별하며 살아야 하겠습니다(롬 9:19-24, 12:2, 살전 4:3 참조).

우리 모두 내 생각 내 뜻보다 하나님의 생각과 뜻을 따라 하나님 중심의 신앙생활을 하고 있는지, 아니면 하나님을 단지 나의 유익과 욕심을 이루기 위한 소위 우상처럼 섬기는 형식적인 믿음생활을 하고 있는지, 우리의 믿음의 현주소를 냉정히 돌아보며 바른 신앙의 모습을 회복해야 하겠습니다. 우리는 먼 훗날 하나님의 심판대 앞에 설 수 밖에 없는 존재임을 분명히 기억하며 날마다 하나님의 나라와 뜻을 구하고 행하며 살아가도록 날마다 말씀과 기도 가운데 성령의 충만함을 받아야 하겠습니다(엡 5:18, 딤전 4:5 참조). 사도 바울처럼 '나는 날마다 죽노라'(고전 15:31) 라고 고백하며 육체와 함께 그 정욕과 탐심을 십자가에 못 박아야 하겠습니다(갈 5:24).

Letter 13

하나님께서 원하시는 것

미가 6:1-8

사람아 주께서 선한 것이 무엇임을 네게 보이셨나니 여호와께서 네게 구하시는 것은 오직 정의를 행하며 인자를 사랑하며 겸손하게 네 하나님과 함께 행하는 것이 아니냐(8)

　본문은 하나님께서 진정 원하시는 예배와 삶에 관한 말씀입니다. 미가 선지자는 남유다에서 이사야 선지자와 동시대에 활동한 재야권 선지자입니다. 미가서는 3편의 설교 형식으로 심판과 구원의 메시지를 전하고 있습니다. 첫째 우상 숭배와 불의로 타락한 사마리아와 예루살렘의 심판을 선포하였으며(1-2장), 둘째 남은 자(remnant, 끝까지 믿음을 지킨 자)에게 구원과 평화를 약속하는 한편 예수 그리스도의 초림을 예언하였고(3-5장), 셋째 하나님께서 원하시는 삶은 '정의를 행하며 인자를 사랑하며 겸손하게 하나님과 함께 행하는 것'(6:8)이라고 선포하고 있습니다(6-7장).

아시다시피 제사(예배)는 참회하는 자에게 하나님이 은혜와 용서를 베푸시는 대표적 신앙 행위입니다. 그런데 하나님은 하나님의 뜻과 마음을 무시한 채 제사와 제물을 율법에 정한 대로 드리기만 하는 형식적인 제사를 책망하십니다. 하나님은 제물의 종류와 양을 보시지 않으시며, 정의와 사랑과 겸손의 삶을 살면서 드리는 예배를 원하시고 기뻐하십니다. 우리 모두 참 예배의 본질과 예배자의 자세를 깨달아 삶과 예배가 일치하도록 힘써야 하겠습니다.

우리는 세상 풍조인 물질주의, 성공주의, 향락주의, 이기주의에 빠져 살아갈 때가 많습니다. 마음으로는 원치 않지만 믿음이 연약한 나머지 알게 모르게 위 세상의 길을 걸어가고 있는 우리 자신을 발견하곤 합니다. 또한 우리 자신의 이중적이고 위선적인 삶을 회개하면서도 한편 자칫 율법주의 신앙생활의 틀에 매이기도 합니다. 이처럼 우리는 하나님의 심판을 피하지 못한 이스라엘 민족처럼 하나님의 심판으로부터 결코 자유로울 수 없는 존재입니다.

따라서 하나님의 심판을 피하고 구원의 축복을 누리기 위해서는 결국 예배와 말씀과 기도 가운데 하나님과 예수님의 은혜와 사랑을 깨닫고 성령의 도우심에 힘입어 하나님의 나라와 의를 먼저 구하며, 온유와 겸손함 가운데 이웃을 사랑하는 삶을 살아가야 하겠습니다(마 11:28-30, 롬 8:26-27, 요일 3:11-18 참조).

Letter 14
니느웨를 향한 예언

나훔 3:8-19

앗수르 왕이여 네 목자가 자고 네 귀족은 누워 쉬며 네 백성은 산들에 흩어지나 그들을 모을 사람이 없도다 네 상처는 고칠 수 없고 네 부상은 중하도다 네 소식을 듣는 자가 다 너를 보고 손뼉을 치나니 이는 그들이 항상 네게 행패를 당하였음이 아니더냐 하시니라(18-19)

본문은 나훔 선지자가 B.C.8~9세기 중동지역의 패권을 장악한 앗수르의 수도 니느웨를 향하여 하나님의 심판을 예언한 말씀입니다. 실제 역사를 보면 하나님의 심판 예언처럼 앗수르는 바빌론에게 멸망을 당하여 역사의 뒤안길로 사라집니다. 진정 하나님은 인간의 역사를 주관하신 분이심을 깨닫게 됩니다.

요나서에 의하면 니느웨 사람들이 요나로부터 하나님 심판의 경고를 듣고 회개하여 그 심판을 면하였지만, 나훔서에 의하면 니느웨는 그로부터 150년이 지난 후 또다시 우상 숭배와 불의로 극심하게 타락한 나머지 결국 하나님의 심판을 면하지 못하고 멸망했습니다. 본문 말씀의 교훈에 따라 인간이란 연약하고 어리석은 존재이기에 곧잘 옛 모습으로 돌아가기 쉽기 때문에 회개는 한 두 번으로 그쳐서는 안되고 우리의 생명이 존속하는 한 계속되어야 할 것 같습니다. '나는 날마다 죽노라'(고전 15:31)는 사도 바울의 고백을 마음에 되새기며 날마다 회개의 시간을 가집시다.

참고로 욥기의 주제 중 하나인 '악인의 형통'과 '의인의 고난'에 대해 우리는 삶의 여정에서 깊이 생각해 볼 때가 있습니다. 역사와 현실 속에서 적지 않게 악인인데 형통하고 한편 의인임에도 고난받는 모습을 보게 됩니다. 이럴 때 과연 사랑과 공의의 하나님은 존재하고 계신지, 존재하신다면 하나님은 전지전능하심에도 왜 악을 미리 막지 않으시고 이를 허락하셨는지 등을 생각하게 됩니다. 그러나 성경은 '악인은 결국 망하고 의인은 흥한다'는 진리를 일관되게 선포하고 있습니다. 시편 1편은 이를 단적으로 웅변하고 있습니다. '무릇 의인들의 길은 여호와께서 인정하시나 악인들의 길은 망하리로다'(시 1:6). 요한계시록에서도 악의 세력들이 세상의 권력을 쥐고 의인들을 핍박하였지만 결국 영원한 불못에 던져지는 것을 발견합니다. 그렇습니다. 악은 일시적으로 형통할 수는 있지만 결국 망하기 때문에 우리의 생각을 내려놓고 이를 허락하신 하나님의 뜻을 헤아리도록 힘써야 하겠습니다.

우리는 **악에게 지지 말고 선으로 악을 이기라**(롬12:21), **악은 어떤 모양이라도 버리라**(살전 5:22)는 사도 바울의 강력한 권면에 따라 불법과 편법과 탈법을 통한 일시적인 형통한 길을 걷기 보다는 잠시 힘들고 어렵지만 떳떳한 고난의 길을 걸어가야 하겠습니다. 왜냐하면 성경 말씀처럼 악은 결국 실패하고 망하기 때문입니다. 끝으로 산상수훈의 '좁은 문으로 들어가라'는 예수님 말씀(마 7:13-14)과 함께 '육신의 생각은 사망이요 영의 생각은 생명과 평안이니라'(롬 8:6)는 말씀을 묵상하는 한 주가 되기를 바랍니다.

Letter 15
불황을 극복하는 삶의 비결

하박국 3:10-19

비록 무화과나무가 무성하지 못하며 포도나무에 열매가 없으며 감람나무에 소출이 없으며 밭에 먹을 것이 없으며 우리에 양이 없으며 외양간에 소가 없을지라도, 나는 여호와로 말미암아 즐거워하며 나의 구원의 하나님으로 말미암아 기뻐하리로다(17-18)

본문은 우리가 너무나 잘 알고 있는 하박국서 요절 말씀입니다. 아무리 어렵고 힘들다 할지라도 구원의 하나님으로 말미암아 즐겁고 기뻐한다는 하박국 선지자의 신앙고백은 가물어 메마른 땅에 내리는 단비와 같이 갈급한 우리 심령에 새 생명을 주시는 성령의 생수와 같은 말씀입니다. 언제 들어도 힘이 되고 은혜가 되는 믿음의 말씀이요 위로와 소망이 되는 말씀입니다.

하박국서는 하박국 선지자의 2차례 호소와 이에 대한 하나님의 2차례 답변(1,2장), 그리고 하박국이 하나님께 드리는 기도(3장)로 구성되어 있습니다. 먼저 하박국은 하나님께 남유다의 불의를 심판하여 달라고 호소하자, 하나님은 바벨론을 통하여 심판하겠다고 대답하십니다. 이에 하박국은 남유다보다 더 부패하고 불의한 바벨론을 통하여 남유다를 심판한다는 것은 도저히 납득할 수 없다고 재차 호소하자, 하나님은 악한 바벨론도 철저히 심판하겠다고 대답하십니다(1,2장). 즉 하나님은 바벨론을 남유다에 대한 심판의 도구로 사용하지만, 바벨론 역시 악하므로 심판하시겠다는 것입니다.

특히 하나님은 위와같이 '악인은 결국 심판을 피할 수 없다'고 대답하시던 중 '의인은 믿음으로 말미암아 살리라'(합 2:4) 라는 귀한 복음(구원)의 말씀을 하십니다. 이 말씀은 신약 복음의 핵심인 '이신칭의(以信稱義)'의 교리에 결정적인 영향을 준 요절 말씀입니다. 즉 바울은 갈라디아서와 로마서에서 이 말씀을 근거로 기독교 복음의 기초를 세웠고(롬1:17, 갈3:11), 또한 신약의 레위기라는 히브리서도 믿음을 끝까지 지키는 자인 의인은 하나님의 약속하신 것을 받는다며 위 하박국 말씀을 인용하고 있습니다(히 10:38).

즉 복음이란 모든 믿는 자에게 구원을 주시는 하나님의 능력이 됨이라(롬 1:16)는 말씀처럼 믿음과 구원은 동전의 양면입니다. 또한 시편 1편 말씀처럼 의인은 하나님께 인정받아 구원을 받게되므로 믿음과 뗄 수 없는 관계입니다. 하나님에 대한 믿음이 있는 자는 의인으로 구원을 받게 된다는 것입니다. 즉 모든 사람은 하나님을 믿는다면 그 믿음으로 말미암아 하나님의 의가 나타나서 의롭다고 인정을 받게 되는 것입니다(로마서 3장 21절 이하 말씀 참조).

무엇보다도 하박국서의 백미는 하박국 선지자가 기도 중에 깨달은 바로 3:17-18 말씀입니다. 이는 우리의 창조주이시고 생명의 주관자이신 하나님을 믿고 의지하면 설사 세상에서 고난과 역경에 처한다 할지라도 결국에는 구원을 받게 되므로 어떤 환난 가운데서도 구원의 하나님으로 말미암아 즐거워하고 기뻐할 수 밖에 없다는 것입니다. 그렇습니다 우리의 하나님은 우리의 삶을 역전시키시는 구원의 하나님이십니다. 복음 안에는 하나님만이 주시는 신령한 복이 있는데, 그 복은 그리스도를 통해서 우리에게 주어집니다(엡 1:3). 복음의 주인이신 예수 그리스도를 온전히 알아가도록 말씀과 기도에 더욱 힘써 나아갑시다.

Letter 16

사랑과 구원의 하나님

스바냐3:9-20

너의 하나님 여호와가 너의 가운데에 계시니 그는 구원을 베푸실 전능자이시라 그가 너로 말미암아 기쁨을 이기지 못하시며 너를 잠잠히 사랑하시며 너로 말미암아 즐거이 부르며 기뻐하시리라 하리라(17)

본문은 스바냐서의 요절에 관한 말씀으로, 하나님은 우리를 기뻐하시며 새롭게 해주시는 전능하신 구원자이심을 찬양하고 있습니다. 스바냐는 남유다가 바벨론에게 멸망당하기 직전인 요시야 왕때 활동한 선지자입니다. 스바냐서는 다른 예언서와 마찬가지로 죄악에 물든 남유다와 주변의 나라들에게 무서운 심판을 예고하는 한편 믿음을 지키는 남은 자들에게는 구원을 약속하고 있습니다. 우리 모두 사랑과 구원의 하나님으로 말미암아 주 안에서 마음의 평안을 누립시다.

우리는 소예언서를 공부하면서 하나님의 심판과 구원의 진리를 확실하게 깨닫게 되는 것 같습니다. 스바냐서는 다른 예언서와 마찬가지로 거듭 '여호와의 날, 그 날(The Day)'을 강조하는데, '여호와의 날'이란 이중적 의미를 갖고 있습니다. 즉 심판의 날인 동시에 구원의 날이요 은혜의 날인 것입니다. 이를 예수님은 '알곡과 가라지의 비유'(마 13장)를 통하여 잘 설명하고 계십니다. 알곡과 가라지는 평상시에는 함께 그대로 두지만 추수 때에는 철저하게 분리되어 알곡은 창고에, 가라지는 불살라지는 것입니다. 이처럼 우리 인간은 언젠가 하나님의 심판대 앞에 섰을 때 가라지처럼 지옥불로 떨어지든지 아니면 알곡처럼 천국으로 인도될 것입니다.

본문 말씀처럼 스바냐는 하박국과 마찬가지로 구원의 하나님을 찬양하고 있습니다. 또한 우리와 함께 계시는 임마누엘 하나님을 찬양하고 있습니다. 즉 하나님은 우리와 함께 계시며 우리를 구원하시고, 우리를 사랑으로 새롭게 하시며, 기뻐하신다는 것입니다. 그렇습니다. 우리 그리스도인들의 최고의 복은 하나님이 우리와 함께 계심(하심)과 구원의 축복입니다. 우리의 삶이 다소 세상적으로 어렵고 힘들지라도 창조주이시고 주관자이신 하나님이 우리와 함께 계시면서 우리의 삶을 지켜 주시고 또한 영생의 길로 구원해 주신다니 그 무엇을 두려워하겠습니까?

한편 우리는 세상에서의 축복을 받으면 마치 믿음이 좋아서 받은 것인 양 생각할 때가 있습니다. 그리하여 세상의 축복을 받기 위하여 믿음생활에 정진하기도 합니다만 이는 성경적으론 맞지 않는 것 같습니다. 왜냐하면 하나님의 복은 예수님의 산상수훈의 팔복과 같이 세상에서의 축복인 물질, 성공, 명예와는 무관하며, 더구나 믿음이 좋은 사도들과 의인들도 세상에서 고난을 많이 받았기 때문입니다. 그렇다고 세상의 축복을 무시해서는 안됩니다. 이 또한 믿음생활로 인한 하나님의 은혜로 받은 것이기 때문에 감사한 마음으로 이를 하나님의 뜻에 따라 아름답게 사용하면 좋을 것입니다.

끝으로 성경은 하나님께서 심판 너머 십자가의 사랑으로 우리의 죄를 용서하시고 구원의 길을 예비하셨다고 약속하고 있습니다. 그러므로 우리를 사망의 길에서 생명의 길로 구원하신 하나님의 사랑과 은혜를 깊이 깨닫고 말씀과 기도 가운데 성령을 따라 십자가의 길을 걸으며 순례자의 삶을 살아가도록 힘씁시다.

Letter 17

성전을 재건하라

학개 1:1-15

만군의 여호와가 말하노니 너희는 자기의 행위를 살필지니라 너희는 산에 올라가서 나무를 가져다가 성전을 건축하라 그리하면 내가 그것으로 기뻐하고 또 영광을 얻으리라 여호와가 말하였느니라, 여호와께서 유다 총독 스룹바벨과 대제사장 여호수아의 마음과 남은 백성의 마음을 감동시키시매 그들이 와서 만군의 여호와 그들의 하나님의 전 공사를 하였더니 (7, 8, 14)

학개서는 2장에 불과한 짧은 예언서이지만 구약 신앙의 중심인 '성전'의 재건을 촉구하고 있는 내용을 담고 있습니다. BC 586년 예루살렘 성전(솔로몬 성전)이 바벨론의 침공으로 훼파되고, 많은 이스라엘 민족이 포로로 끌려갔습니다. 하나님의 은혜로 BC 536년 이스라엘 포로들이 예루살렘으로 귀환한 후 총독 스룹바벨과 대제사장 여호수아를 중심으로 하나님 신앙을 회복하고자 성전을 재건하기 시작했습니다. 그러나 이웃 민족들의 농간으로 성전 건축이 15년간 중단되었지만 선지자 학개와 스가랴의 독려로 마침내 성전(스룹바벨 성전)이 완공되었습니다. 참고로 로마 식민지때 에돔 출신인 분봉 왕 헤롯 대왕이 유대인들의 환심을 사고자 큰 성전(헤롯 성전)을 지었는데 이는 AD 70년경 로마의 침공으로 완전히 훼파되었습니다 〈솔로몬 성전, 스룹바벨 성전, 헤롯 성전〉.

구약 신앙은 크게 제사장과 성전 중심의 제사를 통한 중보 신앙(역대기 관점)과 선지자와 회당 중심의 말씀을 통한 심판 신앙(신명기, 열왕기 관점)으로 구분할 수 있습니다. 안정기에는 제사장과 성전 중심의 제사 신앙이 대세였지만, 나라가 외세의 침략 등으로 불안정 할 때는 주로 선지자들을 통한 말씀 신앙이 우세했습니다. 특히 바벨론에 의한 멸망 이후는 성전이 없어졌기 때문에 곳곳에 많은 회당이 생겨 회당을 중심으로 말씀 신앙이 주축을 이루었습니다. 신약성경을 보면 예수님과 바울의 사역도 유대인 회당에서 많이 이루어졌음을 알 수 있습니다. 참고로 카톨릭은 제사(미사) 중심의 신앙인 반면 개신교는 말씀 중심의 신앙이라고 할 수 있습니다.

이처럼 바벨론에 의한 멸망 이전에는 이스라엘 민족의 신앙은 성전 중심의 신앙이었기 때문에 포로 귀환 이후 신앙 회복을 위해서는 무엇보다도 성전 건축이 중요했던 것입니다. 학개서의 주요 말씀은, '내가 너희와 함께 있으니 두려워하지 말라'(학 2:4,5)는 말씀과 '이 성전의 나중 영광이 이전 영광보다 크리라'(학 2:9)는 말씀입니다. 먼저 첫 번째 임마누엘 약속의 말씀은 성경 곳곳에서 쉽게 발견할 수 있는, 성경의 핵심 사상이요 기독교 신앙의 초석과 같은 말씀입니다. 그렇습니다 하나님께서 함께 하신다면 그 무엇이 불가능하겠습니까? 그 무엇을 두려워할 필요가 있겠습니까? 따라서 우리는 우리의 삶의 여정에서 때마다 시마다 임마누엘 하나님의 임재와 동행하심을 구해야 할 것입니다.

다음 두 번째 '이 성전의 나중 영광이 이전 영광보다 크리라'는 말씀은 학개서의 요절 말씀입니다. 스룹바벨 등이 건축하려는 성전은 식민지 속국 입장에서 건축한 것이기에 규모상으로 솔로몬 성전에 비해 훨씬 초라할 수 밖에 없기 때문에 이들을 격려하기 위해 하신 말씀입니다. 스룹바벨 성전이 외형상 크게 미약할지라도 하나님의 영광(성령)이 충만하게 임하여 평강과 복을 주시겠다고 약속하신 것입니다(학 2:9,19). 그렇습니다. 성전의 본질은 하나님의 영광(성령)이 임하느냐 여부와 영광의 충만함이 어느 정도이냐에 달려 있습니다. 참고로 이 말씀은 참 성전이신 예수 그리스도 안에서 완전하게 성취되었습니다.

신앙의 참 모습은 외모와 외형이 아니라 마음과 중심이 중요합니다. 왜냐하면 하나님은 외모가 아닌 중심을 보시고 성령을 부어주시기 때문입니다. 헤롯 성전은 가장 크고 화려했지만 그곳에 성령이 임재하지 않음으로 말미암아 그 시대에 성전으로서의 역할을 제대로 하지 못했습니다. 성전 건축의 참된 의미는 단순한 예배 처소의 건축이 아니라 삶의 우선 순위를 하나님께 두고 살아가는 신앙공동체의 회복입니다. 우리 모두 '너희가 하나님의 성전이고 너희 안에 성령이 계시니 거룩하라'(고전 3:16-17)는 사도 바울의 말씀을 따라 우리 자신이 곧 성전이라는 사실을 굳게 믿고 거룩한 삶을 살아가도록 말씀과 기도 가운데 날마다 성령 충만을 구합시다.

Letter 18

하나님이 기뻐하시는 금식

스가랴7:1-7

예루살렘과 사면 성읍에 백성이 평온히 거주하며 남방과 평원에 사람이 거주할 때에 여호와가 옛 선지자들을 통하여 외친 말씀이 있지 않으냐 하시니라(7)

스가랴서는 8개 환상과 메시아 예언으로 인하여 구약의 묵시록이라고 합니다. 스가랴 선지자는 학개와 마찬가지로 성전 재건을 촉구하는 한편 성전 건축 후에 있을 예루살렘의 회복과 하나님의 새로운 구원을 예언하고 있습니다. 스가랴서는 회개 촉구(1:1-6), 성전 재건을 위한 용기와 희망을 주기 위한 8개 환상(1:7-6장), 금식에 관한 교훈(7-8장), 메시아 왕국의 도래에 대한 종말론적인 예언(9-14장)으로 구성되어 있습니다. 본문 말씀은 하나님이 기뻐하시는 참된 금식에 대한 내용입니다.

우리는 일반적으로 신앙의 갱신을 굳게 다짐하기 위한 방편으로 금식을 합니다. 특히 사순절 또는 고난주간에는 예수님의 십자가 사랑에 대한 감사와 함께 그 십자가 고난에 동참하기 위한 마음으로 금식을 하곤 합니다. 우리가 자신의 신앙을 회복하거나 업그레이드하기 위하여 금식이라는 신앙적 행위를 하는 것은 중요하지만, 참된 금식이란 금식 행위 자체만으로 끝나서는 안 되며 삶 속에서 하나님의 뜻을 행하는 것입니다.

즉 참된 금식은 오늘 말씀처럼 진실한 재판, 인애와 긍휼, 고아와 과부를 보살피는 것과 같은 공의와 사랑의 행위가 뒤따르는 실천적 금식입니다. 이사야 선지자도 '하나님이 기뻐하시는 참 금식이란 부당한 결박을 풀어 주는 것, 멍에의 줄을 끌러 주는 것, 압제 받는 사람을 놓아 주는 것, 모든 멍에를 꺾어 버리는 것, 굶주린 사람에게 먹거리를 나누어 주는 것, 떠도는 불쌍한 사람을 집에 맞아 들이는 것, 헐벗은 사람에게 옷을 입혀 주는 것'이라고 말했고(사 58:6-7), 예수님도 산상수훈에서 올바른 금식에 대하여 말씀하셨습니다.

그렇습니다. 우리의 신앙생활을 돌아보면 교회생활에 익숙한 나머지 우리 자신도 모르게 눈에 보이지 않은 하나님보다 눈에 보이는 사람을 의식한 신앙활동을 할 때가 적지 않습니다. 그러다 보면 우리의 신앙이 형식적인 신앙, 매너리즘에 빠진 신앙으로 변질되기 쉽고 자칫 위선과 거짓된 신앙으로 전락될 수도 있다는 점을 잊지 말아야 하겠습니다. 하나님은 경건의 모양은 있으나 경건의 능력이 없는 신앙을 기뻐하시지 않으므로(딤후 3:5 참조), 우리는 본문 말씀을 마음판에 깊이 새겨 하나님의 뜻에 합당한, 성경 중심적인 신앙생활을 하도록 힘써야 하겠습니다.

최근 담임목사님의 스가랴서 설교는 코로나 사태의 장기화로 인하여 어수선하고 나태해진 우리의 신앙을 회복하는데 많은 힘을 주고 있습니다. 하나님께 돌아가지 않으면 천연요새인 난공불락의 예루살렘성이 무너지는 것처럼 하나님을 떠난 우리의 삶은 아무런 비전과 소망이 없다는 것입니다. 그동안 속회공과를 통하여 나누었던 구약의 모든 소선지서의 주제는 우리로 세상에서 하나님께로 돌아가라는 것입니다. 이를 하나님의 음성으로 듣고 말씀과 기도 생활에 더욱 힘씁시다.

끝으로 참된 신앙은 교회 중심의 주일성수와 십일조 생활도 중요하지만 무엇보다도 하나님의 말씀에 순종하는 삶을 살아가는 것임을 꼭 기억해야 할 것입니다. 우리 모두 스가랴서 세 번째 환상처럼 하나님께서 친히 불성곽이 되어 우리를 지켜주심을 굳게 믿고 결국에는 무너질 세상의 성을 쌓는데 힘쓰기 보다 하늘 창고를 쌓도록 힘씁시다. 손에 손잡고 임마누엘 하나님의 도우심을 따라 매일 기쁘게 영원한 천성을 향한 거룩한 순례의 길을 걸어 갑시다.

Letter 19

십일조의 복

말라기 3:7-12

사람이 어찌 하나님의 것을 도둑질하겠느냐 그러나 너희는 나의 것을 도둑질하고도 말하기를 우리가 어떻게 주의 것을 도둑질하였나이까 하는도다 이는 곧 십일조와 봉헌물이라, 만군의 여호와가 이르노라 너희의 온전한 십일조를 창고에 들여 나의 집에 양식이 있게 하고 그것으로 나를 시험하여 내가 하늘 문을 열고 너희에게 복을 쌓을 곳이 없도록 붓지 아니하나 보라(8, 10)

구약의 마지막 성경책인 말라기서는 이스라엘을 향한 하나님의 사랑을 부인하는 이스라엘에게 그 죄악을 책망하면서 십일조를 강조하는 한편 장차 오실 메시아에 대한 예언을 통해 구원의 소망을 말하고 있습니다(말 4:5, 눅 1:17 참조). 본문 말씀은 하나님의 백성인 이스라엘이 하나님의 소유인 십일조를 제대로 드리지 않음으로써 소위 도둑질을 하고 있다는 것입니다. 한편 십일조를 온전히 드리면 하늘 문을 열어 복을 쌓을 곳이 없도록 듬뿍 부어주겠다고 약속하고 있습니다. 대부분 교회에서는 십일조를 믿음의 바로미터로 여기고 있기 때문에 모든 기독교인에게 있어 십일조는 큰 관심사 중 하나입니다. 십일조를 꼭 해야만 하는가? 십일조를 하지 않거나 제대로 하지 않으면 진정 믿음이 없거나 믿음이 작다고 단정할 수 있는가?

먼저 십일조에 관한 성경말씀을 살펴보면, 율법 전에는 아브라함이 멜기세덱에게 십일조를 드렸고(창 14:17-20), 야곱이 하나님께 십일조를 서원했습니다(창 28:22). 모세의 율법 때에는 이스라엘 백성들이 땅의 소산물, 나무와 과일, 소와 양의 십분의 일을 레위인들에게 주고(레위기 27:30-32, 신명기 14:22, 민수기 18:21,24), 레위인은 그들이 받은 것 중에서 십분의 일을 하나님께 제물로 드렸습니다(십일조의 십일조, 민 18:26). 또한 말라기의 본문 말씀과 마태복음 23장 23절 말씀이 있습니다.

다음 십일조의 용도를 살펴보면, 십일조는 기업이 없이 성막에서 봉사하는 레위인의 생계비, 구제사업과 성전 유지 보수비용으로 쓰였습니다(신 14:28-29, 26:12-15, 출 26장, 대하 35장). 그리고 십일조의 축복은, 하나님이 십일조를 한 사람의 모든 일에 복을 주시고, 복을 쌓을 곳이 없게 하여 주시며, 풍년을 주신다는 것입니다(신 14:29, 말 3:10-12).

위와같은 십일조의 축복을 약속했음에도, 십일조는 구약에서도 제대로 지켜지지 않았으며 신약에 와서도 이에 관한 언급이 거의 없는 것을 보면 잘 지켜지지 않은 것으로 보입니다. 신약에서 딱 한번 언급된 십일조 말씀은 예수님이 바리새인의 외식적인 신앙을 책망하면서 하신 말씀입니다. 즉 바리새인들이 채소의 십일조까지 드렸지만 정의와 자비와 신의를 저버렸다는 것입니다(마 23:23). 이는 신앙과 삶이 다른 바리새인의 형식적이고 위선적인 신앙을 책망하기 위한 방편으로 하신 말씀으로 십일조가 핵심이 아닙니다. 또한 사도 바울은 모름지기 헌금이란 하나님의 은혜에 감사한 마음을 가지고 자발적으로 드리는게 중요하다고 설파하고 있습니다(고후 9:6-7)

위와같은 말씀을 종합하면 십일조란 하나님 백성의 모든 재물은 다 하나님의 은혜로 받은 것이기에 감사하는 마음으로 이 중 일부를 하나님께 드리는 믿음의 제물인 것은 분명합니다. 다시말하면 자신이 받은 재물은 하나님이 주신 것이라는 믿음의 고백하에 하나님께 감사하는 마음으로 믿음의 행위로 바치는 것입니다. 따라서 십일조의 본질과 정신은 재물의 십분의 일에 있기 보다는 하나님께 감사의 마음을 담아 자원하는 마음으로, 믿음의 분량대로 드리는데 있는 것 같습니다. 십분의 일의 분량을 강조하다보면 자칫 율법주의적 신앙의 함정에 빠질 우려가 있습니다.

Letter 20

최초의 교회

사도행전 2:37-47

베드로가 이르되 너희가 회개하여 각각 예수 그리스도의 이름으로 세례를 받고 죄 사함을 받으라 그리하면 성령의 선물을 받으리니 이 약속은 너희와 너희 자녀와 모든 먼 데 사람 곧 주 우리 하나님이 얼마든지 부르시는 자들에게 하신 것이라 하고, 그들이 사도의 가르침을 받아 서로 교제하고 떡을 떼며 오로지 기도하기를 힘쓰니라, 날마다 마음을 같이하여 성전에 모이기를 힘쓰고 집에서 떡을 떼며 기쁨과 순전한 마음으로 음식을 먹고 하나님을 찬미하며 또 온 백성에게 칭송을 받으니 주께서 구원 받는 사람을 날마다 더하게 하시니라
(38-39, 42, 46-47)

이번 4/4분기 공과책은 속회에서 '제자를 세우시는 예수님'이라는 주제로 사도행전의 말씀을 깊이 나누도록 인도하고 있습니다. 잘 아시다시피 사도행전은 사도 바울의 제자인 누가가 교회는 어떻게 태동되었으며, 또한 교회가 어떻게 복음전파의 사역을 하였는지를 기록한 신약의 역사서입니다. 즉 교회는 성령

강림으로 인하여 성령의 충만을 받은 사도들에 의하여 세워졌으며, 복음전파를 본질적 사명으로 하고 있음을 잘 기록하고 있습니다. 이처럼 일응 사도들이 교회를 세우고 교회가 복음을 전한 것처럼 보이지만 실은 성령님이 교회를 세우고 복음을 전파하였기 때문에 '성령행전'이라고도 합니다. 사도행전을 깊이 묵상하면서 우리의 믿음이 초대교회를 본받아 더욱 새로워지고 자라기를 소망합니다.

본문 말씀은, 첫째 교회의 태동에 관한 것입니다. 베드로가 성령 충만을 받은 후 유대인들을 향하여 '십자가에서 죽은 예수님이 부활하여 하나님으로부터 약속하신 성령을 우리에게 부어 주셨는데, 이는 요엘 선지자의 성령강림 예언이 성취된 것으로 예수가 바로 우리의 주님이고 그리스도'라고 설교를 합니다. 이에 찔림을 받은 유대인들이 회개를 하고 세례를 받은 후 신앙공동체, 예배공동체인 교회를 이루게 되었다는 내용입니다. 즉 베드로의 유명한 오순절 설교를 듣고 회개하며 세례받은 사람들이 모여 초대교회인 예루살렘 교회가 설립된 것입니다.

둘째 본문 말씀은 초대교회의 특징에 관한 것입니다. 즉 ① 사도들의 가르침에 몰두하며 기도에 힘썼고(2:42), ② 사도들을 통하여 기적과 표적이 많이 일어났으며(43), ③ 믿는 사람들이 모두 함께 지내며 모든 것을 공동으로 소유하고 재산과 소유물을 팔아서 모든 사람들에게 필요한 대로 나누어 주었고(44,45), ④ 성전에 열심히 모이고, 집집이 돌아가면서 빵을 떼며 음식을 먹었으며(46), ⑤ 하나님을 찬양하고, 모든 사람들로부터 호감을 샀으며, 날마다 부흥하였다는 것입니다(47). 교회는 말씀과 찬양의 예배공동체, 기도공동체, 식탁공동체, 성령공동체입니다.

따라서 오늘날 교회가 사도행전적 초대교회를 본받기 위해서는 먼저 말씀과 기도와 찬양에 더욱 힘써야 하고, 성령 충만을 구해야 하며, 성전에 모이기를 힘쓰고, 식탁의 교제에도 힘써야 할 것입니다. 무엇보다도 교회는 성령으로 세워진 신앙공동체이므로 모름지기 교회와 성도는 성령 충만을 힘써 구해야 할 것입니다. 우리는 일찍이 예수님이 성령에 대하여 상세히 설명하시면서 성령을 구하라고 하셨고(요 14-16장, 눅 11:13), 부활하신 후에도 제자들에게 성령을 받으라고 당부하셨으며(요 20:22), 사도 바울도 성령의 충만을 받으라고 명령하신(엡5:18) 사실을 꼭 기억하며 성령 세례와 함께 성령 충만을 받아야 할 것입니다.

그러면 우리는 어떻게 성령 세례와 성령 충만을 받아야 할까요? 사도행전 1장을 보면 예수님의 제자들은 성령을 받기 위하여 오로지 기도에 힘썼다고 하였습니다(10일간). 그리고 베드로는 '회개를 하고 예수 그리스도의 이름으로 세례를 받아 죄 사함을 받으면 성령을 선물로 받는다'고 했습니다(행 2:38). 따라서 우리도 성령의 세례와 충만을 받기 위해서는 우리의 죄와 허물을 자백하고 그 잘못을 깊이 뉘우치며 십자가 앞에 엎드리어 십자가 보혈로 죄를 사하여 달라고 간절히 구하고, 아울러 새 사람으로 거듭나도록 성령을 달라고 힘써 기도해야 할 것입니다. 한편 성령을 근심하게 하거나 소멸하는 일이 없어야 할 것입니다(엡 4:30, 살전 5:19).

Letter 21
우리가 줄 수 있는 것

행 3:1-10

베드로가 이르되 은과 금은 내게 없거니와 내게 있는 이것을 네게 주노니 나사렛 예수 그리스도의 이름으로 일어나 걸으라 하고(6)

본문은, 성령을 받은 베드로와 요한이 성전으로 올라가고자 미문(美門)을 지나가던 중 구걸하는 앉은뱅이 거지를 주목하고 그 유명한 '은과 금은 없거니와 내게 있는 이것을 네게 주노니 나사렛 예수 그리스도의 이름으로 일어나 걸으라'(행 3:6)고 말하면서 오른손으로 잡아 일으키니, 그가 걷고 뛰면서 함께 성전으로 들어간 내용입니다. 이는 예수 제자들의 첫 번째 기적 사건으로 향후에 있을 사도들의 많은 기적 사건의 서곡입니다. 위 기적 사건(영적 체험)에서 우리가 깨달은 성경적 교훈이 무엇인지 나누어 봅시다.

위 사건은, 첫째 예수님의 제자들이 성령을 받은 후 일어난 기적의 치유 사건입니다. 제자들은 성령을 받기 전에는 평범한 사람들이었으나 성령을 받은 후에는 예수님과 같은 능력을 가진 사람으로 변화되었습니다. 성령은 이처럼 우리에게 능력을 행하는 성령의 은사를 부어 줍니다(고전 12:8-10, 롬 12:6-8). 또한 그들은 앉은뱅이 거지에게 세상 사람들과 달리 따뜻한 관심을 가지고 바라보며 긍휼의 마음으로 고쳐 주었습니다. 성령은 이처럼 우리에게 인자와 긍휼의 성령의 열매를 맺게 합니다(갈 5:22-23). 이처럼 평범한 베드로와 요한이 성령 충만해지자 사람의 능력이 아닌 성령의 능력으로 앉은뱅이를 일으킨 것입니다.

둘째, 베드로와 요한은 이를 오직 예수 그리스도의 이름으로 행한 것입니다. 기독교 복음이란 예수님이 그리스도요 하나님의 아들이심을 믿는 자에게 구원을 주시는 하나님의 능력입니다(롬 1:16). 복음의 핵심은 예수 그리스도입니다. 이 믿음을 가지고 예수 그리스도의 이름으로 나아갈 때 불가능하다고 생각되는 앉은뱅이가 일어서는 기적을 가져온 것입니다. 따라서 우리는 많은 어려움이 놓여 있다고 할지라도 먼저 예수님을 바라보면서 예수님 안에 거하며 예수 그리스도의 마음을 품고 기도해야 할 것입니다.

셋째, 베드로와 요한은 앉은뱅이를 일으킨 것으로 끝난 것이 아니고 그와 함께 성전으로 간 것입니다. 그곳에서 이 모든 것이 하나님의 은혜와 사랑으로 일어난 것임을 깨닫게 하고자 함일 것입니다. 우리는 이기적이고 형식적인 신앙생활을 극복하여 그리스도의 복음을 전하고 이웃을 사랑하라는 계명을 지키는 복음 중심적, 성경 중심적 삶을 살아가야 합니다. 이기적인 마음으로는 위와같은 희생과 헌신의 삶을 살아갈 수 없으니 오직 마음이 온유하고 겸손하신 예수님을 본받아 성령 충만을 구하며 살아가야 할 것입니다(마 11:29).

오늘 말씀을 통하여 우리가 이웃이나 사회 그리고 가까운 가족들에게 무엇을 주는 것이 좋은지 생각해 봅시다. 우리는 세상을 살아오면서 재물의 중요성을 잘 알고 있기 때문에 자녀와 이웃에게 우리의 마음을 재물을 중심으로 줄려고 합니다. 물론 이에 관하여 반대 의견도 있겠지만 저는 개인적으로 찬성합니다만, 재물은 아무래도 부수적인 것 같습니다. 성경 말씀이나 성현들의 말처럼 재물 보다는 사랑이나 지혜를 전해 주는 것이 보다 더 중요하다고 생각합니다. 이웃과 사회에게는 그리스도의 사랑의 복음과 함께 구제와 봉사를, 가족 특히 자녀에게는 재물의 유산보다는 믿음의 유산과 삶의 지혜를 물려주도록 힘씁시다.

Letter 22

아나니아와 삽비라

행 5:1-11

베드로가 이르되 아나니아야 어찌하여 사탄이 네 마음에 가득하여 네가 성령을 속이고 땅 값 얼마를 감추었느냐(3)

본문은 초대교회의 구성원인 '아나니아와 삽비라' 부부에 관한 말씀입니다. 당시 초대교회에서는 적지 않은 구성원들이 은혜를 받아 자신의 모든 재산을 교회에 헌납하여 공용으로 사용토록 하였습니다. 아나니아와 삽비라 부부도 자신의 재산을 교회에 헌납하였으나 일부는 떼어 놓고 나머지를 마치 전 재산인 양 헌납하였습니다. 이에 베드로 사도가 하나님과 성령을 속였다는 이유로 책망을 하자, 이 부부는 그 자리에서 죽음에 이르게 되었습니다. 이 사건은 초대교회가 막 성장하는 과정에 발생하여 자칫 교회의 위기를 가져올 수 있었으나 오히려 교회가 하나님을 경외하게 됨으로 말미암아 부흥하는 계기가 되었습니다.

위 사건은 일견 아나니아 부부가 자신의 재산 대부분을 헌납하고 단지 일부만 따로 떼어 놓았을 뿐인데, 이로 인하여 죽음의 징계까지 받은 것은 너무 가혹하다는 생각이 듭니다. 이와 비슷한 구약에 나오는 두 사건, 즉 여호수아의 아간 사건(7장)과 사무엘상의 사울의 아말렉 진멸 관련 불순종 사건(15장) 역시 하나님의 징계는 가혹할 정도로 철저했습니다. 왜 우리 하나님은 은혜롭고 인자와 긍휼이 풍성하신 사랑과 자비의 하나님이신데 이렇게 가혹하게 심판하셨을까요?

생각건대 구약의 두 사건은 이스라엘 민족으로 하여금 우상의 텃밭인 가나안에서 각종 유혹과 우상 숭배로부터 하나님 유일신 신앙을 지키도록 하기 위한 것으로 보입니다. 신약의 아나니아와 삽비라 사건은 새롭게 태동하여 막 성장하는 교회의 정직성, 거룩성 등 정체성을 지키기 위한 하나님의 읍참마속적인 징계로 보여집니다. 속으로는 하나님의 명령을 불순종하였음에도 겉으로는 순종한 것처럼 위장하는 소위 신앙의 위선과 거짓 행위는 하나님을 속이는 것으로 보고 있습니다.

예수님은 일찍이 '사람에 대한 모든 죄와 모독은 사하심을 얻되 성령을 모독하는 것은 사하심을 얻지 못하리라'(마 12:31)고 말씀하셨습니다. 이처럼 성령을 거역하고 모독하는 일은 우리가 생각하는 것보다 훨씬 무서운 영적 범죄라는 것입니다. 예수님의 위 말씀은 아나니아와 삽비라 사건에서 확증되었다고 볼 수 있습니다. 오늘 본문 말씀을 우리의 신앙생활에 어떻게 적용할 수 있을까요? 과연 우리의 신앙생활에 위선과 거짓됨이 없을까요? 저의 삶을 냉정하게 돌아볼 때 저는 결코 아나니아와 삽비라를 비판할 자격이 없기 때문에 두렵고 떨리는 마음으로 하나님 앞에 회개하지 않을 수 없습니다.

우리의 실상은 세상에서 복을 받기 위하여 교회 앞으로 나오지만 실은 하나님을 믿는 일은 이처럼 우리의 생명과 직결될 정도로 중요합니다. 우리의 신앙 생활을 보면 이처럼 하나님 따로, 세상 따로의 삶을 살아갈 때가 많은데, 진정 오늘 말씀은 우리의 등골을 오싹하게 할 정도로 두렵고 무섭게 다가옵니다. 이제부터 우리가 사는 길은 하나님 말씀을 따라 세상 보다는 하나님 나라를 먼저 생각하고 예수님을 바라보며 살아갈 수 밖에 없을 것 같습니다. 이 믿음의 삶은 우리의 힘과 능으로 되지 아니하고 하나님의 영으로만 된다는 말씀을 가슴에 새기며 오늘도 성령 충만을 힘써 구합시다(슥 4:6).

Letter 23

스데반의 순교

행 7:54-8:3

> 스데반이 성령 충만하여 하늘을 우러러 주목하여 하나님의 영광과 및 예수께서 하나님 우편에 서신 것을 보고 말하되 보라 하늘이 열리고 인자가 하나님 우편에 서신 것을 보노라 한 대, 그들이 돌로 스데반을 치니 스데반이 부르짖어 이르되 주 예수여 내 영혼을 받으시옵소서 하고 무릎을 꿇고 크게 불러 이르되 주여 이 죄를 그들에게 돌리지 마옵소서 이 말을 하고 자니라(55-56,59-60)

본문은 초대교회 일곱 집사 중 1명인 스데반 집사의 순교 장면과 순교 후 제사장 무리가 행한 교회 박해에 관한 말씀입니다. 즉 스데반이 체포되어 공의회에서 재판을 받으면서 그곳에 참석한 무리들을 향하여 하나님이 예언한 의인인 예수를 죽이고 율법을 지키지 않았다고 책망을 했습니다. 이에 그들이 스데반을 돌로 쳐서 죽인 후 예루살렘 교회를 박해함으로 말미암아 많은 교인들이 지방으로 흩어졌습니다. 오늘 말씀을 통하여 스데반 집사의 믿음과 순교, 그리고 순교가 교회에 미친 영향 등을 묵상해 봅시다.

초대교회인 예루살렘 교회는 성령의 권능으로 하루에 삼천 명, 오천 명씩 부흥되다가 교회 안에 음식의 공궤 문제로 히브리파 유대인과 헬라파 유대인 간에 다툼이 생겼습니다. 이에 사도들은 말씀과 기도하는 일을 전담하고, 음식 공궤는 평신도에게 맡기기로 하여 평신도 중에서 믿음과 성령이 충만한 사람 일곱 명을 집사로 뽑았습니다(일곱 명 모두 헬라파 유대인). 믿음 좋은 스데반 집사가 은혜와 능력이 충만해서 놀라운 일과 큰 기적을 행하고, 지혜와 성령으로 복음을 전파하자, 이를 시기한 무리들이 하나님을 모독하는 말을 하였다는 이유로 스데반을 붙잡아 공의회로 끌고가서 대제사장 앞에서 재판을 받게 하였습니다. 그러나 스데반은 결코 두려움이 없이 얼굴이 천사의 얼굴과 같았습니다(행 6장).

다 아시다시피 스데반은 위 재판에서 그 유명한 구약 역사의 핵심을 꿰뚫는 탁월한 설교를 하였습니다. 이때 '당신들이 바로 성령을 거역하여 하나님이 예언한 의인인 예수님을 죽였다'고 책망하자(행 7:1-53), 이에 격분한 무리들이 돌로 스데반을 죽인 것입니다. 그런데 놀랍게도 스데반은 순교 직전에도 성령이 충만하여 하나님의 영광과 하나님의 오른쪽에 서있는 예수님을 보았으며, 순교 당시에는 예수님이 십자가에서 하신 말씀과 동일하게 '이 죄를 그들에게 돌리지 마옵소서' 라고 기도했습니다. 우리는 스데반의 순교를 통해 우리에게 순교를 감당할 정도의 믿음이 있는지, 과연 자신을 죽이는 자들의 죄를 용서하여 달라고 할 수 있는지를 자문해 보지 않을 수 없습니다.

모름지기 순교는 믿는 자가 하나님의 영광을 위하여 할 수 있는 최고의 신앙적 헌신이라고 생각합니다. 그러나 아무리 중요한 일이라고 해도 자기 목숨을 바치는 것은 극히 드물고 심히 어렵습니다. 묵상컨대 하나님을 자신의 창조주, 생명의 주관자라는 확실한 믿음이 없이는 결코 할 수 없을 것입니다. 또한 예수님의 부활과 함께 하늘의 상급을 반드시 받을 수 있다는 신실한 믿음이 있어야만 순교할 수 있을 것입니다. 결국 순교는 확실하고 신실한 믿음 있는 자만이 할 수 있는 영적인 축복입니다. 그렇다면 어떤 사람이 믿음있는 사람일까요? 스데반처럼 성령과 지혜가 충만하고, 은혜와 능력이 충만하여 놀라운 기적을 행하며, 성경에 능통해야 비로소 믿음이 있다고 할 수 있겠습니다. 따라서 하나님을 경외하는 것이 지혜의 근본이라는 말씀을 따라 하나님을 경외하고, 말씀과 기도로 성령 충만에 힘써야 하겠습니다.

또한 스데반 순교 후 교회는 엄청난 박해를 당하였습니다. 분명 스데반 순교는 초대교회의 최대의 위기였습니다. 그러나 박해받은 성도들이 사방으로 뿔뿔히 흩어짐으로 말미암아 복음이 전파되어 제2의 초대교회인 안디옥 교회가 세워졌고 급기야 안디옥 교회를 통하여 사도 바울의 복음 전파가 이루어졌습니다. 그렇습니다. 인간의 입장에서는 분명 위기였지만 하나님의 입장에서는 박해 또한 복음 전파의 서곡에 불과했습니다. 사도행전의 요절 말씀처럼 우리도 성령이 임하면 성령의 권능을 받아 땅 끝까지 예수님의 증인이 될 수 있습니다(행 1:8). 문제는 성령이 우리 안에 충만히 임해야 한다는 것이지요. 오직 말씀과 기도에 힘써 성령 충만함으로 십자가의 길을 걸으며 순교자의 삶을 살아가기를 감히 기도해 봅니다.

Letter 24

히스기야의 종교개혁

열왕기하 18:1-8

히스기야가 그의 조상 다윗의 모든 행위와 같이 여호와께서 보시기에 정직하게 행하여 그가 여러 산당들을 제거하며 주상을 깨뜨리며 아세라 목상을 찍으며 모세가 만들었던 놋뱀을 이스라엘 자손이 이때까지 향하여 분향하므로 그것을 부수고 느후스단이라 일컬었더라, 그가 여호와께서 모세에게 명령하신 계명을 지켰더라 여호와께서 그와 함께 하시매 그가 어디로 가든지 형통하였더라(3-4,6-7)

본문은 남유다 히스기야 왕의 종교개혁에 관한 말씀입니다. 이 내용은 열왕기하 뿐만 아니라 역대하, 이사야서에도 나옵니다. 구약시대 종교개혁의 백미는 히스기야 왕과 요시야 왕 시대의 종교개혁입니다. 참고로 BC 8세기 초 중동지역을 제패한 앗수르 제국의 산헤립 왕이 북이스라엘을 멸망시키고 남유다도 침공했습니다. 이때 히스기야 왕과 이사야 선지자 등이 하나님께 간절히 기도하자, 앗수르 군대 십팔 만 오천 명이 하룻밤 사이에 갑자기 죽고 퇴각하는 등 도저히 믿기 어려운 일이 벌어졌습니다. 성경은 이 모든 것이 다 '하나님의 역사하심'이라고 기록하고 있습니다.

히스기야 왕은 어떻게 종교개혁을 하였을까요? 당시 남유다는 솔로몬 성전이 있었음에도 가나안 족속들처럼 높은 산에 만든 예배 처소인 산당에서 제사 드리고, 바알 신상과 아세라 목상을 만들어 이방신과 우상을 섬기는 등 이른바 혼합종교 생활을 하였습니다. 이는 유일신 하나님을 부정하는 처사이므로 하나님이 가장 진노하시는 영적 범죄였습니다. 이에 히스기야 왕은 위 산당들과 바알 신상과 아세라 목상 뿐만 아니라 모세 시대부터 내려오는 놋뱀까지 우상에 관한 모든 것을 철저히 없애고 오직 여호와만을 섬기도록 하는 종교개혁을 단행했습니다. 이처럼 히스기야 왕은 여호와 보시기에 정직하게 행하며 하나님의 계명을 온전히 지킨 믿음의 사람입니다.

이번 주는 종교개혁주일입니다. 왜 종교개혁주일을 별도로 만들어 이를 기념하고 있을까요? 아시다시피 종교개혁의 정신은 복음의 본질을 회복하여 하나님의 뜻에 합당한 신앙생활을 하게 하기 위한 것입니다. 우리는 물질적, 정욕적 유혹이 많은 세상에서 살고 있기 때문에 하나님을 믿고 교회를 다니면서도 세상적인 걱정과 염려로 인하여 자칫 혼합종교적인 유혹에 빠질 수 있습니다. 또한 성경의 진리를 따르지 않고 자신의 세상적인 유익을 위한 쟁취 수단으로 종교생활을 할 수도 있습니다. 우리는 예수님께서 바리새인의 율법주의적 신앙생활을 엄히 책망하신 이유를 분명히 깨닫고, 종교개혁의 정신에 따라 복음의 본질을 회복하여 바른 신앙생활을 영위해야 할 것입니다.

그렇다면 우리는 종교개혁주일을 맞아 무엇을 해야할까요? 종교개혁의 핵심은 바로 오직 성경(말씀), 오직 예수, 오직 믿음, 오직 하나님 은혜입니다. 따라서 우리는 성경이 진리임을 인정하고 성경 말씀대로 행하여야 하며, 예수님은 그리스도이시고 하나님의 아들이라는 확고한 믿음을 가지고, 구원은 오직 하나님의 은혜임을 확실히 믿으며, 종교적 행위 중심이 아닌 믿음 중심의 신앙생활을 해야 합니다. 무엇보다도 교회와 성도의 본질과 정체성은 바로 복음의 증인된 삶을 살아가는 것임을 잊지 말아야 합니다.

참고로 우리 교회는 2017년도 종교개혁 500주년을 기념하여 이원재 담임목사님의 인도로 유럽의 종교개혁 지역을 탐방한 적이 있습니다. 당시 독일의 마르틴 루터, 스위스의 쯔빙글리, 불란서의 발도와 장 칼뱅과 파렐과 베즈, 영국의 존 록스, 체코의 얀 후스, 이태리의 사보나롤라 등의 동상과 성당 등을 보았습니다. 그곳에서 바른 신앙을 위하여 종교적 기득권자들로부터 박해 받고 배척 당하며 심지어 목숨까지 잃었던 종교개혁 선각자들의 삶을 돌아보면서 십자가의 길과 순교자의 삶이 얼마나 어려운 것인지 한편 얼마나 귀하고 아름다운 것인지를 생각하는 깨달음의 시간을 가졌습니다. 그들의 희생으로 개신교(프로테스탄트)가 생기고 그 개신교 교회를 통하여 그리스도 복음이 전파되었기에 오늘날 우리도 복음을 갖게 된 것입니다. 모름지기 복음의 불길은 순교적 터 위에 더욱 아름답고 참되게 활활 타는 것 같습니다. 우리 자신의 신앙과 교회생활을 진지하게 돌아보는 한 주가 되시기를 바랍니다.

Letter 25

그리스도를 만난 사울

행 9:1-19

사울이 길을 가다가 다메섹에 가까이 이르더니 홀연히 하늘로부터 빛이 그를 둘러 비추는지라 땅에 엎드러져 들으매 소리가 있어 이르시되 사울아 사울아 네가 어찌하여 나를 박해하느냐 하시거늘 대답하되 주여 누구시니이까 이르시되 나는 네가 박해하는 예수라, 주께서 이르시되 가라 이 사람은 내 이름을 이방인과 임금들과 이스라엘 자손들에게 전하기 위하여 택한 나의 그릇이라(3-5,15)

본문은 사도 바울의 회심에 관한 말씀입니다. 사울(바울의 회심 전 이름)은 원래 산헤드린 공의회원이자 유대교 최고 율법학자인 가말리엘의 수제자로 골수 바리새파 유대교인이었습니다. 그런데 잘 아시다시피 그는 예수님을 邪敎의 괴수로 생각한 나머지 예수님의 제자들을 체포하러 다메섹으로 가던 중 그리스도 예수를 빛 가운데 만남으로써 예수의 사람이 되었습니다. 그 이후의 삶은 한마디로 땅 끝까지 예수의 증인이 되라는 예수님의 지상명령을 철저히 순종한 삶이었습니다. 무엇보다도 그는 구약에 능통한 율법학자로서 기독교 교리의 기초(以信稱義)를 세웠을 뿐만 아니라 이방에 복음을 전파하는데 일생을 바쳤습니다. 정말 바울의 사도됨은 다 하나님의 계획하심과 예비하심에 의한 것임을 다시한번 깨닫게 되며 가장 좋은 것으로 인도하시는 하나님의 은혜에 감사할 뿐입니다.

사도 바울에 대하여 더 말씀드리면 그의 간증대로 그는 히브리인 중 히브리인이고, 초대 왕인 사울의 베냐민 지파이며, 바리새인으로 유대교 최고 실력자인 가말리엘 학파의 수제자이고, 나면서부터 로마 시민인 자입니다. 이처럼 그는 당시 사회에서 모든 기득권을 가진 최고의 선망 대상이었지만, 회심 후 예수님의 제자가 되고서는 목숨까지 위협받는 박해와 핍박과 헐벗음 속에서 오직 복음만을 전하다가 끝내 참수의 순교까지 당하는 삶을 살았습니다. 진정 그는 믿음과 행함이 일치하는 삶을 산 신앙의 위인으로서 우리에게 참 신앙의 본을 보여준 신앙의 사표입니다. 특별히 그가 열세 편의 서신을 통하여 기독교의 진리와 교리를 세우고 이를 후대 사람들에게 전한 업적은 기독교 역사에 있어 최고봉이라 할 수 있습니다.

오늘 주제에 따라 우리의 신앙 회심에 대하여 나누어 봅시다. 우리는 예수님을 구세주 주님으로 고백하며 예배와 기도 생활을 하고 있습니다. 모태신앙인 분들은 이를 자연스럽게 고백하지만 뜨거운 신앙적 체험은 없다고들 합니다. 이는 어린 시절부터 아무런 거부감없이 익숙한 교회생활을 해왔기 때문에 특별히 회심이라는 신앙적 체험을 가질 수 있는 기회가 적었기 때문인 것 같습니다.

한편 유기성 목사님은 3대 목사 집안의 목사였지만 군대에서 다리를 다친 후 비로소 성령 체험을 통하여 이전과 다른 신앙생활를 하게 되었다고 간증하고 있습니다. 착하고 성실한 종교생활이 곧바로 바르고 믿음 좋은 신앙생활은 아니라는 것입니다. 살아 계신 예수님을 만나고 그 분의 역사하심을 체험한 후에야 비로소 참다운 신앙생활을 할 수 있다는 것입니다. 저는 부끄럽게도 회심을 한 번이 아니라 몇 번씩 한 것 같습니다. 하나님이 저를 부를 때를 뒤돌아보면 항상 삶의 자리에서 신앙의 길을 벗어난 나머지 고통과 아픔이 있었던 것 같습니다.

참고로 사도 바울의 신앙의 정수가 되는 성경 말씀은 많이 있지만, 저 개인적으로는 갈라디아서 2장 20절, 빌립보서 3장 8절 말씀으로 생각합니다. 정말 복음의 핵심은 예수 그리스도입니다. 왜냐하면 예수님 없이는 구원의 길이 없기 때문입니다. 그래서 바울은 그리스도를 아는 지식이 가장 고귀하다고 하면서 그리스도 이외의 모든 것을 배설물로 여기는 삶을 살았던 것입니다.

하나님, 이 시간 상한 심령으로 회개하며, 그리스도요 하나님의 아들이신 우리 주 예수님의 이름으로 간절히 기도하며 성령을 구하오니, 우리에게 성령을 충만히 부어 주시옵소서. 그리하여 바울처럼 성령에 붙들리어 오직 예수 그리스도의 복음을 전하는 삶을 살아가게 하옵소서.

Letter 26

하나님의 관점으로 사는 삶

행 10:1-16

그가 경건하여 온 집안과 더불어 하나님을 경외하며 백성을 많이 구제하고 하나님께 항상 기도하더니 하루는 제 구 시쯤 되어 환상 중에 밝히 보매 하나님의 사자가 들어와 이르되 고넬료야 하니 고넬료가 주목하여 보고 두려워 이르되 주여 무슨 일이니이까 천사가 이르되 네 기도와 구제가 하나님 앞에 상달되어 기억하신 바가 되었으니(2-4)

본문은 사도 베드로와 이방인 로마군 백부장 고넬료와의 만남에 관한 초입부 말씀입니다. 가이사랴에 사는 고넬료가 기도 중에 만난 천사로부터 욥바에 있는 베드로를 집으로 초대하라는 말을 듣고 당장 순종하여 하인들을 욥바로 보냅니다. 또한 베드로 역시 기도 중에 큰 보자기 환상을 보게 되었고 결국 성령의 말씀에 따라 위 하인들과 함께 고넬료 집에 가서 예수님의 십자가 고난과 부활, 심판에 대한 설교를 합니다. 그러자 그 곳에 있는 이방 사람들에게도 성령이 내려지는 귀한 영적 사건이 일어났습니다. 이처럼 이 두 사람의 만남은 인간의 뜻에 의한 것이 아니고 오로지 하나님의 뜻에 따라 이루어진 것입니다. 이 사건은 그 후 복음이 이방에 전해짐에 있어 베드로로 하여금 결정적인 역할을 하게 합니다.

위 사건은 **하나님은 모든 사람이 구원을 받으며 진리를 아는 데에 이르기를 원하시느니라**(딤전 2:4)는 바울 사도의 말씀과도 맥을 같이 합니다. 당시 유대인들은 선민사상에 젖어 자신들만 구원을 받게 되며 이방인들은 결코 구원을 받을 수 없다고 믿었습니다. 그러나 하나님은 세상에 독생자 예수님을 보내시고 십자가에서 화목제물로 삼음으로써 예수님을 믿는 자는 유대인이나 이방인이나 차별없이 누구나 죄에서 구원받는 은혜를 베푸셨습니다. 그렇습니다. 위 놀라운 복음은 예수님을 믿는 모든 자에게 구원을 주시는 하나님의 능력입니다(롬 1:16). 이처럼 하나님은 '예수님은 그리스도'라는 진리를 통하여 모든 사람이 구원을 받기를 원하십니다.

오늘 공과 제목은 하나님의 관점으로 사는 삶입니다. 예수님의 수제자인 베드로 조차도 처음에는 하나님의 관점보다는 유대교의 관점에서 보자기 환상을 해석할 정도로, 인간이란 하나님의 관점보다는 세상의 관점과 자기중심적 관점으로 사는데 익숙한 존재입니다. 우리가 세상의 관점에 따라 살아가다 보면 땅의 지체 즉 음란과 부정과 사욕과 악한 정욕과 탐심(우상 숭배)의 삶을 살 수 밖에 없습니다. 또한 자기중심적 관점으로 살아가게 된다면 오직 자신의 유익에 따라 이기적 삶을 살 수 밖에 없습니다. 그런데 성경에 의하면 세상과 자기중심적 관점으로 사는 삶의 결과는 하나님의 진노로 인한 죽음 뿐입니다(골 3:5-8, 롬 6:21-23).

그렇다면 연약한 우리가 어떻게 하나님의 관점으로 살아갈 수 있을까요?

첫째, 성경적 관점으로 살아야 합니다. 왜냐하면 성경은 성령의 감동하심으로 된 것으로 교훈과 책망과 바르게 함과 교육하기에 유익한 진리의 말씀이기 때문입니다. 무엇보다도 성경은 예수를 믿는 믿음으로 말미암아 우리에게 구원에 이르는 지혜를 주기 때문입니다(딤후 3:15-17, 벧후 1:21).

둘째, 성령의 도움심과 인도하심을 따라 살아야 합니다. 잘 아시다시피 성령은 진리의 영으로 우리에게 모든 것을 가르쳐 주시고 장래의 일도 알려 주시며 예수님의 말씀을 생각나게 하시고 우리를 모든 진리 가운데로 인도하시기 때문입니다(요 14:26, 16:13). 또한 성령은 우리의 연약함을 도와 주시고 우리를 대신하여 하나님의 뜻을 따라 살도록 간구하여 주시기 때문입니다(롬 8:26, 27).

셋째, 하늘로부터 온 지혜로 살아야 합니다. 하늘에서 오는 지혜는 성결하고 화평하며 관용하고 양순하며 긍휼과 선한 열매가 가득하고 편견과 거짓이 없기 때문입니다(약 3:17). 따라서 우리는 예배와 말씀과 기도에 힘써야 합니다.

오늘 말씀 중 도전받는 말씀이 있습니다. 고넬료와 같이 하나님을 경외하며 구제와 기도에 힘쓰는 삶은 하나님 앞에 상달되어 하나님께서 이를 기억하고 계신다는 것입니다. 그리고 기도할 때 천사를 만날 뿐만 아니라 천사의 말을 들을 수 있다는 것입니다'(행 10:3,4). 우리도 위와같은 놀라운 하늘의 축복을 받도록 구제와 기도에 힘쓰는 삶을 살아야 하겠습니다. 세상적 관점으로 살면 편견을 갖게 되고 쉬이 분별력을 잃을 수 있습니다. 우리 모두 성경 말씀과 기도에 더욱 힘써 성령의 도우심과 인도하심을 따라 하나님의 관점을 회복하여 진리의 삶을 살아 갑시다.

 Letter 27

영혼을 추수하는 일꾼

마태복음 9:35-38

예수께서 모든 도시와 마을에 두루 다니사 그들의 회당에서 가르치시며 천국 복음을 전파하시며 모든 병과 모든 악한 것을 고치시니라 무리를 보시고 불쌍히 여기시니 그들이 목자 없는 양과 같이 고생하며 기진함이라 이에 제자들에게 이르시되 추수할 것은 많되 일꾼이 적으니 그러므로 추수하는 주인에게 청하여 추수할 일꾼들을 보내 주소서 하라 하시니라 (35-38)

이번 주일은 추수감사주일입니다. 오늘 본문은 영혼 추수와 관계되는 말씀입니다. 마태복음 9장은 예수님의 병고침(중풍병 환자, 혈루증에 걸린 여자, 눈 먼 소경), 금식 논쟁(새 술은 새 부대에), 목자 없는 양에 관한 내용을 기록하고 있습니다. 예수님은 많은 무리를 목자 없는 양과 같다며 불쌍하게 여기시면서 '추수할 것은 많은데 일꾼이 적다, 일꾼들을 추수밭으로 보내라'는 영혼 구원에 관한 말씀을 하십니다. 참고로 예수님의 공생애 사역의 요지는 말씀을 가르치는 것과 복음을 전하는 것과 온갖 질병과 아픔을 고쳐주시는 것입니다(마4:23, 9:35). 이중 핵심은 긍휼의 마음으로 하나님 나라의 복음을 전하는 '전도 사역'이라 할 수 있습니다.

예수님의 산상수훈의 핵심 내용은 '세상의 것을 구하기 이전에 먼저 하나님의 나라와 그 의를 구하라'는 것입니다. 다시말하면 하나님의 나라의 복음이 없이는 이 세상에서 참다운 삶을 결코 살 수 없다는 것입니다. 예수님이 천국 복음을 전하는 사역에 전념하셨듯이 믿는 우리도 이 귀한 사역에 적극 동참해야 할 것입니다. 그런데 우리는 복음 전도의 사역이 이처럼 중요한 것인지 알면서도 실제 삶 속에서 이를 행하는 삶을 좀처럼 살지 못하고 있습니다. 장로의 직분을 받은 저 역시도 복음 전도의 열매가 손가락을 셀 정도이니까요.

복음 전도의 삶은 부활하신 예수님의 명령이고(행1:8), 사도 바울의 가르침이며(딤전 2:4, 딤후 4:2), 베드로 사도가 말하는 믿음의 핵심입니다(벧전 1:9). 고로 복음 전도는 그리스도인의 최고 사명임에는 분명합니다. 그런데 왜 우리는 교회생활은 그런대로 잘하면서도 전도의 열매는 잘 맺지 못할까요? 우리가 믿음이 약해서, 성경을 잘 몰라서, 교회생활에 게을러서 전도를 못하고 있나요? 아닙니다. 우리는 주일성수와 십일조를 지킬 정도의 믿음을 가지고 있습니다. 성경공부를 오랫동안 했기 때문에 성경의 내용은 대체로 알고 있습니다. 교회에서도 선교부 등 왕성하게 활동을 하고 있습니다. 그런데 왜 전도의 삶을 제대로 살지 못하고 있을까요?

전도의 열매란 많은 믿음의 선진들이 간증하는 바와 같이 우리의 생각과 마음대로 맺어지는 것이 아니고 전적으로 하나님의 영역에 속한 것이라고 생각합니다. 우리 자신의 힘과 능력으로 전도를 하기 때문에 전도의 열매를 잘 맺지 못하고 있는 것입니다. 참고로 에스겔서의 파수꾼 사명에 관한 말씀은 전도와 관련하여 우리에게 시사하는 바가 큰 것 같습니다. 즉 우리는 하나님 나라의 파수꾼으로 세워졌기 때문에 하나님의 말씀을 전하여 악인을 구원해야 한다는 것입니다. 만일 전하지 않음으로써 악인이 구원을 받지 못하면 그 죄의 벌 값을 면할 수 없다는 것입니다(겔 3:16-21, 33:7-9 참조). 참으로 무서운 말씀입니다. 우리는 예수님의 지상명령에 따라 가까운 가족은 물론 이웃에게 복음을 전해야 합니다. 만일 이를 게을리하여 그들이 구원을 받지 못한다면 우리는 그 책임으로부터 자유로울 수 없을 것이기 때문입니다. 성경 말씀처럼 우리는 단지 긍휼의 마음으로 복음을 전하기만 하면 됩니다. 그 다음은 하나님이 알아서 하실 것입니다.

무엇보다도 전도(영혼 추수, 영혼 구원)와 관련하여 중요한 것은 사도행전 1:8 말씀처럼 전도를 하기 위해서는 먼저 성령을 받아야 한다는 것입니다. 우리에게 성령이 임해야 한다는 것입니다. 왜냐하면 성령이 임해야 우리가 성령의 권능을 받을 수 있고, 성령의 권능으로 복음을 전해야 하나님이 전도의 열매를 맺도록 역사하시기 때문입니다. 그렇습니다. 우리는 예수님의 지상명령에 순종하기 위해서는 먼저 성령을 받아야 합니다. 성령을 받지 못하면 우리는 예수의 증인된 사명을 온전히 감당할 수 없습니다. 성령을 받지 못하면 경건의 모양은 흉내 낼 수 있으나 경건의 능력은 없습니다(디후3:5 참조). 다시말하면 성령을 받지 못하면 우리의 힘과 능력으로 전도는 할 수 있으나 하나님의 영역인 전도의 열매는 맺지 못한다는 것입니다. 성령을 받고 전도에 힘씁시다.

 Letter 28

그리스도인이라 불리다

행 11:19-26

주의 손이 그들과 함께 하시매 수많은 사람들이 믿고 주께 돌아오더라 예루살렘 교회가 이 사람들의 소문을 듣고 바나바를 안디옥까지 보내니, 바나바가 사울을 찾으러 다소에 가서 만나매 안디옥에 데리고 와서 둘이 교회에 일 년간 모여 있어 큰 무리를 가르쳤고 제자들이 안디옥에서 비로소 그리스도인라 일컬음을 받게 되었더라(21-22,25-26)

본문 말씀 제목을 보고 불현듯 '누가 나를 보면 참 그리스도인이라고 말할까?' 라는 생각이 떠올랐습니다. 본문은 예루살렘 교회의 교인들이 유대교의 박해로 안디옥으로 피신한 후 그곳에 안디옥 교회를 세우고 그리스도 예수의 도를 배우는 삶을 살았습니다. 이때부터 세상 사람들이 이들을 그리스도인으로 부르기 시작했다는 내용입니다. 자기들이 그리스도인이라고 말한 것이 아니고 세상 사람들이 그리스도인으로 불렀다는 것입니다. 우리는 교회에 출석하여 예배를 드리는 등

교회생활에는 제법 활발한 편이나, 세상 속에서는 교인된 삶을 제대로 살지 못할 때가 많습니다. 교회 다닌다는 말을 하면 의외라는 반응을 받을 때도 적지 않습니다. 우리가 세상 사람들로부터 그리스도인이라는 말을 듣기 위해서는 어떻게 해야 할까요?

먼저 그리스도인이라고 불림을 받은 초대교회 교인들의 삶을 살펴봅시다. 예루살렘 교회의 교인들은 마음을 같이하여 성전에 모이기를 힘쓰고 사도들의 가르침을 받으며 서로 떡을 떼고 기쁨으로 교제하며 모든 물건을 서로 통용하고 하나님을 찬미하며 오로지 기도에 힘썼습니다(행2:42-47). 안디옥 교회 교인들은 유대인은 물론 이방인들에게도 부활의 주 예수를 전하며, 함께 모여 성령과 믿음이 충만한 바나바와 바울로부터 예수의 도를 배우는 삶을 살았습니다.

따라서 우리가 세상 사람들로부터 그리스도인으로 인정받기 위해서는 위와같이 초대교회 교인들처럼 기도, 말씀, 찬송, 교제에 힘써야 할 것입니다. 이는 예배와 교회생활에 있어 꼭 필요한 신앙적 행위이기 때문입니다. 특히 믿음의 성장을 위해서는 예배가 중요합니다. 왜냐하면 예배가 살아야 하나님의 은혜로 우리의 심령도 살고, 우리의 심령이 살아야 기도와 말씀 등 신앙생활도 제대로 잘 할 수 있기 때문입니다. 만일 예배는 드리는데 그곳에 은혜가 없다면 우리는 교회 따로, 삶 따로의 이중적 삶을 살아갈 수 밖에 없습니다. 따라서 참 그리스도인의 삶을 위해서는 무엇보다도 우리가 드리는 예배가 살아야 합니다.

그렇다면 살아있는 예배란 어떤 예배일까요? 살아있는 예배를 어떻게 드릴 수 있을까요? 성경에는 '참되게 예배하는 자들은 영과 진리로 예배해야 하며, 하나님은 영이시니 영과 진리로 예배하는 자를 찾으신다'(요 4:23-24), 또 '너희 몸을 하나님이 기뻐하시는 거룩한 산 제물로 드리라 이는 너희가 드릴 영적 예배니라'(롬 12:1) 라고 기록되어 있습니다. 즉 살아있는 예배란 성령의 임재 가운데 하나님의 뜻을 따라 마음과 몸을 다하여 하나님께 경배와 찬양을 드리는 것입니다.

이때 중요한 것은 성령과 말씀인데, 성령은 말씀을 가까이 할 때와 기도할 때 임합니다(요 6:63, 행 1:14, 눅 11:13). 따라서 예배에서 가장 중요한 것은 목사님의 말씀설교와 함께 교인들의 합심기도와 찬양입니다. 말씀과 기도와 찬양이 모두 뜨거울 때 성령의 감화감동이 넘치는 은혜로운 예배, 살아있는 예배를 드릴 수 있습니다.

현재 우리나라의 대다수 교회는 교인들 분포 중 고령자의 비중이 상당히 높습니다. 요즘 교회 현장 예배를 드리는 교인들 중 상당수가 노령층이라 우리나라 교회의 장래를 걱정하지 않을 수 없습니다. 5년 내지 10년 후에 있을 우리나라 교회의 자화상은 과연 어떤 모습일까를 생각할 때면 안타까운 마음이 앞서게 됩니다. 청장년층과 장년층의 부흥에 힘쓰지 않고서는 우리나라 교회의 장래는 어두울 수 밖에 없을 것 같습니다. 청장년층과 장년층의 부흥을 위해서는 살아있는 예배를 회복하는 방법외에는 다른 왕도가 없을 것 같습니다.

Letter 29

살아난 베드로와 죽게 된 헤롯

행 12:1-23

> 베드로는 옥에 갇혔고 교회는 그를 위하여 간절히 하나님께 기도하더라 헤롯이 잡아 내려고 하는 그 전날 밤에 베드로가 두 군인 틈에서 두 쇠사슬에 매여 누워 자는데 파수꾼들이 문 밖에서 옥을 지키더니 홀연히 주의 사자가 나타나매 옥중에 광채가 빛나며 또 베드로의 옆구리를 쳐 깨워 이르되 급히 일어나라 하니 쇠사슬이 그 손에서 벗어지더라, 헤롯이 영광을 하나님께로 돌리지 아니하므로 주의 사자가 곧 치니 벌레에게 먹혀 죽으니라(5-7, 23)

본문은 감옥에 있는 베드로가 풀려나는 기적과 같은 말씀입니다. 그 내용인즉 분봉 왕 헤롯이 유대교 지도자들의 환심을 사기 위해 예수님의 3대 제자 중 하나인 야고보 사도를 처형한 후 또다시 베드로 사도를 체포하여 감옥에 가두고 유월절에 처형하려고 했습니다. 그런데 하나님의 사자인 천사가 감옥 안에서 베드로를 매고 있는 쇠사슬을 풀고 베드로를 옥 밖으로 데리고 나옴으로써 베드로가 살아난 반면, 헤롯은 자신을 신격화하는 연설을 하던 중 하나님의 사자가 쳐서 벌레에게 먹혀 죽은 내용입니다. 한 사람은 죄인 아닌 죄인으로 미약한 존재였지만 하나님의 도움으로 살아났고, 다른 한 사람은 권력을 가진 왕이었지만 하나님께 영광을 돌리지 않음으로 벌레에게 먹혀 죽었습니다.

베드로가 살아난 내용은 마치 영화의 한 장면처럼 드라마틱하여 도저히 믿기 어려운, 결코 하나님의 개입 없이는 있을 수 없는 신비한 사건입니다. 우리는 하나님과 성경을 믿기에 위 내용을 믿습니다만, 아마 세상 사람들은 꾸며낸 이야기로 치부할 것입니다. 어떻게 위와같이 기적같은 사건이 일어날 수 있을까요? 오늘 본문을 보면 예루살렘 교회가 베드로를 위하여 간절히 기도하자 주의 사자가 나타나 베드로를 감옥에서 탈출 시켰던 것입니다. 이는 바로 교회의 합심기도의 능력이라고 믿습니다. **진실로 너희에게 이르노니 무엇이든지 너희가 땅에서 매면 하늘에서도 매일 것이요 무엇이든지 땅에서 풀면 하늘에서도 풀리리라, 너희 중에 두 사람이 땅에서 합심하여 무엇이든지 구하면 하늘에 계신 내 아버지께서 그들을 위하여 이루게 하시리라**(마 18:18,19)는 예수님의 약속의 말씀이 이루어진 것입니다.

또 예수님은 **너희가 내 안에 거하고 내 말이 너희 안에 거하면 무엇이든지 원하는대로 구하라 그리하면 이루리라**(요 15:7) 고 말씀하셨습니다. 구약을 보면 홍해 사건, 요단강 사건, 여호수아의 해와 달이 멈춘 사건, 엘리야와 엘리사의 이적 사건들, 다니엘의 사자굴과 풀무불 사건 등 정말 믿기 어려운 사건들이 많습니다. 이 모든 사건의 공통점은 하나님의 사람들이 하나님께 전적으로 의지했을 때 기적처럼 일어났다는 것입니다. 따라서 우리의 상식과 지혜와 이성을 뛰어넘는 하나님의 은혜와 능력을 믿음으로 고백하며 하나님께 전심으로 하나님의 뜻을 따라 기도한다면 하나님의 때에 하나님의 방법으로 우리의 기도가 이루어지리라 믿습니다.

한편 헤롯 왕은 왕의 신분임에도 이례적으로 벌레에게 먹혀 죽임을 당하였습니다. 이는 하나님의 영광을 가린 이유로 하나님의 사자가 쳐서 일어난 사건입니다. 확실히 하나님은 교만한 자를 싫어하시고 심판하시는 것 같습니다. 믿음의 반대는 불신이 아니라 교만이라고도 합니다. 교만은 하나님을 인정하지 않은 인간의 본성입니다. 반면 하나님의 믿음의 사람은 겸손해서 하나님으로부터 은혜를 받습니다(약4:6 참조). 우리는 잘 나가지 못할 때는 겸손할 수 밖에 없는 모습을 보이지만 잘 나갈 때는 자신도 모르게 우쭐하며 교만을 떨기가 쉽습니다. 아마 이게 인간의 모습이고 본성인지 모르겠습니다만, 성경은 분명히 경고합니다. **교만은 패망의 선봉이요 거만한 마음은 넘어짐의 앞잡이니라** (잠 16:18).

끝으로 성경은 우리의 생명과 복은 오직 하나님의 손에 달려 있다고 확실하게 증거하고 있습니다. 우리 모두 하나님은 우리의 생사화복을 주관하시는 전지전능하신 분이심을 절대적으로 믿고 날마다 하나님 앞에 무릎 꿇고 모든 염려와 두려움과 질병과 소원을 맡기며 하나님의 말씀을 붙들고 기도에 힘씁시다.

Letter 30

복음 전파의 영향력

행 16:16-34

> 그가 이러한 명령을 받아 그들을 깊은 옥에 가두고 그 발을 차꼬에 든든히 채웠더니 한밤중에 바울과 실라가 기도하고 하나님을 찬송하매 죄수들이 듣더라 이에 갑자기 큰 지진이 나서 옥터가 움직이고 문이 곧 다 열리며 모든 사람의 매인 것이 다 벗어진지라, 이르되 주 예수를 믿으라 그리하면 너와 네 집이 구원을 받으리라 하고 주의 말씀을 그 사람과 그 집에 있는 모든 사람에게 전하더라(24-26, 31-32)

본문은 바울과 실라가 2차 선교여행을 하던 중 에베소에서 있었던 내용입니다. 그 내용인즉, 바울이 에베소에서 복음을 전파하는 중 귀신 들려 점을 쳐서 그 주인들에게 큰 돈벌이를 해주는 여자에게서 예수의 이름으로 귀신을 쫓아내자, 돈을 벌지 못하게 된 주인들이 바울과 실라를 치안관들에게 거짓 참소하였습니다. 이로 인하여 바울과 실라는 치안관들로부터 많은 매를 맞고 차꼬에 채인 채 감옥에 갇혀지게 되었으나 오히려 기도하면서 하나님을 찬양하는 찬송을 하자, 큰 지진이 일어나면서 감옥

문도 열리고 수갑과 차꼬도 풀렸습니다. 이 사건으로 놀란 간수와 그 가족들은 바울로부터 하나님의 말씀을 듣고 하나님을 믿어 구원을 받았다는 내용입니다. 참고로 본문 중 **주 예수를 믿으라 그리하면 너와 네 집이 구원을 받으리라**(행 16:31)는 요절 말씀입니다.

오늘 말씀처럼 복음 전파의 영향력은 지대합니다. 한 사람 뿐만 아니라 그 가정이 모두 죄와 사망의 권세로부터 구원을 받아 참 기쁨과 평안을 찾은 것입니다. 우리도 복음의 본질과 능력을 분명히 알고 깨달아 구원 받는 자의 삶을 회복하고 나아가 바울과 실라처럼 복음을 전하는 삶을 살아야 하겠습니다. 복음의 본질을 알기 위해서는 먼저 이번 주일 이철 감독회장님의 설교 말씀(빌 2:5-11)처럼 예수님이 어떤 분이심을 확실히 알아야 하겠습니다. 예수님은 하나님과 본체임에도 우리의 죄를 구속하시기 위해 친히 사람의 몸으로 오셔서 하나님의 뜻에 순종하여 십자가에서 죽으신 하나님의 아들이요 그리스도이십니다(빌 2:6-8, 마 16:16). 따라서 예수님을 거치지 않고서는 아무도 하나님께로 갈 사람이 없습니다(요14:6). 복음의 본질은 바로 예수 그리스도이고(롬 1:2-4), 구원의 능력은 예수님의 십자가와 부활입니다.

또한 복음의 능력이란 위와같이 '예수님이 하나님의 뜻을 따라 이 악한 세상에서 우리를 건지시려고 우리 죄를 대속하기 위하여 자기 몸을 주신 그리스도' 라는 사실을 믿는 사람은 누구나 다 구원해 주시는 하나님의 능력입니다(갈 1:4, 롬 1:16). 요절 말씀처럼 예수님을 주 그리스도로 믿으면 구원을 받는다는 것입니다. 바울이 예수님을 본받아 복음 전파의 삶을 철저히 살았던 것처럼, 우리도 바울을 본받아 이 구원의 복음을 전하는데 힘써야 하겠습니다(고전 11:1).

살피건대 복음 전파의 삶은 고린도후서에 기록된 바울의 고백처럼 정말 처절한 자기 부인과 십자가를 지는 삶 그 자체이기에, 아무도 그 길을 걸을 수 없고 하나님의 허락하심이 있을 때만 가능하다고 생각합니다. 기독교 역사를 보면 선교사님들은 예수님과 바울을 본받아 복음 전파의 삶을 살았습니다. 만일 조선 말 선교사님들이 우리나라에 들어오지 않았다면 우리나라의 운명은 지금과 많이 달라졌을 것이라고 믿습니다. 특히 헐버트 선교사님은 하나님이 우리나라를 사랑하여 보내주신 천사라는 생각을 떨칠 수가 없습니다. 그는 1886년 들어오셔서 미국인임에도 불구하고 한글인 훈민정음을 부활시켜 문맹을 퇴치하였을 뿐만 아니라 한민족의 자주적 역사를 새롭게 정립하여 한민족의 긍지를 살리셨으며, 고종이 세운 관립학교인 육영학원의 초대 교사로 근대교육의 초석을 놓았습니다. 또한 고종 황제의 헤이그 밀사로 이상설, 이준, 이위종과 함께 일제침략에 맞써 싸우다가 끝내 한국에 들어오지 못한 채 본토 미국에서 해방될 때까지 강연, 회견, 기고 등으로 일본의 불법성을 고발하고 한국의 독립을 호소했습니다. 그는 해방 후 1949년 국빈 초청으로 한국에 귀환하였으나 일주일 만에 생을 마감하며 양화진에 잠들었습니다.

위와같이 헐버트 선교사님이 자신의 모든 생애 목숨을 바쳐 한국의 독립을 위해 싸운 까닭과 그 원동력은 바로 복음의 정신이요 힘이라고 생각합니다. 정말 복음은 한 사람 뿐만 아니라 가정과 사회, 나라와 민족의 앞길에 엄청난 영향력을 미친다는 사실을 새삼스럽게 깨닫게 됩니다. 우리도 선교사님들의 신앙을 본받아 나와 가족의 행복만을 추구하는 이기적 신앙이 아니라 그리스도 복음을 세상에 전하기 위하여 기꺼이 십자가의 길을 걸으며 순례자의 삶을 살아가기를 소망합니다.

주여, 날마다 기도와 말씀으로 성령 충만한 믿음을 허락하사, 이 아름다운 순례의 길을 기쁨과 감사로 끝까지 걸어가게 하옵소서!

Letter 31

성령에 매인 사람

행 20:17-38

보라 이제 나는 성령에 매여 예루살렘으로 가는데 거기서 무슨 일을 당하는지 알지 못하노라 오직 성령이 각 성에서 내게 증언하여 결박과 환난이 나를 기다린다 하시나 내가 달려갈 길과 주 예수께 받은 사명 곧 하나님의 은혜의 복음을 증언하는 일을 마치려 함에는 나의 생명조차 조금도 귀한 것으로 여기지 아니하노라(22-24)

본문은, 사도 바울이 에베소와 고린도에서의 3년간 3차 선교여행을 마치고 예루살렘으로 가던 중 밀레도에서 에베소 교회 장로들을 상대로 한 고별 설교 내용입니다. 사도 바울은 위 고별 설교에서 예언한 것처럼 예루살렘에서 유대인들의 거짓 참소로 로마 군인들에게 체포되어 로마 총독이 사는 가이사랴의 감옥에서 2년간 수감생활을 합니다. 그리고 그 후 로마 감옥으로 후송되어 복음을 전파하다가 순교합니다. 사도 바울은 이처럼 예루살렘에서의 투옥과 환난이 있을 것을 알면서도 예루살렘으로 간 것은 자신이 성령에 매여 있기 때문이라고 고백하고 있습니다.

성령에 매인 사람이란 어떤 사람일까요? 이는 성령의 지배를 받는 사람, 오직 성령을 따라 살아가는 사람, 성령 충만한 사람, 성령의 도우심과 인도하심을 받는 사람, 성령의 은사와 열매가 풍성한 사람이라고 할 수 있습니다. 즉 성령에 매인 사람은 믿음과 사랑이 충만하고 겸손과 온유, 인내와 절제의 사람입니다. 한마디로 예수님의 마음을 품은 성령의 사람입니다(마 11:29, 빌 2:5-11 참조). 특히 오늘 말씀처럼 하나님의 뜻인 복음 전도를 위해서라면 어떠한 고난과 역경이 있더라도 목숨 바쳐 그 길을 뚜벅뚜벅 걸어가는 사람입니다. 예수님 역시 이 땅에 전도를 위하여 오셨기 때문에(막 1:38), 우리는 어떠한 고난이 뒤따른다 할지라도 복음의 증인된 삶을 살아가야 합니다.

우리는 어떻게 복음 전도를 위한 고난의 길을 걸어갈 수 있을까요? 인간의 힘과 능으로는 십자가와 순례자의 길을 걸어갈 수 없지만 성령 충만한 사람, 성령에 매인 사람은 성령의 권능에 힘입어 복음 전도의 삶을 능히 살아갈 수 있다고 믿습니다. 이는 성령은 진리의 영으로 우리의 연약함을 도우시고 하나님의 뜻대로 우리를 위하여 친히 간구하시는 능력이 있기 때문입니다

(요 14:17, 롬 8:26,27). 또한 성령의 생각은 생명이요 평안이므로 (롬 8:6), 성령에 매여 성령을 따라 행하면 고난 속에서도 성령이 주는 기쁨과 평안, 그리고 천국 영생의 소망을 가지고 능히 고난의 길을 걸어 갈 수 있으며, 환난 중에도 즐거워할 수 있습니다(롬 5:3-4), 우리 모두 성령에 매인 거룩한 삶을 살아가도록 성령 충만을 구합시다.

본문에는 사도 바울 신앙의 진면목이라고 할 수 있는 요절 말씀이 있습니다. 오직 성령이 각 성에서 내게 증언하여 결박과 환난이 나를 기다린다 하시나, 내가 달려갈 길과 주 예수께 받은 사명 곧 하나님의 은혜의 복음을 증언하는 일을 마치려 함에는 나의 생명조차 조금도 귀한 것으로 여기지 아니하노라(행 20:23,24). 이처럼 사도 바울은 그리스도 복음을 전하는 일에 자신의 생명을 바치는 순교자의 삶을 살았습니다. 바울은 회심 이후 줄곧 복음을 위하여 헐벗고 주리고 매 맞는 등 고난의 삶을 살았으며 죽기 전 감옥에서 '나는 선한 싸움을 싸우고 나의 달려갈 길을 마치고 믿음을 지켰다'(고후 11장, 딤후4:7)고 고백할 정도로 평생 복음 전도의 사명을 온전히 감당하며 살았습니다. 우리도 예배와 말씀과 기도에 힘써 성령의 충만함을 받아 성령에 매인 자로 복음 전도의 삶을 살아갑시다.

참고로 본문 중에는 사도 바울이 말이 아니라 예수님의 말씀이 있습니다. **주는 것이 받는 것보다 복이 있다**(행 20:35). 이 말씀은 그리스도인의 재정에 관한 3대 원칙 중 하나입니다. 첫째는 탐욕을 부리지 말라. 둘째는 재물을 하늘 창고에 쌓으라. 셋째는 구제하는 일에 힘쓰라 입니다. 예수님께서도 일찍이 **주라 그리하면 너희에게 줄 것이니 곧 후히 되어 누르고 흔들어 넘치도록 하여 너희에게 안겨 주리라**(눅 6:38)고 하셨던 것처럼 그리스도인이라면 어려운 이웃을 위한 사랑의 삶을 실천하며 살아야 할 것입니다.

Letter 32

기쁨의 좋은 소식

눅 2:1-14

천사가 이르되 무서워하지 말라 보라 내가 온 백성에게 미칠 큰 기쁨의 좋은 소식을 너희에게 전하노라 오늘 다윗의 동네에 너희를 위하여 구주가 나셨으니 곧 그리스도 주시니라. 홀연히 수많은 천군이 그 천사들과 함께 하나님을 찬송하여 이르되 지극히 높은 곳에서는 하나님께 영광이요 땅에서는 하나님이 기뻐하신 사람들 중에 평화로다 하니라(10-11,13-14)

본문은 예수님 탄생에 관한 내용입니다. 요셉과 마리아가 로마 황제 아우구스투스의 명에 따라 호적신고를 하기 위하여 나사렛에서 고향인 베들레헴으로 갔다가 그곳 구유에서 예수님을 낳았습니다. 이때 천사가 밤에 들에서 양 떼를 지키고 있는 목자들에게 '오늘 다윗의 동네에서 구주가 나셨다는 큰 기쁨의 소식을 알려주노라, 너희는 구유에 뉘어 있는 갓난아기를 볼 것이다'라고 말한 후 많은 하늘 군대와 더불어 '더없이 높은 곳에서는 하나님께 영광이요 땅에서는 하나님이 기뻐하신 사람들 중에 평화로다'고 찬양했다는 내용입니다. 이처럼 예수님의 탄생은 모든 이들에게 기쁨이 되는 소식 즉 성육신(成肉身, incarnation) 복음(福音)입니다. 기원전 700년경 이사야, 미가 선지자의 메시아 예언은 위와같이 예수님의 탄생으로 성취된 것입니다(사 7:14, 미 5:2).

잘 아시다시피 성육신 복음은 하나님의 아들이신 예수님이 우리를 죄로부터 구원하시기 위하여 하늘 보좌를 버리고 이 땅에 인간의 몸으로 오셨다는 것입니다(마 1:21). 다시말하면 예수님은 근본 하나님의 본체시나 하나님과 동등됨을 취할 것으로 여기지 아니하시고 자기를 비워 종의 형체를 가지사 사람의 모양으로 자기를 낮추셨다는 것입니다(빌 2:6-8). 성육신의 복음은 기독교 복음의 핵심이라고 하는 십자가와 부활의 복음에 비해 그 중요성이 결코 떨어지지 않습니다. 이는 예수님의 성육신 사건 없이는 예수님의 십자가와 부활 사건은 결코 존재할 수 없기 때문입니다. 이처럼 기독교 구원의 복음은 성육신 복음으로부터 시작된 것입니다.

기독교 복음이란 예수님이 그리스도시요 하나님의 아들이심을 믿는 모든 자에게 구원을 주시는 하나님의 능력입니다(롬 1:16). 즉 구원의 복음입니다. 다시말하면 예수님은 우리를 죄로부터 구원하시기 위하여 십자가에서 죽으셨고, 우리에게 새 생명을 주시고자 부활하셨다는 것입니다. 그런데 이 구원의 은총은 예수님의 십자가와 부활을 '믿는 자'에게만 허락된다는 것입니다. 따라서 구원의 복음은 믿음의 문제와 직결됩니다. 구원과 믿음은 동전의 양면으로 뗄 수 없는 관계입니다. 결코 믿음이 없이는 십자가의 은혜와 부활의 능력에 의한 구원을 받을 수 없습니다.

그런데 인간의 상식과 이성으로는 예수님이 동정녀 마리아에게서 태어난 사실, 예수님이 십자가에서 죽은지 3일만에 부활한 사실을 결코 믿을 수 없습니다. 그러기에 예수님이 하나님의 아들이고 우리를 죄로부터 구원하신 구세주(그리스도)라는 기독교 복음의 진리는 하나님의 은혜 없이는 아무나 믿기 어려운 것입니다. 이에 사도 바울은 에베소 교인들에게 **너희는 하나님의 은혜에 의하여 믿음으로 말미암아 구원을 받았으니 이것은 너희에게서 난 것이 아니요 하나님의 선물이라**(엡 2:8)고 말씀한 것입니다. 그리고 성령을 힘입지 않고서는 아무도 예수님을 주님이라고 말할 수 없기 때문에(고전 12:3), 확신있는 믿음을 갖기 위하여 성령을 받아야 합니다. 믿음으로 성령을 받고(갈 5:2-6), 성령으로 믿음을 굳건하게 해야 합니다. 모름지기 우리의 믿음은 성령이 함께하는 행함있는 믿음이어야 합니다.

결론적으로 기독교 복음은 예수님과 뗄레야 뗄 수 없습니다. 기독교 복음은 예수님의 성육신, 십자가 대속, 부활, 재림(심판)과 밀접합니다. 성육신이 없이는 십자가 고난이 있을 수 없고, 십자가 죽음 없이는 부활이 있을 수 없으며, 재림 후 최후 심판을 거쳐야만 새 하늘 새 땅으로 들어갈 수 있기 때문에, 기독교 복음은 예수님의 위 4개 사건을 떠나서는 결코 설명될 수 없습니다. 예수님의 성육신, 십자가, 부활 사건은 이미 이루어졌기 때문에, 우리는 천국을 소망하며 앞으로 다가올 예수님의 재림을 준비해야 하겠습니다. 이번 성탄절에는 믿음의 주요 또 온전하게 하시는 예수님을 바라보기를 소망합니다(히 12:2).

Letter 33

전도자의 자세

행 28:16-31

바울이 아침부터 저녁까지 강론하여 하나님의 나라를 증언하고 모세의 율법과 선지자의 말을 가지고 예수에 대하여 전하더라, 바울이 온 이태를 자기 셋집에 머물면서 자기에게 오는 사람을 다 영접하고 하나님의 나라를 전파하며 주 예수 그리스도에 관한 모든 것을 담대하게 거침없이 가르치더라(23,30-31)

본문은 사도행전의 마지막 부분입니다. 사도 바울이 죄수의 신분으로 로마로 후송되어 병사 한 명과 함께 셋집에서 2년간 지내면서 유대인들과 로마인들에게 복음을 전도하는 내용입니다. 사도 바울은 AD 30년경 다메섹 도상에서 부활하신 예수님을 만나 회심한 후 아라비아와 고향인 다소에서 무려 17년간 성경 말씀을 붙잡고 예수 그리스도의 복음을 홀로 묵상하고 연구했습니다. 그리고 AD 47~48년경 안디옥 교회에서 사역을 하면서 3차례 선교여행을 하였습니다. 3차 선교여행 후 예루살렘에서 체포되어 2년간 수감되었다가 AD 59년경 로마로 후송되어 본문처럼 로마의 셋집에서 2년간 구금생활을 하였으며 잠시 풀려나 그레데 섬 등에서 전도하다가 다시 로마 감옥에 투옥되어 순교했습니다. 바울은 회심한 후부터 순교할 때까지 오직 복음 전도에 매진한 복음의 참 증인된 삶을 살았습니다.

사도 바울은 위와같이 17년간 구약을 묵상 연구한 끝에 예수님이 바로 구약에서 예언한 메시아이심을 깨닫고 1차 선교여행 때(AD 48년경) 비시디아 안디옥의 회당에서 유대인들을 상대로 '구약의 메시아가 바로 예수님이시고 하나님이 예수를 죽은 사람 가운데서 살리셨으며 이를 믿는 사람은 누구나 다 예수 안에서 의롭게 된다'라고 설교하는 등 일찍이 기독교 교리를 완성했습니다(행13장). 만일 바울 서신이 없었다면 예수 그리스도 복음은 로마의 박해와 핍박 속에서 아마 꽃도 피워보지도 못한 채 역사 속으로 사라져 버렸을지도 모를 정도로 기독교 복음 전도 역사에 있어 바울의 위대함은 아무리 강조해도 지나치지 않습니다.

사도 바울이 전한 그리스도 복음의 교리적 내용에 대해서는 그동안 속회공과 말씀을 나누면서 누누이 설명드렸기에, 이번에는 바울이 전한 그리스도 복음의 내용과 함께 전도의 방법에 대하여 살펴보겠습니다. 바울은 죄수의 신분으로 로마의 셋집에 있으면서 그곳을 찾아온 모든 이들에게 '하나님 나라를 전하고, 주 예수 그리스도에 관한 일들을 가르쳤습니다'(행28:31). 즉 바울이 전한 복음의 핵심 내용은 '예수님의 그리스도이심과 부활하심', '하나님의 나라'입니다. 이중 하나님의 나라(the Kingdom of God)는 예수님이 말씀하신 바와 같이(눅17:20,21) 눈에 보이는 유형적인 땅이나 지역을 의미하는 것이 아니고 하나님의 통치 그 자체이거나 하나님이 통치하는 영역을 뜻합니다. 하나님의 나라는 먹는 것과 마시는 것이 아니요 오직 성령 안에 있는 의와 평강과 희락입니다(롬14:17). 그리고 예수님이 회당에서 가르치시고 천국 복음을 전파하신 것처럼(마4:23) 바울 역시 복음을 가르치고 전하는 일에 평생을 바쳤습니다.

이어 바울이 그리스도 복음을 어떠한 마음가짐과 자세로 전했는지 살펴봅시다. 바울은 쇠사슬에 매여있는 죄수임에도 불구하고 그곳 유대인 지도자들을 불러 모아 하나님 나라와 함께 구약의 율법서와 예언서를 통하여 예수에 관한 모든 것을 가르쳤습니다. 한편 복음을 받아 들이지 않는 유대인들에게는 이사야 선지자의 말씀(사6:9,10)을 인용하여 복음이 이방인들에게 전파된 이유를 밝히기도 했습니다. 이처럼 바울은 구원의 복음의 능력을 확실히 알고 믿었기에 당당하게 자신의 생명도 아끼지 아니한 채 전심전력으로 복음을 전하고 가르쳤던 것입니다.

끝으로 2021년 마지막 속회 공과를 통하여 그리스도인의 정체성을 다시한번 돌아 보았으면 합니다. 일반적으로 많은 교인들의 경우 예배, 말씀, 기도, 봉사 중심의 교회생활은 비교적 잘 하지만 정작 중요한 복음을 전도하거나 선교하는 일에는 소홀하거나 무관심합니다. 그러나 예수님과 사도 바울이 복음 전도의 삶을 사셨던 것처럼 그리스도인에게 있어 복음 전도는 사명이자 의무요 책임입니다. 우리 모두 바울을 본받아 복음 전도와 선교하는 일에 더욱 힘써야 하겠습니다. 새해부터는 2018년 국내선교부에서 했던 것처럼 속회별 또는 선교회별로 자매교회나 선교사님들을 지원하는 것부터 새롭게 시작했으면 좋겠습니다.

Letter 34

우리 가운데 오신 예수님

요 1:1-18

> 영접하는 자 곧 그 이름을 믿는 자들에게는 하나님의 자녀가 되는 권세를 주셨으니 이는 혈통으로나 육정으로나 사람의 뜻으로 나지 아니하고 오직 하나님께로부터 난 자들이니라 말씀이 육신이 되어 우리 가운데 거하시매 우리가 그의 영광을 보니 아버지의 독생자의 영광이요 은혜와 진리가 충만하더라. 본래 하나님을 본 사람이 없으되 아버지 품 속에 있는 독생하신 하나님이 나타내셨느니라 (12-14, 18)

2022년 새해가 밝았습니다. 송구영신 예배를 드리면서 형식적인 믿음생활을 회개하는 한편 새해에는 말씀에 순종하는 믿음생활을 하겠다고 다짐했습니다. 그리고 신년축복 새벽부흥회에 참석하여 하나님의 뜻에 따라 행함있는 믿음생활을 하게 해 달라고 간절히 구하고 있습니다. 강사이신 홍은파 목사님은 회복, 은혜, 하나님의 뜻, 믿음이라는 주제로 설교하시는데, 특별히 예수님과의 개인적인 만남을 강조하시는 것 같습니다. 우리의 삶이 회복되고 참 기쁨과 축복을 받기 위해서는 예수님을 인격적으로 만나고, 하나님의 뜻을 행해야 한다는 것입니다. 올해 속회공과의 1/4분기는 요한복음에 관한 내용입니다. 우리 모두 요한복음을 묵상하고 나누면서 살아 계신 예수님을 인격적으로 만나기를 소망합니다.

다 아시다시피 요한복음은 AD 85년경 요한 사도가 쓴 복음서입니다. 그 이전에 쓰여진 공관복음인 마태, 마가, 누가복음은 예수님의 생애와 사역 '자체'에 관점을 두고 예수님을 메시아, 섬기는 종, 인자로 묘사했습니다. 반면 요한복음은 예수님 사역의 '의미'에 중점을 두고 예수님을 하나님의 아들로 기록했습니다. 즉 요한복음은 예수님을 메시아(그리스도)이면서 또한 하나님의 아들이심을 강조한 것입니다. 왜냐하면 당시 영지주의 등 이단들이 예수님의 신성과 인성을 부인하고 있어 예수님의 정체성을 분명히 할 필요가 있었기 때문입니다. **오직 이것을 기록함은 너희로 예수께서 하나님의 아들 그리스도이심을 믿게 하려 함이요 또 너희로 믿고 그 이름을 힘입어 생명을 얻게 하려 함이니라** (요 20:31).

본문은 요한복음의 서문으로, 요한복음의 주제인 예수님에 대한 정체성을 잘 설명하고 있습니다. 첫째, 예수님은 말씀이 육신이 되어 이 땅에 오신 하나님으로(1-3,14전반, 15,18절), 예수님의 성육신을 선언하고 있습니다. 둘째, 예수님은 세상의 빛이요 우리의 생명 되신 분으로(4,5절), 세상의 어둠을 밝히고 죽음으로부터 우리를 구원하신 그리스도이심을 선포하고 있습니다. 셋째, 예수님은 은혜와 진리가 충만하신 분으로(14후반, 16, 17절), 구약의 하나님의 영광을 지니신 은혜롭고 진실하신 분이심을 증거하고 있습니다. 따라서 예수님을 하나님의 아들로 영접하는 자는 혈통이나 육정이나 사람의 뜻이 아닌 오직 하나님의 은혜로 하나님의 자녀가 되는 권세를 얻게 된다는 것입니다(요 1:12,13). 예수님은 직접 최후의 만찬 후 다락방에서 제자들에게 **나는 길과 진리와 생명이니 나로 말미암지 않고는 아버지께로 올 자가 없느니라**(14:6)고 하나님의 아들이심을 선언했습니다.

우리는 위와같이 예수님이 하나님의 아들이신 그리스도라는 사실을 마음으로 믿고 입으로 시인하면서도 왜 하나님의 자녀 되는 특권을 포기하거나 소홀히 한 채 주님의 뜻대로 살지 못하고 세상에 한 발을 담그며 살아가는 것일까요? 이는 우리의 믿음이 온전치 못하기 때문이라고 생각합니다. 왜 우리의 믿음이 온전치 못할까요? 이는 우리가 성령을 제대로 받지 못했기 때문이라고 생각합니다(고전 12:3 참조). 따라서 우리는 예수님을 주님으로 믿고 하나님의 자녀라는 특권을 받고 누리기 위해서는 무엇보다도 먼저 성령을 받아야 하겠습니다.

그러면 성령을 어떻게 받을 수 있나요? 그동안 말씀드린 바와 같이 성경은 우리가 죄악을 회개하고 예수님의 십자가 보혈로 죄 용서를 받고 하나님께 성령을 간절히 구하면 하나님께서 성령을 선물로 주신다고 약속하고 있습니다(행 2:38, 눅 11:13). 우리 모두 새해에는 위 약속의 말씀을 가슴 깊이 새기고 말씀동행과 기도생활 가운데 성령을 구해야 하겠습니다. 나 혼자로는 힘들고 어렵지만 우리 속도원들끼리 중보기도하고 말씀을 나누면서 간절히 구하면 반드시 내 안에 그리고 우리 가운데 성령이 임하실 줄 믿습니다. 초대교회 교인들처럼 성령의 권능에 힘입어 기쁨과 감사로 하나님의 뜻을 행하며 세상의 빛과 소금의 사명을 감당하는 믿음생활을 합시다.

Letter 35

혼인 잔치의 기적

요 2:1-11

그의 어머니가 하인들에게 이르되 너희에게 무슨 말씀을 하시든지 그대로 하라 하니라. 예수께서 그들에게 이르시되 항아리에 물을 채우라 하신즉 아귀까지 채우니 이제는 떠서 연회장에게 갖다 주라 하시매 갖다 주었더니 연회장은 물로 된 포도주를 맛보고도 어디서 났는지 알지 못하되 물 떠온 하인들은 알더라(5, 7-9)

본문은 예수님이 물을 포도주로 만드신 '가나의 혼인 잔치' 표적에 관한 말씀입니다. 이는 예수님이 어머니 마리아와 제자들과 함께 초대받은 혼인 잔치 도중 마리아로부터 포도주가 떨어졌다는 말을 듣고 처음에는 자신과 아무런 상관이 없는 일이며 더구나 자신의 때가 오지 않았다는 이유로 거절하였으나 나중에는 물을 포도주로 만들어 준 사건입니다. 본문에서 예수님이 아직 자신의 때가 오지 않았다고 말하신 점으로 미루어보아 당시는 예수님이 생각하시기에 표적을 행하실 적절한 시점이 아니었던 것 같습니다. 그럼에도 불구하고 결국 예수님은 물을 포도주로 만들어 주셨습니다. 요한복음의 첫 번째 표적인 가나의 혼인 잔치 기적이 어떻게 일어났는지 살펴보면서 그 영적 의미를 찾아 봅시다. 참고로 요한복음은 예수님의 7대 표적을 기록하고 있는데, 표적(表蹟, Sign)이란 기적(奇跡, miracle) 중의 기적으로 특별한 의미를 담고 있는 예수님의 대표적 이적 사건이라 할 수 있습니다.

첫째로 예수님께서는 자신의 때가 이르지 않았음에도 불구하고 이례적으로 물을 포도주로 만드는 표적을 행하셨는데, 이는 어머니 마리아의 예수님에 대한 강한 믿음 때문인 것 같습니다. 어머니 마리아는 예수님을 잉태할 때, 어린 시절의 성전 사건 등을 통하여 예수님을 단순한 아들이 아니라 하나님의 구원 사역을 담당할 특별한 사람으로 믿고 있었을 것입니다. 당시 마리아는 혼인 잔치에서 포도주가 떨어져 매우 난처하고 당황스런 상황에 놓인 혼주를 어떻게든 도와주고 싶은 나머지 평소 예수님의 능력을 믿었기에 예수님께 포도주가 떨어졌으니 도와달라는 취지로 말하였던 것이고, 또한 일꾼들에게 '무엇이든지 그가 시키는대로 하라'고 당부하였다고 보여집니다.

둘째로, 일꾼들의 철저한 순종이 있었기에 일어났다고 봅니다. 예수님은 일꾼들에게 정결 예법을 따라 그곳에 있는 물항아리에 물을 가득 채우리고 하신 다음, 이 물을 떠서 잔치를 맡은 이에게 가져다 주라고 하였습니다. 이 물은 집을 출입할 때 사람들의 손, 발을 씻는 용도의 물인데 이를 잔치를 맡은 이에게 가져다 주라고 하는 것은 당시 사회적 문화와 관행에 비추어 보아 도저히 상식적으로 이해하거나 납득할 수 없는 처사였습니다. 그럼에도 일꾼들은 마리아의 말에 따라 예수님의 말씀에 순종한 결과, 그 물이 포도주로 변한 기적을 직접 목격한 주인공들이 된 것입니다. 더군다나 손 씻는 물이 최상급의 포도주로 변한 것입니다(10절).

셋째로, 예수님의 혼주와 신랑에 대한 긍휼의 마음을 들 수 있겠습니다. 예수님의 입장에서 당시 자신의 때가 아직 오지 않은 상태라 자신의 정체성을 드러낼 타이밍이 전혀 아니었음에도 혼주와 신랑의 딱한 처지를 불쌍히 여긴 나머지 자신의 입장보다 어려움에 놓인 사람을 먼저 생각하고 표적을 행하셨던 것입니다. 이처럼 예수님은 우리를 너무나 사랑하셨기 때문에 그 어렵고 힘든 십자가의 형도 친히 감당하셨던 것입니다.

끝으로 가나 혼인 잔치의 표적을 통하여 우리가 깨달아야 할 영적인 의미는 무엇일까요? 첫째로, '예수님께서 하나님의 아들 그리스도이심'을 굳게 믿어야 합니다. 제자들이 이 표적을 통하여 예수님을 믿게된 것처럼(2:11), 우리도 예수님의 정체성을 올바로 알고 믿어야 합니다. 기독교 신앙의 본질은 예수님의 십자가(그리스도를 상징)와 부활(하나님의 아들을 상징)입니다. 둘째로, 예수님의 이적은 우리의 믿음과 순종이 있을 때 일어난다는 것입니다. 마리아의 믿음과 일꾼들의 순종이 없었다면 가나 혼인 잔치의 표적은 일어나지 않았을 것입니다. 우리도 어렵고 힘들 때마다 마리아처럼 예수님을 믿음으로 바라봅시다(히 12:2). 그리하면 전지전능하신 예수님께서 치유와 기적의 은총을 베풀어 주실 것입니다. 성경은 분명히 '예수께서 하나님의 아들이심을 믿는 자는 세상을 이기며(요일 5:5). 예수님을 보지 못하고 믿는 자는 복을 받는다(요 20:29)'고 약속하고 있습니다.

Letter 36

성전을 깨끗하게 하라

요 2:13-22

비둘기 파는 사람들에게 이르시되 이것을 여기서 가져가라 내 아버지의 집으로 장사하는 집을 만들지 말라 하시니 제자들이 성경 말씀에 주의 전을 사모하는 열심이 나를 삼키리라 한 것을 기억하더라(16-17)

본문은 네 복음서 모두에 기록된 '성전정화(정결) 사건'에 관한 말씀입니다. 공관복음인 마태, 마가, 누가복음에는 성전에서 비둘기 등 제물을 파는 장사꾼들과 그 제물을 사는 돈을 환전해주는 환전상들이 성전을 강도의 소굴로 만든다는 이유로 예수님이 이들을 내쫓는 내용이 기록되었습니다. 한편 요한복음에는 유대인들이 장사꾼들과 환전상들을 내쫓는 예수님에게 항의하며 무슨 권한으로 그렇게 한 것인지 표적을 보여달라고 요구하자, 이에 예수님이 '이 성전을 허물어라 그러면 내가 사흘 만에 다시 세우겠다'고 대답하는 내용이 추가로 기록되었습니다. 오늘 말씀을 통하여 신약시대에서의 성전에 대한 영적 의미를 묵상했으면 합니다.

성전정화 사건은 공관복음에서는 예수님의 고난주간에 일어난 후기 사건으로 기록된 반면 요한복음에서는 예수님의 초기 사건으로 기록되어 있습니다. 이에 성경학자들은 성전정화 사건이 2차례 있는 것으로 주장하거나, 실은 같은 사건인데 사도 요한이 예수님의 정체성을 강조하기 위하여 앞당겨 기록했다고 주장하기도 합니다. 중요한 것은 성전정화 사건이 한번이냐 두번이냐가 아니라, 성전정화 사건이 주는 영적 의미를 깨닫는데 있다고 봅니다. 물론 성전은 하나님의 집이므로 당연히 거룩해야 합니다. 그러나 요한복음에서는 예수님의 정체성에 관한 의미를 강조하고 있습니다.

먼저, 예수님은 왜 노끈으로 채찍을 만들어 다소 폭력적인 방법으로 성전을 정화하셨을까요? 장사꾼들과 환전상들이 제사드리는 자들을 위하여 제물을 팔거나 환전을 하는 행위 자체에도 문제가 있지만 무엇보다도 예배자들을 대상으로 폭리를 취하는 탐욕스러운 성전 지도자들이 문제였습니다. 또한 이로 인해 성전뜰에서 예배드리던 이방인들의 예배가 방해를 받는 것도 문제였습니다. 이에 예수님은 예배의 타락을 경고하시고자 거룩한 분노로 이를 행하셨던 것입니다. 한편 이런 예수님의 모습에 제자들은 시편 69편 9절의 말씀이 기억났습니다(2:17). 왜냐하면 그 구절은 예언자가 성전에 대한 열정때문에 고난을 당하게 된다는 의미를 담고 있는데, 이 사건으로 인해 예수님은 종교지도자들의 분노를 살 것이 뻔하기 때문입니다. 실제로 종교지도자들은 예수님을 신성모독죄로 참소하여 십자가 형을 받게 했습니다.

다음, 이에 대한 유대인들의 반응과 예수님의 대응의 의미를 살펴 봅시다. 유대인들은 예수님이 어떤 권위로 성전에서 이런 행동을 하는지 표징, 즉 권위를 증명할 것을 요구합니다. 이에 예수님은 성전을 허물면 삼 일만에 다시 세우겠다는 다소 생뚱맞은 대답을 하십니다. 이런 예수님의 대답에 유대인들은 어떻게 사십육 년간 지은 이 성전을 삼 일만에 다시 세울 수 있느냐며 이해할 수 없는 반응을 보입니다. 실은 예수님의 대답은 메시아로서의 정체성을 드러내신 것으로, 예수님 자신이 십자가에서 죽으시고 삼 일만에 부활하신 사건을 예고하신 것이었습니다. 참고로 제자들 역시 예수님이 십자가에서 죽으시고 다시 부활하신 후에야 성전이 곧 예수님의 몸을 두고 하신 말씀이라는 사실을 깨닫게 되었습니다(요 2:21, 22).

이처럼 성전정화 사건의 기록 목적은 사람들에게 예수님의 정체성을 알게 하고자함에 있습니다. 즉 예수님을 메시아로 맞이한 새로운 시대에는 구약의 제사와 성전의 모든 기능이 예수님을 통해 이뤄지게 될 것이라는 사실을 드러내신 것입니다. 참고로 물리적인 성전은 AD 70년경 로마군에 의하여 돌 위에 돌 하나없이 거의 훼파되어 현재는 통곡의 문만 남은 상태입니다. 2000년이 지나도록 성전이 다시 건축되지 않은 이유는 예수님이 바로 우리의 참 성전이시기 때문이라고 생각합니다. 또한 바울 사도는 우리의 몸이 성전이므로 거룩하라고 했습니다(고전 3:16,17). 그렇습니다. 눈에 보이는 외형적인 건물이 성전이 아니라 영이신 하나님이 계신 곳이 성전입니다. 어디에 있든지 임마누엘 하나님께서 우리와 함께 하심을 믿고 오직 진정과 신령으로 예배드리는 것이 중요합니다. 이때 하나님께서 우리를 찾아오십니다(요 4:23,24).

Letter 37

하나님이 찾으시는 참된 예배자

요 4:3-26

예수께서 대답하여 이르시되 이 물을 마시는 자마다 다시 목마르려니와 내가 주는 물을 마시는 자는 영원히 목마르지 아니하리니 내가 주는 물은 그 속에서 영생하도록 솟아나는 샘물이 되리라. 아버지께 참되게 예배하는 자들은 영과 진리로 예배할 때가 오나니 곧 이 때라 아버지께서는 자기에게 이렇게 예배하는 자들을 찾으시느니라 하나님은 영이시니 예배하는 자가 영과 진리로 예배할지니라(13-14, 23-24)

본문은 예수님이 예루살렘에서 갈릴리를 가시던 중 의지적으로 사마리아를 지나 가시다가 정오에 우물가에서 만난 사마리아 여인에게 참된 예배에 대하여 말씀하신 내용입니다. 사마리아인들은 BC 722년 북이스라엘이 앗수르에게 멸망당한 후 이스라엘 민족과 이민족 사이에 생겨난 혼혈 족속의 후예들로, 혈통을 중시하는 유대인들로부터 심한 멸시를 받아 왔습니다. 유대인인 제자들은 사마리아로 지나가는 것을 꺼려했지만 예수님은 사마리아를 구원하기 위하여 그곳을 일부러 들

르셨던 것입니다. 본문에는 요절 말씀이 2개 있습니다. 내가 주는 물을 마시는 자는 영원히 목마르지 아니하리니 내가 주는 물은 그 속에서 영생하도록 솟아나는 샘물이 되리라(4:14), 아버지께 참되게 예배하는 자들은 영과 진리로 예배할 때가 오나니 곧 이 때라 아버지께서는 자기에게 이렇게 예배하는 자들을 찾으시느니라, 하나님은 영이시니 예배하는 자가 영과 진리로 예배할지니라(4:23, 24).

본문의 주제는, 참된 예배란 어떤 것이며, 어떻게 드려야 하는가? 입니다. 우리는 매주 예배를 드리기 때문에 예배를 잘 알고 있습니다. 그렇습니다. 예배는 하나님을 믿는 사람들이 천하만물을 창조하시고 인간의 생사화복과 역사를 주관하시는 하나님의 은혜와 사랑에 감사하며 경배와 찬양을 드리는 것입니다. 참된 예배란, 예배의 대상인 하나님과 예수님, 성령님이 어떤 분이심을 분명히 알고, 믿음으로 경배와 찬양을 올려 드리는 것입니다. 즉 하나님이 우리를 택하시고 자녀 삼아주심을, 예수님이 십자가 보혈로 우리의 죄를 구속하심을, 성령님이 우리의 구원을 보증하심을 믿고 하나님의 영광을 찬미하는 것입니다(엡 1:3-13). 또한 참된 예배란 예배 가운데 하나님의 음성을 듣거나 하나님을 인격적으로 만나는 것입니다. 참된 예배는 믿음으로 하나님을 찬미하며 하나님을 만나는 살아있는 예배를 뜻합니다.

어떻게 하나님을 만날 수 있을까요? 첫째, **내가 문 밖에 서서 두드리노니 누구든지 내 음성을 듣고 문을 열면 내가 그에게로 들어가 그와 더불어 먹고 그는 나와 더불어 먹으리라**(계 3:20)는 말씀처럼, 주님은 항상 우리 옆에 계시므로 주님의 음성을 듣는데 힘써야 합니다. 주님의 음성을 듣기 위한 가장 좋은 방법은 하나님의 말씀인 성경을 가까이 하는 것입니다. 로고스(Logos)인 성경 말씀을 읽을 때 성령의 터치를 통하여 레마(Rhema)인 살아있는 말씀 가운데 주님의 음성을 들을 수 있기 때문입니다. 둘째, 하나님께 전심전력으로 기도해야 합니다. 하나님은 우리의 기도를 듣고 우리를 만나 주시기 때문입니다. **너희가 내게 부르짖으며 내게 와서 기도하면 내가 너희들의 기도를 들을 것이요, 너희가 온 마음으로 나를 구하면 나를 찾을 것이요 나를 만나리라**(렘 29:12,13). 위와같이 말씀을 가까이하고 기도에 힘쓰면 하나님을 만날 수 있습니다.

본문은 참된 예배란 영과 진리로 드리는 예배라고 합니다. 영과 진리로 예배한다는 것은 바로 성령과 말씀을 따라 예배하는 것입니다. 초대교회 때 제자들이 오로지 기도에 힘쓸 때 성령이 그들에게 임하신 것처럼 전심으로 기도하면 영이신 하나님은 우리를 찾아와 만나주십니다. 그리고 진리인 성경 말씀을 읽고 듣고 묵상하는 가운데 말씀을 통하여 하나님의 뜻을 깨닫게 됩니다. 따라서 예배는 예배 장소 보다는 영과 진리로 드리는 마음의 자세가 더 중요합니다. 그러나 현실적으로는 교회 아닌 곳에서는 영과 진리로 예배를 드리기 어려우므로 교회에서 예배 드릴 때 가장 은혜롭다고 믿습니다.

결론적으로 하나님이 찾으시는 참된 예배자는, 먼저 하나님에 대한 간절한 믿음으로 예배해야 합니다. 믿음이 없이는 하나님을 기쁘게 할 수 없고 하나님을 만날 수 없습니다. 또 영과 진리로, 즉 성령의 임재 가운데 말씀 안에 있는 하나님의 뜻을 따라 예배해야 합니다. 참고로 교회의 영적 부흥은 성령의 임재없이는 결코 일어날 수 없습니다. 우리 모두 교회의 영적 부흥과 각자의 영성 회복과 성장을 위하여 참된 예배를 드리도록 힘씁시다.

Letter 38

일하시는 하나님

요 5:1-18

예루살렘에 있는 양문 곁에 베데스다라 하는 못이 있는데 거기 서른여덟 해 된 병자가 있더라 예수께서 그 누운 것을 보시고 병이 벌써 오랜된 줄 아시고 이르시되 네가 낫고자 하느냐 병자가 대답하되 주여 물이 움직일 때에 나를 못에 넣어 주는 사람이 없어 내가 가는 동안에 다른 사람이 먼저 내려가나이다 예수께서 이르시되 일어나 네 자리를 들고 걸어가라 하시니 그 사람이 곧 나아서 자리를 들고 걸어가니라(2,5-9)

본문은 예수님이 유월절을 맞아 갈릴리에서 예루살렘으로 올라가셨다가 안식일에 베데스다 연못 행각에 있는 삼십팔 년 된 병자를 고쳐준 사건에 대한 말씀입니다. 당시 유대인들은 이 병자가 고침 받은 사실에 놀라고 또한 이를 고쳐주신 예수님을 찬양하기 보다, 예수님이 안식일의 율법을 범하여 신성모독했다는 이유로 예수님을 박해하려고 했습니다. 이는 요한복음의 7대 표적 중 시간 순서상 3대 표적에 해당되는 것으로, 이 또한 예수님이 하나님의 아들임을 믿게 하려고 기록한 것입니다.

먼저 안식일에 대한 십계명을 살펴 보겠습니다. 십계명은 하나님이 시내산에서 출애굽한 이스라엘 민족에게 하나님의 백성답게 살아가도록 주신 율법 중 최고의 율법입니다. 이중 1-4계명은 하나님에 대한 계명이고, 나머지 5-10계명은 사람에 대한 계명입니다. 이중 특히 4계명인 '안식일을 기억하여 거룩하게 지키라'는 안식일 계명은 하나님과 사람 모두에게 관련된 중요한 계명입니다. 안식일 규정의 본질은 사람이 하나님을 예배하는 것이기에, 예배를 제대로 잘 드리면 나머지 계명도 잘 지킬 수 있다는 것입니다. 그러므로 우리는 안식일인 주일을 거룩하게 잘 지켜야 합니다.

그런데 본문처럼 율법주의자인 유대인들은 안식일 계명의 목적과 정신보다 그 형식을 더 중요시했습니다. 안식일 계명의 정신은 세상의 삶 속에서 하나님의 마음과 뜻을 분별하여 그 뜻대로 살아가라는 것입니다. 하나님의 뜻은 생명을 살리는 것이기에 예수님은 안식일임에도 병자를 고쳐주시고 배고픈 자들에게 긍휼을 베풀었던 것입니다. 우리는 교회생활을 하는 중 간혹 하나님 말씀보다 교회의 전통이나 사역을 더 중요시하며 형제를 정죄하거나 판단하는 잘못이 있는지 늘 돌아보아야 하겠습니다.

참고로 예배 역시 형식적인 예배 보다 하나님의 뜻에 합당한 예배를 드려야 합니다. 사도 바울이 **너희 몸을 하나님이 기뻐하시**

는 거룩한 산 제물로 드려라 이는 영적 예배니라(롬 12:1)라고 말씀하신 것처럼 예배는 우리의 마음과 삶 전부를 하나님께 올려드리는 자세로, 하나님의 뜻에 합당하게 드려야 한다는 것입니다. 사람에게 잘 보일려고, 자기 의를 드러내기 위한 방편으로 형식적, 위선적으로 드리지 말라는 것입니다. **하나님은 인애를 원하고 제사를 원하지 아니하며 번제보다 하나님을 아는 것을 원하노라**(6:6)는 호세아 선지자의 말씀도, **안식일이 사람을 위하여 있는 것이요 사람이 안식일을 위하여 있는 것이 아니니, 이러므로 인자는 안식일에도 주인이니라**(막2:27-28)는 예수님의 말씀도 다 같은 맥락의 말씀입니다. 따라서 우리는 자기 소견에 옳은 대로 신앙생활을 하지 말고 오직 하나님의 뜻에 합당한 신앙생활을 하면서 고침받은 병자처럼 하나님의 은혜를 증거하는 삶을 살아야 하겠습니다.

끝으로 오늘 말씀의 제목이 '일하시는 하나님'이므로 하나님의 일하심을 묵상해 봅니다. 하나님은 말씀으로 천지 만물을 창조하시고, 특히 당신의 형상대로 창조하신 인간에게 복을 주시며 생육하여 번성하여 땅을 정복하고 만물을 다스리는 권세를 주셨습니다(창 1:26-28). 한편 하나님은 자신을 찬송하게 하거나, 예수 그리스도 안에서 선한 일을 행하게 하시려고 우리를 창조하셨습니다(사 43:21, 엡 2:10). 그러므로 하나님의 예비하신 복을 받아 누리기 위해서는 하나님의 뜻을 따라 하나님께 감사와 찬송으로 예배하고 선한 일을 행하며 살아가야 하겠습니다.

Letter 39

정죄하지 않으시는 예수님

요 8:1-11

예수께서 이르시되 너희 중에 죄 없는 자가 먼저 돌로 치라 하시고 다시 몸을 굽혀 손가락으로 땅에 쓰시니 그들이 이 말씀을 듣고 양심에 가책을 느껴 하나씩 나가고 오직 예수와 그 가운데 섰는 여자만 남았더라, 나도 너를 정죄하지 아니하노니 가서 다시는 죄를 범하지 말라 하시니라 (7-9,11)

   본문은, 서기관과 바리새인들이 성전에서 말씀을 가르치시는 예수님에게 간음하다가 현장에서 잡힌 여인을 데리고 와서 어떻게 처리해야 할지 물어보는 말씀입니다. 이는 예수께서 간음한 여인을 돌로 쳐죽이도록 되어있는 모세 율법을 지키지 않을 경우 예수님을 고발하기 위한 속셈이었습니다. 본문 말씀을 통하여 죄, 정죄, 용서(속죄, 구속), 구원(새 사람)에 관한 기독교 복음을 살펴 봅시다.

먼저 '죄'에 대해 살펴보면, 창세기 3장에서 최초로 죄에 관한 내용을 기록하고 있습니다. 다 아시다시피 아담과 하와가 사탄인 뱀의 말에 유혹되어 선악과 나무의 열매를 먹지 말라는 하나님의 말씀을 어기고 선악과 열매를 따먹은 결과 하나님의 심판을 받아 에덴동산에서 추방되었습니다. 죄의 본질은 하나님과 같이 되려는 욕심으로 말미암아 '하나님께 불순종'하는 것입니다. 죄의 배후에는 악한 영인 사탄이 있기 때문에 인간의 힘과 능력으로는 결코 죄를 이길 수 없기 때문에, 성경은 '의인은 없나니 하나도 없다'(시 14:3, 롬 3:10)고 기록하고 있습니다. 또한 '욕심이 죄를 낳고 죄가 장성한 즉 사망을 낳느니라'(약 1:15, 롬 6:23)는 말씀처럼 죄의 결과는 사망이기 때문에, 우리는 죄로 인하여 죽을 수 밖에 없는 존재입니다.

다음 '정죄'를 살펴봅니다. 정죄(condemnation)란 죄가 있다고 단정하거나 선언하는 것을 뜻합니다. 하나님의 선민인 유대인 특히 바리새인들은 믿음이 연약한 사람을 곧잘 정죄하곤 했습니다. 이는 자신들은 하나님의 율법을 잘 지키고 있다는 교만에서, 그리고 자기 의를 드러내고 싶은 마음에서 비롯된 것입니다. 그러나 정죄와 심판은 사람의 소관이 아니고 전적으로 하나님의 권한이기 때문에(약4:12), 남을 정죄한다는 것은 자신이 하나님의 자리에 있다는 것이므로 그 자체가 바로 죄에 해당됩니다. 그래서 예수님은 산상수훈에서 남을 비판하지 말라고 교훈하셨고(마 7:1-5), 사도 바울도 남을 심판하는 자는 하나님의 심판을 피할 수 없고 하나님의 진노를 쌓아 올리고 있는 것이라고 경고했습니다(롬 2:1-5).

본문에서 예수님은 하나님의 아들이심에도 간음한 여인을 정죄하지 않고 용서해 주었습니다. 간음한 여인은 모세 율법에 따라 돌에 맞아 죽을 수 밖에 없었지만 예수님을 만나 살았습니다. 이 여인은 죽음에서 생명을 건졌기에 아마 감격의 눈물과 함께 지난 범죄로 인한 회개의 눈물을 흘렸을 것입니다. 그리고 더 이상 죄를 짓지 말라는 예수님의 말씀을 마음에 새기며 새로운 삶을 살아갔을 것입니다. 전승에 의하면 이 간음한 여인은 이 사건 이후 새 사람으로 변화되어 예수님을 끝까지 섬겼다고 합니다. 예수님은 우리를 정죄하거나 심판하러 이 땅에 오신 것이 아니고 죄로부터 구원하시기 위하여 오신 것입니다(요3:17). 예수님은 십자가에서 피 흘리심으로 우리의 죄를 대속해 주시고 이를 믿는 모든 자에게 구원을 주신 그리스도이십니다(갈1:4, 롬1:16).

우리 모두는 이 여인과 같이 구원받은 자로서 옛 사람을 벗어버리고 새 사람으로 변화되어 구원의 복음을 전하는 삶을 살아가야 함에도, 세상에 대한 미련과 욕심으로 믿음과 행함이 일치되지 못한 삶을 살아갈 때가 많습니다. 언젠가 하나님의 심판대에 설 수 밖에 없는 우리로서는 죄 사함과 정결함의 은총을 받아야 하겠습니다. 이를 위해 먼저 옷을 찢는 습관적이고 형식적인 회개가 아니라 마음을 찢는 진실한 회개를 해야 하겠습니다(요엘2:12-13). 그리고 성령의 도움을 받아 하나님 뜻대로 살아야 하겠습니다. 우리 모두 365 말씀동행에 힘써 믿음과 성령으로 거듭나 하나님의 나라를 바라보며 살아갑시다(요3:3,5).

Letter 40

선한 목자이신 주님

요 10:1-18

내가 문이니 누구든지 나로 말미암아 들어가면 구원을 받고 또는 들어가며 나오며 꼴을 얻으리라 도둑이 오는 것은 도둑질하고 죽이고 멸망시키려는 것뿐이요 내가 온 것은 양으로 생명을 얻게 하고 더 풍성히 얻게 하려는 것이라 나는 선한 목자라 선한 목자는 양들을 위하여 목숨을 버리거니와 (9-11)

본문은 양의 문이신 예수님, 선한 목자이신 예수님에 관한 말씀입니다. 양의 우리와 문, 양과 목자의 관계를 통하여 예수님이 어떤 분이심을 증거하고 있습니다. 참고로 요한복음에는 다 아시다시피 예수님의 정체성에 관한 7대 선언이 있습니다. 즉 예수님은 자신을 생명의 떡, 세상의 빛, 양의 문, 선한 목자, 부활과 생명, 길과 진리와 생명, 포도나무라는 비유의 말씀을 통하여 그리스도요 하나님의 아들이심을 선언하고 있습니다. 본문 말씀 중 키워드인 '양의 문, 선한 목자, 양'을 중심으로 묵상해 봅니다.

  양의 문이신 예수님은 어떤 분일까요? 양의 우리에는 양을 사나운 짐승으로부터 보호하기 위한 울타리가 있고, 양이 우리 안팎으로 출입할 수 있도록 하는 문이 있습니다. 양은 위 문을 통하여 낮에는 푸른 초장으로 나가 풀을 먹고, 밤에는 짐승의 공격을 피하고 잠을 자고자 우리 안으로 들어옵니다. 이처럼 양의 문은 양의 생명을 지키는데 있어 결정적인 역할을 합니다. 예수님은 자신을 양의 문이라고 선언하면서 우리로 양식과 생명을 얻고 또 더 넘치게 얻게 하려고 이 땅에 오셨다고 말씀하고 있습니다(요 10:9-10). 그렇습니다. 예수님으로 말미암지 않고는 하나님께 갈 수 없듯이(요 14:6), 우리의 생사화복은 예수님의 손에 달려 있음을 굳게 믿고 구원자이신 예수님을 깊이 아는데 더욱 힘써야 하겠습니다.

  선한 목자이신 예수님은 어떤 분일까요? 선한 목자는 양들의 생명을 외부의 공격으로부터 보호하기 위하여 자기 목숨조차 아끼지 않는 참 목자입니다(요 10:11). 반면 삯꾼은 어려운 상황에서는 자기 목숨을 지키기 위하여 양을 버리고 도망가는 가짜 목자입니다(요 10:12). 선한 목자하면 시편 23편과 찬송가 569장이 떠오르지 않을 수 없습니다. 시편 말씀처럼 선한 목자이신 예수님은 우리를 사랑하사 푸른 초장과 쉴 만한 물가로 인도하시고, 새 힘으로 의의 길을 걷게 하시며, 사망의 골짜기에서도 지켜주시고, 원수의 앞에서 잔치상을 차려 주시는, 우리의 인도자요 구원자이십니다. 십자가상의 예수님이야말로 양들의 생명을 지키기 위하여 목숨을 버리는 선한 목자의 모습 그 자체라고 생각합니다. 또한 선한 목자는 자기 양들뿐만 아니라 우리에 들지 아니한 다른 양들도 인도한다는 말씀(요 10:16) 속에서 만민에게 복음을 전하라는 주님의 음성이 들려 옵니다.

양은 어떻게 살아가야 하나요? 양은 눈이 어두운 대신 귀가 밝고, 게으르며 무리를 지어 다닌다고 합니다. 목자를 잘 따라가지 않으면 길을 잃기 십상이라, 앞서가던 양이 길을 잘못들어 절벽에서 떨어지면 뒤따르는 양들도 상당수가 절벽에서 떨어진다고 합니다. 그러므로 양들이 생명을 잃지 않으려면 목자의 음성을 잘 듣고 목자의 인도를 잘 따라가야 합니다. 성경은 우리를 곧잘 양으로 비유하곤 합니다. **우리는 다 양 같아서 그릇 행하여 각기 제 길로 갔거늘 여호와께서는 우리 모두의 죄악을 그에게 담당시키셨도다**(이사야 53:6). 우리 모두 우리의 죄를 대신 짊어지고 골고다 십자가의 길을 걸어가신 예수님을 깊이 생각합시다.

끝으로 자기 목숨을 바쳐 양의 생명을 지키는 선한 목자는 바로 우리 죄를 십자가에서 대속하신 예수님을 뜻합니다. 그리고 '내가 내 목숨을 버리는 것은 그것을 내가 다시 얻기 위함이니, 나는 목숨을 버릴 권세도 있고 다시 얻을 권세도 있으니'(요 10:17,18)란 말씀은 예수님의 부활을 뜻합니다. 이처럼 예수님의 십자가와 부활은 우리의 생명을 구원하는 기독교의 진리임을 믿고, 예수님의 음성을 들으며 예수님을 따라 예수님으로부터 영생을 얻읍시다(요 10:27-28).

Letter 41

사랑의 계명

요 15:12-17

내 계명은 곧 내가 너희를 사랑한 것 같이 너희도 서로 사랑하라 하는 이 것이니라, 너희가 나를 택한 것이 아니요 내가 너희를 택하여 세웠나니 이는 너희로 가서 열매를 맺게 하고 또 너희 열매가 항상 있게 하여 내 이름으로 아버지께 무엇을 구하든지 다 받게 하려 함이라(12,16)

본문 말씀은 예수님의 새 계명에 관한 내용입니다. 예수님은 세족식 후 제자들에게 **새 계명을 너희에게 주노니 서로 사랑하라 내가 너희를 사랑한 것 같이 너희도 서로 사랑하라**(요 13:34)고 말씀하셨는데, 이를 이어지는 다락방 강화에서도 반복, 재반복 하신 것입니다(요 15:12,17). 반복하여 말씀하셨다는 것은 이 계명이 중요하기 때문입니다. 참고로 구약의 십계명과 함께 예수님의 새 계명의 핵심은 '사랑'입니다. 십계명은 하나님과 이웃을 사랑하라는 것이고 예수님의 새 계명은 서로 사랑하라는 것입니다, 그렇습니다. 기독교 율법의 정신은 사랑입니다. 왜 사랑하며 살아가야 하는지, 어떻게 사랑해야 하는지 성경에서 배우고 깨달아 참 사랑의 삶을 살아 갑시다.

먼저, 성경을 통하여 사랑의 본질과 내용을 살펴 봅시다. 사랑장이라고 하는 고린도전서 13장에 의하면, 먼저 산을 옮길만한 큰 믿음이 있고 예언과 방언을 하는 신비한 능력이 있으며 또한 모든 소유를 나누어 주고 온 몸으로 봉사한다 할지라도 사랑이 없으면 이 모든 것은 아무 것도 아니고 아무런 유익이 없다는 것입니다(고전 13:1-3). 즉 사랑은 성령의 모든 은사 중 최고 은사라는 뜻입니다(고전 12:31참조). 그리고 사랑이란 오래 참고 온유하며 시기하지 않으며 자랑도 교만도 하지 않으며, 무례하지 않으며 자기 유익을 구하지 않으며 성 내지 않으며 악한 것을 생각하지 않으며, 불의를 기뻐하지 않고 진리와 함께 기뻐하는 것입니다. 한마디로 사랑은 모든 것을 참으며 믿으며 바라며 견디는 것입니다(고전 13:4-7). 이처럼 사랑은 믿음과 소망 중에 제일이고, 성령의 은사 중 최고이며, 성령의 열매 중 최고 열매입니다(갈 5:22).

우리는 왜 사랑하며 살아야 할까요? 첫째, 하나님은 사랑이시고 우리를 먼저 사랑하셨기 때문입니다. 사랑하지 아니하면 하나님을 알지 못하고 사랑하는 자만이 하나님을 알 수 있으므로 우리는 사랑하며 살아야 합니다(요일 4:7-8,19). 둘째, 친히 십자가의 사랑으로 우리를 구원해 주신 예수님이 서로 사랑하라고 유언처럼 당부하셨기 때문입니다. 그리스도인의 본분은 사랑의 계명을 지키는 것입니다. 셋째, 우리가 사랑하면 하나님이 우리 가운데 계시고(요일 4:12), 예수님이 우리의 친구가 되어 우리 안에 계시며(요 15:14, 요일 3:24), 삶 속에서 풍성한 열매를 맺을 뿐만 아니라 기도의 응답을 받을 수 있기 때문입니다(요 15:16). 이처럼 하나님은 사랑를 행하는 자에게는 세상이 알 수도 없고 줄 수도 없는 크고 은밀한 축복을 부어 주시므로, 이런 귀한 축복을 받고 누리기 위해서는 무엇보다도 사랑하며 살아야 합니다.

그럼 우리는 어떻게 사랑을 해야 할까요? 첫째, 말과 혀로만 사랑하지 말고 행함과 진실함으로 해야 합니다. 세상 재물을 가지고 있으면서 형제자매의 궁핍함을 도와주지 않으면 하나님의 사랑이 그 사람 속에 머물 수 없습니다(요일 3:17-18). 눈에 보이는 형제자매도 사랑하지 않는 사람은 보이지 않는 하나님을 사랑할 수 없습니다(요일4:20). 둘째, 사랑은 친구를 위하여 자기 목숨을 내놓을 수 있을 정도로 모든 일에 양보하고 손해보며 헌신하고 희생하는 마음자세로 해야 합니다(요 15:13, 요일 3:16). 사랑의 극치는 예수님의 십자가 사랑입니다. 우리 모두 그 사랑을 본받아 행함있는 사랑의 삶으로 주님이 주시는 기쁨을 누립시다.

끝으로, 우리는 그토록 예수님께서 신신당부하신 사랑의 계명을 지키면서 살아가고 있나요? 우리 대부분은 교회 안에서의 교회생활은 그럴듯하게 잘하고 있는 편이지만, 교회 밖에서의 신앙생활도 과연 잘하고 있는지 자신있게 주장할 수 없을 것 같습니다. 어쩌면 교인들보다 세상 사람들이 우리의 믿음을 더 정확히 잘 판단하는지도 모릅니다. 우리는 날마다 하나님과 말씀 앞에서 예수 그리스도의 향기를 발하는 삶을 살고 있는지 아니면 세상 사람들과 구별없이 이 세상에서 영원히 살 것처럼 물질주의에 빠져 세상의 향락을 구하며 살아가고 있지 않은지 우리의 삶을 냉철하게 돌아보아야 하겠습니다.

우리의 모든 것을 아시는 하나님, 십자가 사랑을 본받아 행함과 진실함으로 하나님과 이웃, 그리고 형제자매를 사랑하며 살아가게 하옵소서.

Letter 42
향유를 부은 여인

요 12:1-8

마리아는 지극히 비싼 향유 곧 순전한 나드 한 근을 가져다가 예수의 발에 붓고 자기 머리털로 그의 발을 닦으니 향유 냄새가 집에 가득하더라 (3)

본문은 베다니에 사는 마리아가 삼백 데나리온이나 되는 값비싼 향유를 예수님의 발에 붓고 자기 머리털로 발을 씻어준 사건에 관한 말씀입니다. 다른 공관복음도 위 향유 사건을 기록하고 있지만 여인의 이름, 시기, 장소 등이 본문 요한복음과는 다릅니다(마 26:6-13, 막 14:3-9, 눅 7:36-50). 그러나 한 여인이 예수님께 자신의 귀한 향유를 정성껏 드린 내용은 동일합니다. 본문은 향유를 부은 여인을 죽었다가 살아난 나사로 삼남매 중 막내인 마리아로, 시기는 유월절 엿새 전인 안식일로, 장소는 베다니의 마리아 집으로 특정하고 있습니다. 본문의 핵심은 마리아의 향유 사건에 대하여 예수님은 극찬을 한 반면 가룟 유다는 이를 비난한 점에 있다고 봅니다. 왜 예수님과 가룟 유다는 동일한 사건에 대하여 상반된 평가를 했을까요?

먼저, 마리아와 그 형제들인 마르다와 나사로의 행동을 살펴보면 차이가 있습니다. 때가 안식일임에도 마리아 집에서 예수님을 위한 잔치가 있었습니다. 이때 마르다와 나사로는 평상시와 같이 예수님을 위하여 일상적인 헌신을 하고 있는 반면, 마리아는 자신의 결혼지참금 용도로 사용하고자 모아온 귀하고 비싼 향유를 예수님의 발에 붓고 자신의 머리털로 발을 씻어드리는 최고의 헌신을 하였습니다. 같은 형제자매이지만 마리아와 이들의 헌신은 분명 달랐습니다. 왜 마리아는 값비싼 향유를 예수님께 드렸을까요? 성경에는 이에 대한 기록은 없지만 아마 예수님이 오빠 나사로를 죽음에서 살려주신 것에 대한 감사의 보답으로 드린 것 같습니다. 하여간 마르다와 나사로도 당연히 예수님께 감사의 마음을 표했겠지만 이에 대한 보답의 정도는 마리아와 비교하여 격이 크게 달랐습니다.

마리아의 헌신을 통하여 우리가 본받아야 할 신앙의 모습은 어떤 것일까요? 첫째, 마리아는 오빠의 생명을 구해준 부활이요 생명이신(요 11:25) 예수님께 최상의 것을 최선의 방법으로 드렸습니다. 1년치 품삯인 값비싼 향유를 드리는 것도 대단하지만 향유를 발에 부어 자신의 머리털로 씻어준다는 것은 자기를 부인한 헌신의 극치라고 할 수 있습니다. 우리도 우리 생명의 구원자이신 예수님께 가장 좋은 것, 가장 귀한 것을 드려야 하겠습니다. 둘째, 마리아가 예수님의 장례를 미리 알고 드린 것도 아닌데 결과적으로 예수님의 장례를 준비한 뜻깊은 헌신이 되었습니다. 진정 하나님을 향한 감동적인 헌신과 희생은 우리의 생각과 달리 하나님의 뜻을 이루어 드리는 귀한 통로가 됩니다. 셋째, 예수님은 복음이 전파되는 곳에 마리아의 헌신도 함께 기억될 것이라는 최고의 찬사를 선포하십니다. 정말 하나님을 위한 헌신은 세상이 알 수 없는 방법으로 우리에게 큰 선물을 안겨주곤 합니다. 그렇습니다. **십자가의 도가 멸망하는 자들에게는 미련한 것이요 구원을 받은 우리에게는 하나님의 능력이라**(고전 1:18, 25)는 말씀처럼 하나님의 생각과 길은 사람의 생각과 길과는 분명 다릅니다(사 55:8,9).

가룟 유다를 통하여 깨달은 점은 무엇일까요? 첫째, 가룟 유다는 마리아의 헌신을 세상적 가치척도로 판단한 나머지 결국 사망의 길을 걸어가게 됩니다. **육신의 생각은 사망이요 성령의 생각은 생명과 평안이니라**(롬 8:6). 둘째, 가룟 유다는 위 마리아의 향유를 팔아 가난한 사람을 도와주는 것이 더 낫다고 일응 그럴듯한 말을 했지만, 실은 위 금원을 착복하기 위함이었습니다(요 12:6). 우리도 교회 일을 할 때 열심인 것은 좋지만 하나님의 뜻과 성경적 방법이 아닌 교회의 전통을 주장하며 은연 중 자신의 유익이나 자기 의를 내세워서는 안될 것입니다.

끝으로 마리아의 헌신으로 인하여 온 집 안에 향유의 냄새가 가득한 것처럼 우리의 헌신으로 인하여 가는 곳마다 예수 그리스도의 향기가 진하게 풍겨났으면 좋겠습니다. 참고로 오늘부터 사순절이 시작되어 4월 17일 부활절의 아침을 맞게 됩니다. 사순절은 다 아시다시피 우리를 구원하시기 위하여 친히 유월절의 양같이 자신을 십자가에서 화목제물로 드린 예수님의 십자가 고난을 사십 일간 묵상하는 기독교 최고의 경건 절기입니다. 우리 모두 믿음의 선배들을 본받아 이번 사순절 기간동안 말씀동행과 기도 가운데 예수님의 십자가 사랑을 깊이 묵상하며 우리의 신앙을 업그레드합시다.

Letter 43

예루살렘 입성

요 12:12-19

그 이튿날에는 명절에 온 큰 무리가 예수께서 예루살렘으로 오신다는 것을 듣고 종려나무 가지를 가지고 맞으러 나가 외치되 호산나 찬송하리로다 주의 이름으로 오시는 이 곧 이스라엘의 왕이시여 하더라 예수는 한 어린 나귀를 보고 타시니(12-14)

본문은 예수님이 공생애 마지막 사역인 십자가 사역을 이루시기 위하여 유월절 직전에 예루살렘으로 입성하셨을 때의 내용입니다. 십자가 사역은 구약의 유월절 어린 양의 희생제사와 같은 속죄 사역입니다. 즉 예수님은 유월절의 어린 양과 같이 우리 죄를 사하시기 위하여 십자가에서 자신을 화목제물로 드린 것입니다(요 1:36, 롬 3:25). 참고로 지난 주 마리아의 향유 사건이 십자가 사역의 전야제라면, 예루살렘 입성은 서곡(prelude)이라 할 수 있습니다. 예수님의 마지막 고난주간 사역을 간추려 보면 예루살렘 입성(일, 종려주일), 성전 정화(월), 종교지도자들과의 논쟁(화), 감람산 설교(수), 세족식, 최후 만찬, 다락방 강화, 게세마네 기도와 체포(목), 재판과 십자가 죽음, 장례(금, 유월절)입니다. 그리고 부활은 일요일 아침입니다.

다음 주 속회공과 내용은 세족식에 관한 것이기에 예루살렘 입성 사건에 관한 묵상을 나누기 전에 간략하게 종교지도자들과의 논쟁과 감람산 설교에 관하여 살펴보고자 합니다(성전 정화는 몇 주 전에 나누었기 때문에 생략). 종교지도자들은 예수님의 예루살렘 입성시 백성들의 반응이 뜨거웠기 때문에 두려운 나머지 당장 체포를 하지 못한 채 예수님에게서 꼬투리를 잡기 위하여 논쟁적 질문을 하였으나, 예수님은 그들의 속셈을 다 아시고 그들이 꼼짝 못 할 답변을 하십니다. 그들의 질문은 우리가 다 알다시피 '예수님의 권위는 어디서 왔는가(권위 논쟁), 세금은 누구에게 납부하여야 하는가(세금 논쟁), 칠 형제와 차례로 결혼한 여인은 부활시 누구의 부인이 되는가(부활 논쟁), 최고의 계명은 무엇인가' 입니다. 그리고 감람산 설교는 예수님의 재림에 관한 내용입니다. 언제 재림하실지 모르지만 재림 전에 징조가 있다는 것입니다. 오늘의 전쟁, 감염병, 산불 재앙 등을 보면 예수님이 말씀하신 재림의 징조들이 아닌가 하는 생각도 듭니다.

예수님은 일찍이 스가랴 선지자가 예언한 바와 같이 말이 아닌 새끼 나귀를 타고 예루살렘에 입성하셨습니다. 이때 백성들의 반응은 한마디로 개선한 장군을 환영하듯이 대단하였습니다. 그들은 종려나무 가지를 흔들면서 '호산나! 주님의 이름으로 오시는 이에게 복이 있기를! 이스라엘의 왕에게 복이 있기를!' 라고 외쳤습니다. 그들이 환영한 이유는 예수님이 오병이어의 기적을 행하셨을 뿐만 아니라 죽은 나사로도 살리신 분이시기에 능히 이스라엘을 로마의 압제로부터 해방시킬 수 있는 정치적 메시아로 생각했기 때문입니다. 인간이란 육적인 눈에 보이는 것만 보는 영적 소경이기에 예수님을 제대로 알 수 없는 것 같습니다. 그러나 눈에 보이는 것은 잠깐이요 눈에 보이지 않는 것은 영원함이므로 우리는 보이지 않는 것을 주목해야 할 것입니다'(고후 4:18).

또한 제자들도 예수님이 예루살렘에 입성하신 목적을 전혀 모르고 있었습니다. 예수님께서 전에 제자들에게 예루살렘에서 수난을 받고 십자가에서 죽은 후 사흘 만에 다시 살아날 것이라는 말을 세차례나 했음에도 불구하고, 제자들은 이를 전혀 모른 사람처럼 백성들의 반응을 보며 좋아했던 것입니다. 인간이란 대개 자신의 입장에 서서 듣고 생각하고 행동하는 것 같습니다. 자기에게 유리한 것은 기억 잘하면서도 불리한 것은 생각하지 않을려는 경향이 있습니다. 또한 자기의 생각과 다르면 상대방의 주장을 경청하지 않을 뿐만 아니라 심지어 좋은 주장이라도 반대를 위한 반대를 하기도 합니다.

기득권을 가진 종교지도자들의 경우, 예수님이 예루살렘 입성 시 환영하는 수많은 군중을 보고 행여 자신들의 기득권을 잃게 될까봐 집단적으로 걱정하며 이에 대한 대처방안을 모색합니다. 종교지도자들이라면 당연히 예수님의 정체성에 대해 진지하고 신중하게 기도하며 하나님의 뜻을 구하여야 할텐데, 먼저 자신들의 기득권을 방어하고자 오히려 예수님을 공격합니다. 오늘날 일부 교회는 중세교회와 같이 자신들의 기득권을 유지하고자 하나님의 뜻을 어기며 세속화의 길을 쫓고 있으며, 일부 목회자들도 귀족화, 세습화의 길을 걷고 있습니다. 양식있고 깨어 있는 평신도들의 영적 분발이 필요하다 하겠습니다. 이를 위해서는 무엇보다도 말씀동행과 기도 훈련에 힘써야 합니다.

Letter 44
제자들의 발을 씻기다

요 13:1-15

내가 주와 또는 선생이 되어 너희 발을 씻었으니 너희도 서로 발을 씻어 주는 것이 옳으니라 내가 너희에게 행한 것 같이 너희도 행하게 하려 하여 본을 보였노라(14-15)

본문은 예수님이 십자가를 지시기 바로 전날 제자들의 발을 일일이 씻어주신 세족식에 관한 말씀입니다. 예수님이 최후의 만찬을 하시던 도중 세족식이라는 충격적인 포퍼먼스를 하셨는데, 이는 제자들에게 어떤 메시지를 강하게 주시기 위한 것으로 보입니다. 그 메시지는 바로 예수님의 새 계명인 '서로 사랑하라'는 것이었습니다(요 13:34-35). 예수님의 새 계명은 예수님이 새로운 복음의 시대를 열면서 제자들에게 주신 또다른 사랑의 계명입니다. 아시다시피 당시 최고 계명은 하나님을 사랑하고 이웃을 사랑하는 것입니다(마 22:34-40). 세족식과 새 계명을 통하여 우리가 깨달아야 할 신앙적 교훈을 나누어 봅니다.

첫째, 예수님이 세족식을 통하여 제자들에게 보여주신 사랑은 '겸손의 사랑'입니다. 당시 유대공동체에서 발을 씻겨 주는 일은 종이나 아랫사람들이 하는 일이지 결코 주인이나 윗사람이 하는 일은 아니었습니다. 그런데 예수님은 직접 제자들의 발을 일일이 씻어 주셨습니다. 겉옷을 벗고 수건을 허리에 두르고 대야에 물을 담아다가 발을 씻긴 후 두른 수건으로 물기를 닦아 주시는 등 정성스럽게 씻어 주셨습니다. 이는 사랑 없이는 결코 할 수 없는 행위입니다. 이처럼 세족식에서 보여주신 예수님의 사랑은 행함과 진실함의 사랑이요(요일 3:18), 자신을 낮추며 자기 사람들을 사랑하시되 끝까지 사랑하시는 겸손의 사랑입니다(요 13:1). 참고로 세족식 행사에 참여한 적이 있는데 씻어주는 일이나 씻김을 받는 일 모두 감동적입니다. 특히 씻김을 받을 때는 감사의 눈물이 저절로 나옵니다. 아마 제자들도 평생 예수님의 세족식 사랑을 잊지 못했을 것입니다.

둘째, 예수님은 제자들에게 '섬김의 사랑'의 정수를 본보여 주셨습니다. 예수님은 이 땅에 섬김을 받으려 함이 아니라 도리어 섬기려 온 것이라고 말씀하신 것처럼(막 10:45), 몸소 제자들의 발을 씻어 주시는 섬김의 본을 보여 주셨습니다. 따라서 예수님이 말씀하신 '서로 사랑'의 핵심은 바로 겸손과 섬김의 사랑입니다. 과연 우리는 예수님이 사랑한 것 같이 서로를 사랑할 수 있을까요? 우리의 힘과 능으로는 할 수 없으니 또다시 성령님께 도움을 간구해야 할 것 같습니다. **새 계명을 너희에게 주노니 서로 사랑하라 내가 너희를 사랑한 것 같이 너희도 서로 사랑하라, 너희가 서로 사랑하면 이로써 모든 사람이 너희가 내 제자인 줄 알리라** (요 13:34-35).

셋째, 예수님의 말씀에 순종하는 자만이 예수님의 제자라는 사실입니다. 당시 예수님은 '내 발을 절대로 씻지 못하실거라'고 말하는 베드로에게 '그럼 네가 나와 상관이 없다'고 짤라 말씀하십니다. 우리도 베드로처럼 우리의 생각과 뜻을 내세우지 말아야 하며 특히 하나님의 뜻보다 앞서서는 안됩니다. 기도할 때도 우선 먼저 하나님의 뜻이 무엇인지 분별하여 그 뜻에 따라 기도해야 할 것입니다. 무엇보다도 예수님을 진정 사랑한다고 한다면 예수님의 계명을 지켜야 합니다. **나의 계명을 지키는 자라야 나를 사랑하는 자니 나를 사랑하는 자는 내 아버지께 사랑을 받을 것이요 나도 그를 사랑하여 그에게 나를 나타내리라**(요 14:21)

참고로 오늘 말씀 중 '마귀가 가룟 유다의 마음에 예수를 팔려는 생각을 넣었더라'(요 13:2)는 말씀에 주목해야 합니다. 유다가 예수님을 배반한 것은 마귀(사탄)의 개입이라는 것입니다. 더욱 충격적인 말씀은 사탄이 사람 속으로 들어간다는 것입니다 (요 13:27). 저는 예수전도단 전도여행 중 마귀에 사로잡힌 이십대 자매가 시꺼멓고 험악한 얼굴로 변하여 공격적인 행동을 하는 것을 목격한 적이 있는데 섬뜩했습니다. 정말 마귀는 우는 사자 같이 두루 다니며 삼킬 자를 찾고 있습니다(벧전 5:8b). 우리 마음의 밭에 세상적인 생각의 씨를 뿌릴려고 우리를 호시탐탐 노리고 있습니다. 그런데 우리의 마음은 생명의 근원도 되지만(잠 4:23), 자칫 잘못하면 만물보다 더럽고 부패해지기 십상이기 때문에(렘 17:9), 마귀에게 속지 않고 시험에 들지 않도록 늘 깨어 기도하고 근신해야 하겠습니다(마 26:41, 눅 21:34-36, 엡 6:18, 벧전 5:8)

Letter 45

대제사장이신 예수님의 기도

요17:1-26

예수께서 이 말씀을 하시고 눈을 들어 하늘을 우러러 이르시되 아버지여 때가 이르렀사오니 아들을 영화롭게 하사 아들로 아버지를 영화롭게 하게 하옵소서 아버지께서 아들에게 주신 모든 사람에게 영생을 주게 하시려고 만민을 다스리는 권세를 아들에게 주셨음이로소이다 영생은 곧 유일하신 참 하나님과 그가 보내신 자 예수 그리스도를 아는 것이니이다, 그들을 보전하사 우리와 같이 그들도 하나가 되게 하옵소서, 그들을 악에 빠지지 않게 하옵소서, 그들을 진리로 거룩하게 하옵소서 아버지의 말씀은 진리니이다, 그들도 다 하나가 되어 우리 안에 있게 하사 세상으로 아버지께서 나를 보내신 것을 믿게 하옵소서(1-3,11,15,17,21)

본문은 예수님이 최후의 만찬 다락방에서 제자들에게 고별 설교를 한 후 하나님께 드린 기도입니다. 주기도문이 예수님께서 우리에게 가르쳐 주신 기도라면, 본문 17장 기도는 예수님이 직접 하나님께 드린 대제사장의 기도입니다. 본문은 예수님 자신을 위한 기도(1-5), 제자들을 위한 기도(6-19), 성도를 위한 기도(20-26)로 구성되어 있습니다. '이 세상에서 성경이 모두 사라지고 요한복음 17장 한 장만 남는다 할지라도 복음은 여전히 전해질 수 있다'(로이드 존슨 목사)고 할 정도로 예수님의 대제사장 기도는 복음의 핵심을 담고 있다고 합니다. 우리 모두 예수님의 대제사장 기도를 묵상하며 기도를 업그레이드 하도록 힘씁시다.

첫째, 예수님 자신을 위한 기도(1-5)를 살펴봅니다. ① '아버지여 때가 이르렀사오니 아들을 영화롭게 하사 아들로 아버지를 영화롭게 하여 주옵소서'의 1절 말씀은, 예수님 자신이 십자가 사건을 통하여 아버지께 영광을 돌릴 수 있게 해달라는 내용입니다. 왜냐하면 십자가 사건은 하나님 구속 사역의 완결판으로써 하나님의 인간에 대한 사랑을 가장 극명하게 나타내고 하나님의 뜻을 가장 정확하게 드러내는, 이 세상에서 가장 영광스러운 일이기 때문입니다. ② '영생은 곧 유일하신 하나님과 그가 보내신 자 예수 그리스도를 아는 것이다'는 3절 말씀은, 예수님께서 친히 당신을 그리스도라고 부르신 유일한 성경 말씀입니다. 영생은 하나님이 믿는 자들에게 주시는 복으로 예수님의 십자가 사역인 메시아 되심과 밀접한 관련이 있다고 보여집니다. 여기서 '안다'는 뜻은 히브리어 '야다'로 단순한 지식적 차원에서의 앎이 아니라 인격적이고 친밀한 관계 속에서의 앎입니다. 단순히 아는 것을 뛰어 넘어 믿는 것을 의미합니다. 따라서 영생을 얻는 길은, 하나님의 뜻인 십자가 구원사역을 이루신 예수 그리스도를 믿는 것이라 할 수 있습니다(요 3:16 참조). 또한 하나님의 영광을 위한 삶을 살아갈 때 하나님의 영광도 우리에게 임하게 됨을 깨닫게 됩니다.

둘째, 제자들을 위한 기도(6-19)의 요지는, 제자들이 세상에서 핍박을 당하지 않도록 하나님과 친밀한 관계를 유지하면서, 악에 빠지지 않고, 거룩한 삶을 살게 해 달라는 내용입니다. ① 제자들을 보전하사 제자들이 하나님과 그리고 제자들끼리 하나가 되게 하옵소서. 여기서 '하나됨'은 동질성을 가지고 자기들끼리 뭉쳐서 타인들과 배타적인 삶을 사는 것을 의미하는 것이 아니고, 피차간의 다양성과 다름 속에서 뜻을 하나로 모아 하나님의 영광이라는 공동의 목표를 향해 나가는 '하나됨'입니다. 한마디로 '차별의 죄악'이 아니라 '구별의 은총'입니다. ② 제자들이 악에 빠지지 않게 하옵소서. 이는 '우리를 시험에 들지 말게 하옵시고 다만 악에서 구하옵소서'의 주기도문과 같은 내용입니다. 악이란 하나님의 뜻이 아닌 자신의 뜻으로 살고자 하는 생각과 행위를 말합니다. ③ 제자들을 진리로 거룩하게 하여 주시옵소서. 이는 하나님의 말씀인 진리를 따라 살아갈 때 세상과 구별되는 거룩의 삶을 살 수 있다는 것입니다. 한편 하나님의 말씀을 지키는 자들은 세상의 미움을 받기 때문에, 우리는 더욱 말씀을 붙잡고 기도에 힘써야 할 것입니다(요 17:11-14참조).

셋째, 성도를 위한 기도(20-26)를 살펴봅니다. 성도란 바로 제자들과 성령으로 세워진 교회를 뜻합니다. 예수님은 성도(교회)의 하나됨과 아울러 성도들과 함께 있기를 간절히 기도합니다. 이는 믿는 사람들이 주 안에서 하나되어 하나님 나라의 백성으로 천국 영광에 참여하게 해 달라는 간구입니다. 우리도 모든 사람이 구원에 이르도록 선교에 더욱 힘써야 하겠습니다 (딤전 2:4).

신앙생활에 있어 말씀과 기도는 정말 중요합니다. 말씀은 365 말씀동행, 하늘양식, 말씀수첩, 경건서적 등을 통하여 접할 기회가 많은데 비하여, 기도는 우리 자신이 별도로 시간과 공간을 마련하지 아니하면 소홀할 수 밖에 없기 때문에 더욱 기도에 힘써야 할 것입니다. 우리 모두 주기도문과 예수님의 대제사장 기도를 본받아 나 자신의 필요에 앞서 하나님의 영광을 위하여 하나님의 나라와 뜻을 구하는 기도에 힘씁시다.

Letter 46
진정한 신앙의 용기

요 18:1-27

예수께서 대답하시되 너희에게 내가 그니라 하였으니 나를 찾거든 이 사람들이 가는 것은 용납하라 하시니, 예수께서 베드로더러 이르시되 칼을 칼집에 꽂으라 아버지께서 주신 잔을 내가 마시지 아니하겠느냐 하시니라 (8,11)

본문은 예수님이 최후의 만찬과 다락방 설교를 마치고 베다니로 가시던 중 감람산에서 가룟 유다와 로마군인들에게 체포당한 후(목요일 밤), 전 대제사장인 안나스의 집에서 안나스로부터 신문을 받고 다시 현 대제사장인 가야바에게로 끌려가서 재판을 받는 내용입니다. 또한 막간에 베드로가 대제사장의 종들에게 예수님의 제자라는 사실을 세 차례 부인하는 내용도 있습니다. 예수님은 목요일 밤에 체포되어 안나스, 가야바, 빌라도, 헤롯, 빌라도 순으로 계속 끌려 다니면서 잠도 자지 못한 채 다음날 금요일 오전까지 심문과 재판을 받으시다가 9시에 십자가 형을 받고 오후 3시에 운명하신 것입니다. 위 재판은 형식적으로 공회와 총독 앞에서 이루어진 재판처럼 보이지만 실제로는 오로지 예수님을 십자가형으로 처벌하기 위한 대제사장과 분봉왕, 로마총독에 의한 불법 재판입니다. 특히 빌라도는 죄가 없다는 사실을 알면서도 대제사장을 비롯한 유대인들의 압박에 밀려 사형 선고를 하였습니다.

본문에는 예수님과 제자들, 가룟 유다와 로마군인, 전 현직 대제사장인 안나스와 가야바, 베드로와 대제사장의 종들이 등장합니다. 요한복음 이외의 복음서에는 체포 전에 그 유명한 예수님의 '겟세마네 기도'가 있습니다. 겟세마네의 기도의 요지는 '고난의 잔인 십자가형을 거두어 주시기 바랍니다만, 내 뜻대로 되게 하지 마시고, 아버지의 뜻대로 되게 하여 주시옵소서'입니다. 이 기도를 드린 후 예수님은 두렵고 떨리는 십자가형을 하나님의 뜻으로 알고 이를 담담히 받아들이셨던 것입니다. 한편 겟세마네 기도를 드릴 때 베드로와 요한과 야고보는 예수님의 청을 외면한 채 기도하지 않고 잠을 잤는데, 이때 예수님은 제자들에게 '시험에 들지 않도록 기도하라'는 권면의 말씀을 합니다. 두려움과 불안이 밀려오는 상황에서는 하나님만을 의지한 채 기도에 힘써야 할 것입니다.

가룟 유다는 로마 군인들과, 제사장들과 바리새인들이 보낸 성전 경비병들을 데리고 위 감람산으로 가서 그들에게 예수님을 지목해주고 체포하도록 방조한 후 죄책감으로 결국 자살한 반면, 베드로는 체포 전에는 감옥과 죽는 자리에도 예수님과 함께 갈 각오가 되어 있다고 맹세하였으나 막상 예수님이 체포되자 3차례나 예수님을 모른다고 거듭 부인하였습니다. 예수님을 배반한 점으로 보면 가룟 유다나 베드로나 별 차이가 없는 것 같은데, 어떻게 가룟 유다는 영원한 배신자로 낙인 찍힌 반면 베드로는 예수님의 수제자로 초대교회의 주요 인도자가 되었을까요? 이는 베드로가 통곡의 눈물을 흘리며 자신의 과오를 깊이 회개했기 때문입니다. 회개는 구원의 첫 관문임을 깨닫고 날마다 회개의 영을 부어달라고 기도해야 할 것입니다.

　예수님은 인간의 몸으로 오셨는데, 어떻게 밤새동안 잠도 자지 못한 상태에서 이곳저곳 끌려 다니면서 재판을 받고 그 무시무시한 십자가형을 받을 수 있었을까요? 예수님은 십자가가 하나님의 구원사역의 절정임을 알았기 때문에 이를 담대하게 감당하셨던 것입니다. 예수님은 하나님의 뜻에 불순종할 수 없어, 체포과정 뿐만 아니라 재판과정에서도 자신을 당당히 밝히고 순순히 이를 받아들였던 것입니다. 실제 예수님은 하나님의 아들이라서 얼마든지 천상의 군대들을 통하여 로마군병들을 물리칠 수 있었지만, 하나님의 뜻에 온전히 순종하고자 폭력을 행사하는 베드로를 나무라고 말고의 귀를 고쳐주시기까지 하셨던 것입니다. 하나님의 뜻에 순종하는 사명자만이 진정한 신앙의 용기를 소유하는 것 같습니다.

　끝으로 대제사장의 행태를 고발하지 않을 수 없습니다. 종교지도자라면 하나님의 종으로서 누구보다도 하나님의 뜻과 율법의 정신을 지켜야 함에도 자신들의 기득권을 유지하고자 불법을 저지른 것입니다. 로마군인들과 야합하고 은밀한 불법재판을 저지르며 결국 빌라도를 위협하여 십자가형을 선고하게 만들었습니다. 예수님이 십자가형을 당함으로써 그들은 소기의 목적을 달성했다고 좋아했을지 모르지만 예수님의 예언대로 헤롯성전이 로마군대에 무참히 파괴된 이후로 역사에서 사라졌습니다. 오히려 제자들은 예루살렘 교회를 설립하여 복음의 역사를 펼쳐 나갔습니다. 우리의 인생도 영원한 승리자가 되도록 하나님의 뜻에 순종하는 삶을 살아가야 할 것입니다.

Letter 47

십자가에서 남긴 말씀

요 19:23-30

예수께서 자기의 어머니와 사랑하시는 제자가 곁에 서 있는 것을 보시고 자기 어머니에게 말씀하시되 여자여 보소서 아들이니이다 하시고 또 그 제자에게 이르시되 보라 네 어머니라 하신대 그 때부터 그 제자가 자기 집에 모시니라 그 후에 예수께서 모든 일이 이미 이루어진 줄 아시고 성경을 응하게 하려 하사 이르시되 내가 목마르다 하시더라, 예수께서 신 포도주를 받으신 후에 이르시되 다 이루었다 하시고 머리를 숙이니 영혼이 떠나가시니라(26-28,30)

본문은 예수님이 숨지시기 직전 십자가 위에서 하신 말씀입니다. 예수님은 요한복음에서는 세 말씀, 다른 복음서에서는 네 말씀을 하시는 등 모두 일곱 말씀을 하셨습니다. 이를 예수님의 가상칠언(架上七言)이라고 합니다. 그 내용은 ① 아버지 저들을 사하여 주옵소서 자기들이 하는 것을 알지 못함이니이다(눅 23:34), ② 내가 진실로 이르노니 오늘 네가 나와 함께 낙원에 있으리라(눅 23:43), ③ 여자여 보소서 아들이니이다… 보라 네 어머니라(요 19:26-27), ④ 엘리 엘리 라마 사박다니(나의 하나님,

나의 하나님 어찌하여 나를 버리셨나이까)(마 27:46, 막 15:34), ⑤ 내가 목마르다(요 19:28), ⑥ 다 이루었다(요 19:30), ⑦ 아버지 내 영혼을 아버지 손에 부탁하나이다(눅23:46) 입니다. 가상칠언은 예수님이 십자가 사역을 이루면서 하신 말씀이기 때문에 특별한 의미가 있습니다. 참고로 예수님의 십자가 사역은 구약의 이사야서(53장)와 시편(22편)의 말씀을 성취한 메시아의 구원 사역입니다.

예수님의 가상칠언은 그가 살아온 삶을 단적으로 웅변하고 있습니다. 이를 차례로 요약하면 용서의 삶, 구원의 삶, 사랑의 삶, 고독의 삶, 목마름이 있는 가난의 삶, 하나님의 의를 이루는 삶, 영원한 영혼의 삶이라 할 수 있습니다. 이는 실로 세상이 원하는 부와 권세와 명예를 버리는 삶이며, 자기를 부인하고 남을 섬기는 겸손의 삶입니다. 예수님의 제자들이 따라가야 할 삶인 것입니다(막8:34). 참고로 예수님의 십자가 보혈은 구약의 유월절 어린 양의 피와 같이 하나님의 심판으로부터 사람을 살리는 속죄의 피입니다. 십자가는 기독교의 본질이자 기초입니다. 십자가 없이는 죄 사함도 없고 부활도 없기 때문에 기독교가 존재할 수도 없는 것입니다.

가상칠언의 뜻을 간략히 살펴봅시다. 첫 번째 말씀은, 평소 예수님이 '원수를 사랑하고 너희를 박해하는 자를 위하여 기도

하라'(마 5:44), '용서는 일곱 번씩 일흔 번이라도 하라'고 하신 말씀과 맥을 같이 합니다. 인간적으로는 도저히 그들을 용서할 수 없지만, 예수님은 사랑과 용서의 삶을 사셨기 때문에 가능했던 말씀입니다. 참고로 스데반 집사도 순교시 위와같은 말을 하였는데 이는 성령과 믿음이 충만했기 때문에 가능했다고 믿습니다. 예수 제자의 삶을 살아가기 위해서는 말씀으로 믿음 충만하고 기도로 성령 충만해야 할 것입니다. 두 번째 말씀은, 예수님이 구원자이심을 선포하시는 놀라운 말씀입니다.

세 번째 말씀은, 예수님의 효심과 함께 끝까지 사랑하시는 예수님의 모습을 담고 있습니다. 참고로 다른 제자들은 다 순교의 길을 걸어 갔지만 사도 요한은 예수님의 당부에 따라 마리아를 잘 모신 결과 장수하였을 뿐만 아니라 마지막 성경책인 요한계시록을 기록하는 축복을 받았습니다. 우리도 예수님을 본받아 십계명의 5계명인 부모 공경에 힘써야 하겠습니다. 네 번째 말씀은, 자기를 버리셨다고 하나님께 원망과 절망을 나타낸 것이 아니라, 시편22편의 시인처럼 구원의 하나님을 절대적으로 신뢰하는 믿음의 역설적 표현으로 이해해야 합니다. 버리심이란 죄값을 치루시는 속량(대속)의 모습입니다. 진정 예수님은 자기 목숨을 많은 사람의 대속물로 주려고 이 땅에 오신 것입니다(막 10:45).

다섯 번째 말씀은, 예수님이 우리의 모든 죄를 씻기 위하여 피를 다 쏟아내고 자기를 다 비워내셨음을 뜻합니다. 예수님은 우리를 구원하시기 위해 십자가 위에서 극심한 육체적 고통을 감당하신 것입니다. 자신을 구약 제사의 화목제물로 바친 것입니다. 여섯 번째 말씀은, 하나님의 구원이 십자가 위에서 완성되었다는 선언입니다. 당시 그동안 대제사장만 들어갈 수 있는 성전(지성소)의 휘장이 갈라졌는데 이는 모든 사람이 하나님께 직접 나아갈 수 있음을 상징적으로 보여준 것입니다. 즉 예수님이 하나님의 뜻인 구원의 대속 사역을 온전히 이루었음을 뜻합니다. 일곱 번째 말씀은, 하나님이 우리의 생사화복을 주관하시고 영생을 주시는 분이심을 고백하는 것입니다. '나는 부활이요 생명이다'는 예수님의 선언(요 11:25)과 맥을 같이 하는 말씀입니다. 우리 모두 가상칠언의 참 뜻을 깨달아 십자가에 달리신 예수님을 바라보며 부활의 소망을 가지고 주님 안에서 승리하는 삶을 살아갑시다.

Letter 48

부활의 첫 증인

요 20:1-18

안식 후 첫날 일찍이 아직 어두울 때에 막달라 마리아가 무덤에 와서 돌이 무덤에서 옮겨진 것을 보고, 마리아는 무덤 밖에 서서 울고 있더니 울면서 구부려 무덤 안을 들여다 보니, 예수께서 마리아야 하시거늘 마리아가 돌이켜 랍오니 하니, 막달라 마리아가 갓 제자들에게 내가 주를 보았다 하고 또 주께서 자기에게 이렇게 말씀하셨다 이르니라 (1,11,16,18)

본문은 예수님의 부활에 대한 사도 요한의 기록입니다. 사도 요한은 막달라 마리아가 예수님의 부활을 가장 먼저 목격했다고 기록하고 있습니다. 막달라 마리아는 일곱 귀신 들린 여인으로 예수님으로부터 치유받은 후 예수님의 사랑에 보답하고자 예수님을 끝까지 섬긴 여인입니다. 그녀는 예수님의 발을 자신의 머리털로 닦고 향유를 발라 주었을 뿐만 아니라 다른 여인들과 함께 십자가 사건의 현장에서도 가장 오래 머물렀습니다(눅 8:2, 7:36-50, 마 27:56 참조). 그리고 예수님의 사체에 향료를 바르고자 안식일 다음 이른 새벽에 예수님의 무덤으로 갔다가 그

곳에서 부활의 예수님을 첫 번째로 목격하게 된 것입니다. 이는 하나님께서 그녀의 사랑과 헌신을 기쁘게 보시고 부활의 첫 증인이라는 축복을 주신 것 같습니다. 한편 예수님의 제자들은 예수님으로부터 생전에 수난과 함께 부활의 예고를 세 차례나 들었음에도 믿음이 부족한 나머지 부활의 첫 증인이 되지 못했습니다.

　예수님의 부활을 확신하고 있습니까? 많은 그리스도인들은 예수님의 부활이 성경에 기록되어 있다는 이유만으로 예수님의 부활을 믿고 있습니다. 그러나 단지 성경에 기록되어 있다고 하여 무조건 맹목적으로 믿는다면 우리의 믿음은 고난이 닥칠 때 자칫 모래 위에 있는 집처럼 무너질 수도 있습니다. 우리는 예수님의 부활 사건을 바로 알고 온전히 믿어야 합니다. 그럼 예수님의 부활이 진실인지 간략하게나마 살펴 봅시다. 예수님 부활 後 30년도 지나지 않은 시기에 기록된 복음서 뿐만 아니라 사도행전과 고린도전서에서도 예수님의 부활을 목격한 증인들의 이름이 상당히 있습니다. 만일 부활이 거짓이라면 버젓이 살아있는 증인들의 이름을 함부로 기록할 수 없었을 것입니다. 무엇보다도 예수님의 제자들은 예수님의 부활 후 순교로 복음을 전했는데, 부활이 거짓이라면 제자들이 굳이 자신들의 귀한 목숨을 잃으면서까지 부활을 전할 수 있었을까요? 사도 바울도 다메섹 도상에서 부활의 예수님을 만났다고 간증하면서 모든 기득권을 내려놓고 생명을 걸고 복음을 전했는데, 과연 부활이 없었다면 바울의 극적인 변화가 가능했을까요? 이런 점들을 종합하면 예수님의 부활을 진실로 받아 들일 수 밖에 없습니다.

기독교에 있어 예수님 부활의 중요성은 아무리 강조해도 지나치지 않습니다. 왜냐하면 십자가 사건만 있고 부활 사건이 없다면 십자가 사건의 의의와 능력도 의심을 받을 수 밖에 없기 때문입니다. 또한 부활은 십자가(죽음) 없이는 있을 수 없기 때문에 십자가와 부활은 따로 떼어 논할 수 있는 것이 아니라 불가분의 관계에 있습니다. 참고로 사도 바울은 고린도전서 15장에서 '만일 예수님의 부활이 없다면 복음도 헛것이요 믿음도 헛것이며, 우리가 바라는 것이 이 세상의 삶 뿐이므로 모든 사람 가운데 우리가 더욱 불쌍한 자'(14,19)라고 고백했습니다.

또한 기독교인의 신앙고백은 '예수님은 그리스도시요 하나님의 아들이심'을 믿는 것인데, 십자가는 예수님의 그리스도이심을, 부활은 하나님의 아들이심을 가장 상징적으로 증거하는 사건입니다. 진정 기독교의 진리는 십자가와 함께 부활 없이는 존립할 수 없습니다. 특별히 성령 강림은 예수님 부활과 밀접합니다. 부활하신 예수님은 제자들에게 '성령을 받으라, 하나님의 약속인 성령을 기다리라, 성령으로 세례를 받으라, 성령이 임하면 능력을 받을 것이다'(요 20:22, 행 1:4,5,8)고 거듭 성령을 말쓸하셨는데, 그에 따라 성령님이 강림하신 것입니다.

 끝으로 예수님의 부활을 확실하게 믿는다면, 믿음의 선진들이 이룩한 복음의 역사에 담대하게 동참해야 할 것입니다. 무엇보다도 먼저 성령 충만을 구해야 하겠습니다. 성령의 도우심과 인도하심이 없이는 복음의 증인된 삶을 살아갈 수 없기 때문입니다. 이번 고난주간 특별새벽예배를 통하여 성령의 충만함을 받고 부활절에 예수님을 만나기를 간구합시다.

Letter 49

하나님이 자랑하고 싶은 사람

욥 1:1-22

여호와께서 사탄에게 이르시되 네가 내 종 욥을 주의하여 보았느냐 그와같이 온전하고 정직하여 하나님을 경외하며 악에서 떠난 자는 세상에 없느니라, 사탄이 여호와께 대답하여 이르되 욥이 어찌 까닭 없이 하나님을 경외하리이까, 이제 주의 손을 펴서 그의 모든 소유물을 치소서 그리하시면 틀림없이 주를 향하여 욕하지 않겠나이까, 욥이 일어나 겉옷을 찢고 머리털을 밀고 땅에 엎드려 예배하며 이르되 내가 모태에서 알몸으로 나왔사온즉 또한 알몸이 그리로 돌아가올지라 주신 이도 여호와시오 거두신 이도 여호와시오니 여호와의 이름이 찬송을 받으실지니이다 하고 이 모든 일에 욥이 범죄하지 아니하고 하나님을 향하여 원망하지 아니하니라(8-11,20-22)

본문은 성경에서 고난의 상징 인물인 욥의 고난이 어떻게 일어나게 되었는지, 욥이 그 고난에 대하여 어떠한 믿음의 자세를 보였는지 등 욥기의 발단에 해당되는 말씀입니다. 욥이 과연 실존 인물인지 여부에 관한 신학적 논쟁이 있으나 대체로 족장 시대에 살았던 실존 인물로 보고 있습니다(야고보 5:11 참조). 욥은 동방의 의인으로 다복한 부자였지만 사탄에 의하여 모든 재산이 하루 아침에 없어지고 열 명의 자식들도 모두 죽는 엄청난 고난에 직면하게 됩니다. 문제는 이와같은 고난이 욥의 죄악으로 인하여 발생한 것이 아니고 하나님의 허락하에 일어났다는 점입니다. 그런데 욥은 자신에게 처한 도저히 이해할 수 없는 고난에 대하여 하나님께 원망하지 아니하고 오히려 하나님을 찬양했습니다. 참고로 욥기의 주제는 '의인의 고난'에 관한 것으로, 인간의 생사화복이란 하나님의 손에 달려있다는 것입니다. 의인은 고난을 당하지만 결국 축복을 받게 되고, 악인은 형통할지라도 필경 심판을 받게 된다는 것입니다.

하나님은 욥을 사탄에게까지 자랑하셨는데, 하나님이 자랑하고 싶은 사람은 어떤 사람일까요? 성경은 정직하고, 하나님을 경외하며, 악을 멀리하는 사람이라고 기록하고 있습니다(욥 1:1,8). 정직과 선행은 우리 모두 잘 아는 도덕적, 윤리적 가치이기 때문에 설명할 필요가 없으나, 하나님 경외는 성경적 개념이므로 성경말씀을 통하여 살펴봅니다. 하나님 경외(敬畏)는 하나님을 공경하면서 두려워하는 것으로 하나님에 대한 거룩한 두려움 곧 경건한 공경심입니다. 즉 하나님을 존경하는 마음으로 삼가 조심하는 것입니다. 하나님을 경외하는 것은 지식의 근본이요 지혜의 근본이며(잠 1:7, 9:10), 사람의 본분입니다(전 12:13).

하나님이 자랑하고 싶은 구약의 인물로는 노아, 욥, 모세, 여호수아, 다윗 등이 있습니다. 그리고 신약의 인물로는 복음서의 백부장(마 8:5-13), 수로보니게 여인(막 7:24-29), 사도행전의 백부장(행 11장) 등 모두 이방인들입니다. 이들의 공통점은 하나님에 대한 믿음이 좋다는 것입니다. 즉 하나님은 믿음이 좋은 사람을 자랑하시는데, 이는 믿음이 없이는 하나님을 기쁘게 할 수 없기 때문입니다(히 11:6). 또한 믿음의 목적은 영혼을 구원하는 것이므로(벧전 1:9), 믿음과 구원은 동전의 양낯처럼 뗄 수 없는 관계입니다.

욥의 신앙고백을 살펴봅니다. 욥은 한 순간에 그 많은 재산 뿐만 아니라 자식들까지 모두 잃었음에도 하나님을 원망하기는 커녕 하나님을 찬양하면서 '주신 이도 하나님이요 거두신 이도 하나님이시다'(1:21)는 놀라운 신앙고백을 합니다. 이는 욥이 우리 인생이 생사화복을 주관하시는 하나님의 손에 달려있음을 알았기 때문입니다. 우리는 잘 나갈 때는 하나님의 은총을 잊고 곧잘 자신을 자랑하곤 하지만, 어려울 때는 하나님께 의지하며 그때 비로소 모든 것이 하나님의 은혜였음을 깨닫곤 합니다. 참고로 자랑이란 자신이 아니라 다른 사람이 할 때 빛나는 것입니다. '주 안에서 자랑하라'고 한 사도 바울의 말씀처럼 하나님이 기뻐하시는 일만을 자랑해야 할 것입니다.

끝으로 우리가 만나는 고난의 대부분은 우리의 잘못으로 인하여 생기는 것이지만, 우리의 잘못도 없이 아무런 이유 없이 고난에 처하는 경우가 있는데, 이는 인과응보의 세상 논리로는 전혀 설명이 되지 않습니다. 그런데 욥기처럼 하나님께서는 우리의 믿음을 시험하고자 고난을 허락하신다는 것입니다. 이때 욥과 같이 모든 것을 하나님께 맡기고 하나님의 은총을 구하고 찬양할 수 있는 믿음을 갖도록 힘써야 하겠습니다. 야고보 사도의 권면처럼 시험을 만나거든 이를 기쁘게 여겨야 하겠습니다(약 1:2-4). 또한 하나님은 우리가 감당하지 못할 시험 당함을 허락하지 않으시고 벗어날 길도 마련해 주셔서 그 시련을 견디어 내게 하신다는 사실을 굳게 믿어야 하겠습니다(고전 10:13). 우리 모두 하나님은 모든 것이 합력하여 선을 이루시는 분이심을 굳게 믿고 하나님을 범사에 인정하는 삶을 살아갑시다(롬 8:28, 잠 3:5).

Letter 50
아버지의 훈계

잠언 4:1-19

아버지가 내게 가르쳐 이르기를 내 말을 네 마음에 두라 내 명령을 지키라 그리하면 살리라 지혜를 얻으며 명철을 얻으라 내 입의 말을 잊지 말며 어기지 말라 지혜를 버리지 말라 그가 너를 보호하리라 그를 사랑하라 그가 너를 지키리라(4-7)

본문은 어버이주일을 맞이하여 부모가 자녀에게 주는 교훈과 훈계에 관한 잠언 말씀입니다. 부모와 자식간의 중요한 문제 중 하나는, 부모는 자식을 어떻게 양육해야 하고, 자식은 부모를 어떻게 모셔야 하는가? 라고 생각합니다. 성경의 답은 이렇습니다. 부모는 자식을 노엽게 하지 말고 주의 교양과 훈계로 양육해야 하며, 자식은 부모를 공경하고 순종해야 한다는 것입니다(엡 6:1-4, 골 3:20-21). 우리는 부모인 동시에 자식입니다. 오늘 성경 말씀을 통하여 어떻게 살아가야 할지 묵상하는 귀한 시간을 갖기 바랍니다.

본문 잠언 말씀의 요지는 '지혜를 소중히 여기라, 악인의 길을 걷지 말라'는 것입니다. 지혜란 우리를 지켜주고 존귀하게 하며 우리에게 아름다운 화관과 영광스러운 왕관을 씌어 줄 정도로 으뜸이니, 이를 가슴에 품어야 한다고 권면하고 있습니다(잠 4:6-9). 그리고 악인의 길은 캄캄하여 넘어져도 무엇에 걸려 넘어졌는지 알지 못한 반면 의인의 길은 돋틀 때의 햇살 같아서 대낮이 될 때까지 점점 더 빛나니, 악인의 길을 걷지 말고 의인의 길을 걸으라고 합니다(잠 4:14-19). 우리 모두는 하나님을 경외하는 것이 지혜의 근본이므로(잠 9:10), 지혜를 얻기 위하여 하나님을 경외하는 훈련, 즉 예배에 힘써야 할 것입니다. 또한 의인의 길은 하나님이 인정하나 악인의 길은 망한다고 경계(警戒)한 성경의 지혜서 말씀을 깊이 새겨야 할 것입니다(시 1장).

부모가 자녀에게 어떠한 교훈과 훈계를 하는 것이 가장 좋을까요? 우리는 세상의 생존 방법과 세상적인 관행인 성공, 출세, 재력, 외모 보다 성경적 가치인 정직, 사랑, 공의, 성실을 가르쳐야 합니다. 왜냐하면 세상적인 권력과 재력의 경우 매력은 분명 있지만, 인간 행복의 본질인 사랑과 평안과 기쁨이란 권력과 재력만으로 결코 얻을 수도 받을 수도 없기 때문입니다. 세상적인 것은 눈에 보이나 일시적이고 유한한 반면, 하늘의 것은 눈에는 보이지 않지만 영원불변합니다(요일 2:15-17 참조). 특히 성경은 우리에게 악인의 형통과 의인의 고난에 대하여 분명히 말합니다. 악인의 형통은 언젠가 반드시 심판을 받지만 의인의 고난은 비교할 수 없을 정도로 영원하고 크나큰 영광을 이루어 준다는 것입니다. 따라서 우리는 눈에 보이는 세상적인 것이 아닌 눈에 보이지 않는 영원한 것, 하늘의 것을 자녀에게 가르쳐야 할 것입니다(고후 4:17-18). 이때 중요한 것은 훈계를 함에 있어 자녀들을 노엽게 해서는 안된다는 것입니다. 이는 자칫 교훈을 한다는 이유로 그들을 낙심시킬 수 있기 때문입니다(골 4:21).

다들 알다시피 성경은 교훈과 책망과 바르게 함과 의로 교육하기에 유익하고 하나님의 사람을 유능하게 하며 선한 일을 할 수 있게 하므로(딤후 3:16-17), 자녀들에게 성경적 진리를 가르치는데 힘써야 할 것입니다. 그렇다면 성경적 가르침으로는 어떤 것들이 있을까요? 예를 들면 구약에서는 '공의를 실천하며 인자를 사랑하며 겸손히 하나님과 함께 행하라'는 미가 선지자의 말씀을 들 수 있겠습니다(미 6:8). 신약에서는 예수님의 산상수훈의 말씀(마 5-7장)과 함께 '순결하고 평화스럽고 친절하고 온순하고 자비와 선한 열매가 풍성하고 편견과 위선이 없도록 하라'는 야고보 사도의 말씀(약 3:17-18), 사도 바울의 권면의 말씀(롬 12:9-21) 등을 들 수 있겠습니다.

끝으로 자녀들은 부모의 교훈과 훈계에 대하여 어떻게 행하는 것이 옳을까요? 성경은 자녀들은 부모의 교훈과 훈계에 순종하라고 명하고 있습니다. 왜냐하면 순종하는 것이 옳은 일이고 또한 하나님을 기쁘게 하는 일이기 때문입니다(엡 6:1, 골 3:20). '네 부모를 공경하라'고 하신 십계명 중 5계명에는 '그리하면 네가 잘 되고 땅에서 오래 살 것이다'는 하나님의 약속이 딸려 있습니다. 우리가 원하는 소위 부귀장수의 삶을 살기 위해서는 부모를 공경해야 합니다. 어버이날을 맞이하여 부모님을 깊이 돌아보는 귀한 시간을 가집시다.

Letter 51

욥의 고백

욥 42:1-9

내가 주께 대하여 귀로 듣기만 하였사오나 이제는 눈으로 주를 뵈옵나이다 그러므로 내가 스스로 거두어들이고 티끌과 재 가운데에서 회개하나이다 (5-6)

 본문은 욥기의 결론에 해당되는 말씀입니다. 욥기는 발단인 욥의 고난(1-2장), 욥의 친구들과의 논쟁(3-37장), 하나님의 질풍노도와 같은 질문을 통한 계시(38-41장), 결론인 욥의 회복(42장) 등 크게 4부분으로 구성되어 있습니다. 다들 아시다시피 욥은 하나님이 사탄에게 자랑하고 싶을 정도로 의인임에도 하나님의 허락하에 까닭없는 고난을 당합니다. 이에 친구들은 욥의 고난의 원인은 바로 욥의 죄 때문이라고 변론하고, 젊은 현인 엘리후 조차도 욥이 자신을 의인이라고 주장한다는 이유로 욥을 정죄하는 등 욥의 고난의 원인을 인과응보의 논리로 판단하는 데 그쳤을 뿐, 욥의 고난에 하나님의 섭리가 있다는 것을 알지 못했습니다. 인간이란 초월적인 하나님의 섭리를 다 이해할 수 없는 존재에 불과합니다.

한편 욥은 자신의 고난에 대하여 하나님에게 불평할 뿐만 아니라 친구들의 변론과 엘리후의 중재도 전혀 받아들이지 않는 등 자신에게는 고난을 받을 하등의 잘못이 없다고 주장합니다. 이때 하나님께서 욥에게 나타나셔 두 번의 질문을 합니다. 첫째는 땅과 바다의 경이로움, 하늘의 경이로움, 동물계의 경이로움 등 하나님의 전지전능하심을 드러내시면서 '사람이 하나님과 어떻게 다툴 수 있느냐'고 묻습니다(38-39장). 둘째는 인간이 과연 '베헤못'과 '리워야단' 같은 강하고 두려운 동물을 다스릴 수 있는지를 물으시면서 인간의 무력함을 통렬하게 깨닫게 합니다. 이에 욥은 하나님의 능력이 전 창조물에 미치심과 함께 하나님이 온 세상을 다스리신다는 것을 인정하지 않을 수 없었습니다.

그동안 욥은 자신의 부족함과 잘못을 전혀 인정하지 않았고 회개를 촉구하는 엘리후의 요구도 거부했지만, 하나님의 질문 앞에서 마침내 그 유명한 고백과 회개를 하게 됩니다. '주님께서는 못하시는 일이 없으시다는 것을 이제 알았습니다. 주님의 계획은 어김없이 이루어진다는 것도 이제 깨달았습니다. 잘 알지도 못하면서, 감히 주님의 뜻을 흐려 놓으려 한 자가 바로 저입니다. 깨닫지도 못하면서, 함부로 말을 하였습니다. 제가 알기에는, 너무나 신기한 일들이었습니다. 주님이 어떤 분이시라는 것을 지금까지는 제가 귀로만 들었습니다. 그러나 이제는 제가 제 눈으로 주님을 뵙습니다. 그러므로 제 주장을 거두어들이고, 티끌과 잿더미 위에 앉아서 회개합니다'(42:2-6 새번역 성경). 욥은 하나님을 전적으로 신뢰하게 되었습니다.

위와같이 욥이 회개하자, 하나님은 욥에게 고난 이전보다 갑절의 축복을 허락하셨습니다. 고난의 대부분은 우리의 잘못과 죄악으로 말미암아 생기지만, 욥기에서는 욥의 고난 과정을 통하여 인간의 이성과 상식을 초월하는 하나님의 섭리로 인하여 고난이 있을 수 있음을 기록하고 있습니다. 우리도 뜻하지 않은 고난이 우리 삶에 나타났을 때 이를 불평하거나 원망하기 보다는, 이를 허락하신 하나님의 뜻과 섭리를 찾도록 힘써야 하겠습니다. 물론 고난을 허락하신 하나님의 뜻을 쉽사리 헤아리기는 어렵지만, 거룩하고 겸손한 마음으로 말씀 묵상과 기도에 힘쓰다보면 하나님의 때에 하나님의 방법으로 고난을 물리쳐 주시고, 욥과 같은 갑절의 축복도 주시리라 믿습니다. '고난은 축복의 통로'라는 말이 있듯이, 우리 모두 믿음으로 우리 앞에 놓인 고난을 이겨 하나님이 예비하신 축복을 체험합시다. 이때 욥의 고백처럼 하나님에 대하여 귀로 들어 아는 것보다 하나님을 눈으로 보고 아는 것이 중요합니다.

Letter 52

복 있는 사람

시편 1:1-6

복 있는 사람은 악인들의 꾀를 따르지 아니하며 죄인들의 길에 서지 아니하며 오만한 자들의 자리에 앉지 아니하고 오직 여호와의 율법을 즐거워하여 그의 율법을 주야로 묵상하는도다(1-2)

　본문은 시편 23편과 더불어 그리스도인들이 가장 많이 애송하는 시편 말씀 중 하나입니다. 시편 1편은 시편 전체를 여는 열쇠와도 같은, 시편의 총론이자 제목이라 할 수 있습니다. 주제는 의인의 형통과 악인의 심판입니다. 참고로 시편은 이스라엘의 찬송가, 구약의 축소판, 또 하나의 성경이라는 별칭을 갖고 있을 정도로 이스라엘의 율법과 역사, 예언과 묵시, 지혜의 신앙을 담고 있습니다. 시편 150편의 구조는 모세 오경에 맞추어 5권으로 구성되어 있으며, 주요 내용은 하나님을 향한 감사, 찬양, 탄원, 참회 등입니다. 다윗이 시편 150편 중 73편을 지었기 때문에 시편 곳곳에서 다윗의 신앙을 엿볼 수 있습니다.

시편 1편의 제목을 붙인다면 '참된 행복' 또는 '복 있는 사람'이라고 할 수 있습니다. 복 있는 사람은 누구일까요? 성경이 말하는 복 있는 사람은 권력, 재물, 명예 등 세상적인 복을 가진 사람이 아니라 선하고 의롭고 겸손한 사람입니다. 즉 악인의 꾀, 죄인의 길, 오만한 자의 자리와는 거리가 먼 사람입니다. 예수님의 산상수훈 중 팔복의 사람과 같습니다. 또 하나님의 율법을 즐거워하여 주야로 묵상하는 자를 복 있는 사람이라고 합니다. 따라서 참된 행복을 누리기 위해서는 하나님 말씀을 통하여 하나님의 뜻을 분별하여 착하고 겸손하게 의인의 삶을 살아야 할 것입니다.

성경에서 말하는 복 있는 사람의 모습은 어떤 것일까요? 시냇가에 심은 나무처럼 때를 따라 열매를 맺으며 그 잎사귀가 마르지 아니함같이 하는 일마다 다 형통하다는 것입니다. 물을 충분히 공급받고 자라는 나무와 메마른 땅에서 자라는 나무와는 그 꽃과 잎과 열매가 분명 다릅니다. 하물며 시냇가에 심긴 나무는 사시사철 물을 공급받고 있으니 얼마나 건실하겠습니까? 하나님을 가까이 하는 사람은 물 댄 동산과 물이 끊어지지 아니하는 샘과 같아 영육간에 강건함의 축복을 받습니다(사58:11). 모세는 생사화복의 길이란 우리의 선택에 달려있다고 말합니다(신30:15-16). 옛 사람의 길을 걸어가면 사망과 저주의 심판을 받지만, 새 사람으로 변화되어 주님이 명하신 사랑과 섬김의 길을 걸어가면 생명과 축복을 받습니다.

또 시편은 의인의 형통함과 함께 악인의 심판을 경고하고 있습니다. 악인은 형통한 삶을 살지 못할 뿐만 아니라 심판의 그날 바람에 나는 겨와 같이 버려져 천국으로 들어갈 수 없다는 것입니다. 즉 악인의 길은 지옥으로 이어져 멸망하고, 의인의 길은 천국으로 이어진다는 것입니다. 우리는 하나님의 형상을 따라 지음을 받은 존재이기 때문에 의인의 길을 걸어가기를 사모하고 간절히 원하지만, 막상 우리의 삶을 돌아보면 그렇지 못할 때가 많습니다. 어떻게 의인의 길을 걸어갈 수 있을까요? 성경은 말합니다. 오직 예수 그리스도를 믿으면 십자가 보혈의 공로로 죄인인 우리가 의롭게 된다는 것입니다. 그렇습니다. 믿음은 우리를 의롭다고 인정하는 칭의의 길로 걷게 합니다. 구원의 시작인 칭의의 길을 걷다 보면 성령님의 도움으로 구원의 과정인 성화의 길로 들어서게 됩니다. 그 성화의 길을 끝까지 걸어가면 천국문으로 이어져 구원의 완성인 영화에 이르게 됩니다. 이처럼 믿음과 성령으로 영생의 구원을 받습니다.

성령은 어떻게 받을 수 있을까요? 누누히 말씀 드리듯이 성령을 받기 위해서는 회개하고 예수 그리스도의 이름으로 세례를 받아 죄 사함을 받아야 합니다(행2:38). 즉 회개와 함께 믿음의 고백을 해야 합니다. 믿음이 없으면 성령을 받을 수 없기 때문에 믿음을 갖기 위하여 하나님의 말씀을 들어야 합니다(롬10:17). 또 성령은 하나님의 선물이므로 사모하고 구해야 합니다. 따라서 성령을 받기 위해서는 날마다 말씀의 거울에 비쳐진 우리의 모습을 회개해야 하고, 믿음의 기도로 성령의 임재를 구해야 할 것입니다. 우리 모두 성령 충만함으로 참된 행복의 삶을 살아갑시다.

Letter 53

좋은 목자이신 하나님

시 23편

여호와는 나의 목자시니 내게 부족함이 없으리로다 그가 나를 푸른 풀밭에 누이시며 쉴만한 물 가로 인도하시는도다(1-2)

시편 23편은 유대인이나 기독교인들이 가장 애송하는 시이자 신앙고백일 것입니다. 이 시의 작자인 다윗은 목동 시절 양을 직접 친(돌보는) 생생한 체험을 통하여 하나님과 우리의 관계를 목자과 양으로 비유하여 하나님의 선하심과 인자하심을 높이 찬양하고 있습니다. 예수님도 평소 시편 23편을 즐겨 묵상하셨기 때문에 자신을 선한 목자로 선언하셨을 뿐만 아니라(요 10:11), 베드로의 신앙을 회복시키기 위하여 세 번에 걸쳐 '내 양을 먹이고 치라'고 당부하셨던 것 같습니다(요 21:15-17). 참고로 예수님은 천국의 복음을 전하고 진리를 가르치실 때 구약의 말씀 특히 시편, 신명기, 이사야서 의 말씀을 많이 인용하셨습니다.

이처럼 시편 23편은 목자와 양의 관계를 빗대 하나님을 좋은 목자로 찬양하고 있습니다. 목자와 양의 관계를 먼저 살펴보면, 목자는 양을 치기 때문에 어느 누구보다 양을 잘 알고 있습니다. 목자의 기본적인 사명은 양을 키우기 위하여 풀과 물을 먹이고, 사나운 짐승의 공격으로부터 보호하며, 밤에는 우리(pen)로 잘 인도하여 쉬게 하는 것입니다. 이에 목자는 양무리를 때를 따라 푸른 초장, 쉴만한 물가로 인도해야 하고, 때론 사나운 짐승으로부터 양의 생명을 지키기 위하여 자기 목숨을 희생당하기도 하며, 밤에도 제대로 잠을 자지 못한 채 양을 보호해야 합니다. 게다가 양은 게으르고 더럽고 앞을 잘 못보기 때문에 이를 잘 관리하기 위해서는 항상 옆에서 잘 살펴야 합니다.

 그렇다면 다윗이 찬양한 좋은 목자이신 하나님은 어떤 분이실까요?
 첫째, 양에게 철을 따라 꼴을 충분하게 먹여 주는 좋은 목자처럼, 하나님은 우리에게 때를 따라 좋은 것을 풍성하게 주시는 공급자이십니다. 사도 바울도 하나님은 그리스도 예수 안에서 영광 가운데 그 풍성한 대로 우리에게 모든 쓸 것을 채우신다고 고백하고 있습니다(빌 4:19). 그렇습니다. 예수님은 우리로 생명을 얻게 하고 더 풍성히 얻게 하시려고 이 땅에 오셨습니다(요 10:10). 그러므로 우리 모두는 경제적으로 어려울 때 우리의 부족함을 다 아시고 일용한 양식은 물론 우리의 필요를 풍성히 채워 주시는 하나님께 예수 그리스도의 이름으로 간절히 구해야 할 것입니다.

둘째, 양들을 생명의 길로 인도하며 사나운 짐승으로부터 자신의 목숨을 버리면서까지 보호하는 좋은 목자처럼, 하나님은 우리의 영혼을 소생시키시고 의의 길로 인도하시며 어떠한 고난과 역경 속에서도 우리를 지켜주시는 보호자이십니다. 그렇습니다. 하나님은 독생자 예수님의 속량하심으로 우리를 죄의 심판으로부터 구원하여 생명의 길, 의의 길로 인도해 주셨습니다. 또한 하나님께서 그 옛날 아브라함과 이삭과 야곱과 함께하신 것처럼 오늘도 우리와 함께 하심을 굳게 믿어야 합니다. 우리 모두는 임마누엘 하나님이 항상 우리를 돌보시므로 모든 염려를 주께 맡기며(벧전 5:7), 세상에서 환난을 당할지라도 담대하게 살아가야 할 것입니다(요 16:33).

셋째, 밤에 양을 우리로 데리고 가 편안한 밤을 보내게 하는 좋은 목자처럼, 하나님은 이 세상의 삶이 끝나면 우리를 사탄과 마귀로부터 자유로운 천국으로 인도하시는 인도자이십니다. 또한 하나님은 우리를 끝까지 사랑하시므로 원수의 목전에서도 우리에게 상을 베푸시고 축복을 부어주시는 분입니다. 위와같이 하나님은 우리의 좋으신 공급자, 보호자, 인도자이시므로 날마다 하나님의 선하심과 인자하심을 찬양하며 하나님 앞으로 더 가까이 가도록 힘써야 할 것입니다. 로마서 말씀대로 하나님의 선하시고 기뻐하시고 온전하신 뜻을 분별하여 그 뜻을 구하고 행하며 살아가야 할 것입니다(12:2). 하나님이 사랑하는 자의 머리에 기름을 부어주시듯 우리에게도 성령을 부어주시도록 간절히 기도해야 할 것입니다.

선한 목자이신 주님, 하나님의 집에 영원히 살겠다는 다윗의 고백이 우리의 고백이 되게 하옵소서

Letter 54

회개하는 마음

시편 51:1-19

하나님이여 내 속에 정한 마음을 창조하시고 내 안에 정직한 영을 새롭게 하소서 나를 주 앞에서 쫓아내지 마시며 주의 성령을 내게서 거두지 마소서, 하나님이 구하시는 제사는 상한 심령이라 하나님이여 상하고 통회하는 마음을 주께서 멸시하지 아니 하시리이다(10,11,17)

본문은 회개에 관한 성경의 대표적 말씀으로 다윗 왕이 지은 참회시입니다. 다윗은 목동 시절 블레셋의 골리앗과의 싸움에서 승리한 후 사울 왕의 사위가 되었으나, 사울 왕의 시기로 인하여 10년간 도피하다가 30세에 유다지파의 왕이 되고, 7년 후 이스라엘 통일왕국의 왕으로 추대받았습니다. 이어 다윗은 주변국과의 전쟁에서 승승장구하면서 이스라엘 역사에 있어 최고의 왕이 되었습니다. 이는 법궤를 다윗 성으로 옮기고, 하나님의 성전을 건축하려고 했으며, 전쟁때마다 전쟁 여부를 하나님께 물어보는 등 하나님에 대한 독실한 믿음 때문이었습니다. 그런데 다윗은 암몬과의 전쟁 중 전쟁에 나가지 않고 왕궁에 있다가 궁 밖에서 목욕하던 밧세바를 보고 정욕을 이기지 못한 채 간음의 죄를 저질렀으며, 이로 인하여 밧세바가 임신을 하게 되자 이를 은폐하기 위하여 밧세바의 남편 우리아 장군을 전쟁의 선봉에 서게 하여 전사하게 했습니다. 이에 하나님은 나단 선지자를 통하여 다윗을 책망했습니다. 이때 다윗이 회개하며 지은 참회시가 바로 오늘 말씀입니다.

회개란 잘 아시다시피 자신의 죄를 뉘우치고 하나님께로 돌아가 용서를 받는 신앙적 행위입니다(호 6:1, 사 55:7). 다윗이 십계명인 간음과 살인의 죄를 지었음에도, 성경에서는 다윗을 하나님의 마음에 맞는 사람이라고 하고(행 13:22), 다윗을 역대 왕들에 대한 올바른 신앙의 기준으로 삼았을 뿐만 아니라(왕하 15:11, 18:3, 22:2), 늙도록 부하고 존귀를 누린 위대한 신앙의 사람으로 기록하고 있습니다(대상 29:28, 히 11:32). 왜 성경은 다윗을 믿음 좋은 사람으로 가장 많이 인용하고 있을까요? 그 이유는, 그가 하나님 앞에서 자신의 죄악을 진심으로 회개하여 용서를 받고 믿음을 지켰기 때문입니다. 하나님은 진심으로 회개하면 죄를 용서해 주겠다고 수없이 약속하고 있습니다(대하 7:14, 사 55:7 등). 세례 요한과 예수님의 첫 일성도 '회개하라 천국이 가까이 왔느니라'(마 3:1,4:17)이고, 요한계시록의 일곱 교회에 보내는 편지에서도 책망받은 교회들에게 회개의 경고와 권면을 하고 있습니다(계 2~3장). 진정 회개는 죄인에게도 천국 구원의 문을 열어 주는 열쇠와 같습니다.

　인간이란 육신의 정욕과 안목의 정욕과 이생의 자랑인 세상적인 것들로부터 결코 자유로울 수 없는 연약하고 이기적인 존재이기 때문에 죄를 짓지 않을 수 없습니다(요일 2:16, 롬 3:10). 그리고 죄를 지으면 살아있는 것 같으나 영적으로 죽은 것과 같고, 육적으로도 말라빠지고 뼈 속에서 진액이 빠지는 것과 같은 고통을 받게 됩니다. 그러므로 죄인인 우리는 날마다 하나님 앞에 나아가 회개하며 우리의 죄를 용서받아야 합니다. 오직 믿음으로 하나님의 긍휼하심을 따라 십자가 보혈에 의한 구속의 은총을 구해야 합니다.

　그럼 참 회개는 어떻게 해야 하는 것일까요? 첫째, 하나님께 죄인임을 고백하며 긍휼과 자비하심으로 죄를 씻어달라고 애원해야 합니다(시 51:2,4). 단순히 말로만 자신의 죄를 뉘우치는데 그치지 말고 눈물로 애통하며 하나님께 매달려야 합니다. 둘째, 하나님께 성령을 거두지 마시고 마음과 영을 새롭게 해 달라고 간구해야 합니다(시 51:10,11). 성령은 우리를 새롭게 하시는 영입니다(딛 3:5). 성령이 없이는 새 사람으로 변화될 수 없기 때문에 성령을 풍성히 부어 주시라고 부르짖어야 합니다(딛 3:6). 셋째, 회개에 합당한 삶을 살아야 합니다(시 51:16,17). 단순히 제물만을 드리는 예배가 아니라 상하고 통회하는 심령으로 신령과 진정의 예배를 드려야 합니다. 그럴 때 하나님은 찾아오셔서 구원해 주실 것입니다(요 4:23, 시 34:18).

무엇보다도 회개에 있어서 중요한 것은 뉘우침만으로 끝나는 것이 아니라 회개에 합당한 열매를 맺어야 합니다(눅3:8). 즉 말로만 뉘우치는 것에 그치지 말고 행함으로까지 나아가야 합니다. 참 회개는 행함이 뒤따르는 회개입니다. 성경에서 회개에 합당한 열매를 맺은 가장 대표적인 사례는 세리장 삭개오의 회개라고 할 수 있습니다. 삭개오는 자신의 죄악을 뉘우치며 자신의 재산 절반을 가난한 사람들에게 주겠고 또 토색하는 것이 있으면 네 배로 갚겠다고까지 했습니다(눅19:1-10). 우리는 알게 모르게 크고 작은 죄를 지으면서 살아가고 있는 연약한 존재이므로, 다윗과 삭개오처럼 회개에 합당한 열매를 맺으며 살아가야 하겠습니다.

Letter 55

여호와께 맡기는 신앙

잠언 16:1-10

마음의 경영은 사람에게 있어도 말의 응답은 여호와께로부터 나오느니라 사람의 행위가 자기 보기에는 모두 깨끗하여도 여호와는 심령을 감찰하시느니라 너의 행사를 여호와께 맡기라 그리하면 네가 경영하는 것이 이루어지리라. 사람이 마음으로 자기의 길을 계획할지라도 그의 걸음을 인도하시는 이는 여호와시니라(1-3,9)

본문은 우리의 모든 일이 하나님의 손에 달려있다는 내용입니다. 본문의 핵심 요절인 **사람이 마음으로 자기의 길을 계획할지라도 그의 걸음을 인도하시는 이는 여호와시니라**(잠 16:9)는 말씀처럼, 우리가 어떤 일을 함에 있어 모든 지혜와 능력을 동원하여 계획하고 추진할지라도 하나님께서 도와주시지(허락하시지) 아니하면 이를 성취할 수 없다는 것입니다. 즉 여호와 하나님께 맡기면 경영하는 것이 이루어진다는 것입니다(16:3). 그렇습니다. 기독교 신앙의 본질은 창조주 하나님께서 우리 인생의 생사화복을 주관하신 분이심을 믿고 그 분께 우리 인생을 맡기는 것입니다. 우리는 하나님의 섭리와 주권을 믿고 하나님을 의지하며 살아야 합니다. 그런데 우리의 삶을 돌아보면 하나님이 원하시는 삶보다 우리 자신의 축복과 번영을 구할 때가 많습니다. 머리로는 하나님께 맡기는 믿음생활을 해야 한다는 것을 알면서도 믿음이 부족한 나머지 실상은 이기적이고 편안한 삶을 더 원합니다. 그러나 복된 삶을 누리기 위해서는 하나님께 온전히 맡기는 삶을 살아야 합니다.

우리 인생을 하나님께 맡기는 이유는 무엇일까요?
첫째, 하나님은 우리를 창조하신 전지전능하신 분이시고 우리의 삶을 다스리시는 절대 주권자이시기 때문입니다. 하나님은 우리를 하나님의 형상을 따라 창조하셨기 때문에 우리의 모든 것을 아십니다(시139:1-3). 토기가 토기장이의 손에 의하여 빚어지고 만들어지듯이, 피조물인 우리의 생사화복 역시 창조주 하나님의 손에 달려 있습니다. 따라서 우리는 하나님께 모든 것을 맡기고 순종하며 그 뜻대로 살아갈 때 복된 길, 생명의 길을 걸어갈 수 있습니다. 만일 불순종의 삶을 살아가면 필경 하나님으로부터 진노의 심판을 피할 수 없을 것입니다.

둘째, 하나님은 말씀하신 약속을 반드시 이루시는 신실하신 하나님이시기 때문입니다. 하나님은 일찍이 아브라함, 이삭, 야곱에게 하신 땅과 후손에 관한 약속을 이루셨습니다. 특히 형에서를 피해 밤 중에 도피하는 야곱에게 나타나 하신 약속도 온전히 지켰습니다. 내가 너와 함께 있어 네가 어디로 가든지 너를 지키며 너를 이끌어 이 땅으로 돌아오게 할지라 내가 네게 허락한 것을 다 이루기까지 너를 떠나지 아니하리라 하신지라(창 28:15). 또한 이스라엘의 대적자인 발람 조차도 하나님의 신실하심을 찬양하지 않을 수 없을 정도로 하나님은 약속하신 말씀을 반드시 실행합니다. 하나님은 사람이 아니시니 거짓말을 하지 않으시고 인생이 아니시니 후회가 없으시도다 어찌 그 말씀하신 바를 행하지 않으시며 하신 말씀을 실행하지 않으시랴(민 23:19). 그렇습니다. 하나님은 일을 행하시는 분이시고 그것을 만들며 성취하시는 신실하신 분이시기 때문에(렘 33:2), 우리는 우리를 향한 하나님의 약속을 굳게 믿고 하나님께 모든 것을 맡기는 삶을 살아야 합니다.

셋째, 하나님은 우리와 함께 하시는 임마누엘 하나님이시기 때문입니다. 하나님은 우리와 동행하면서 눈동자같이 우리를 돌보시며 지켜 주십니다. 다윗의 고백과 같이 우리가 사망의 음침한 골짜기로 다닐지라도 우리와 함께 하심으로 우리를 보호해 주십니다(시 23:4). 하나님이 함께 하시면 감옥에 있는 요셉도 범사에 형통했듯이(창 39:23), 우리의 삶도 범사에 형통하리라 믿습니다. 하나님은 분명 우리를 도우시는 에벤에셀의 하나님이시고(삼상 7:12), 우리 곁에 계시는 여호와삼마의 하나님이십니다(겔48:35).

따라서 우리는 신실하신 임마누엘 하나님께 우리의 인생을 맡겨야 합니다. 그런데 우리는 온전히 맡기지 못한 채 하나님과 세상 속에서 타협하며 살아가고 있습니다. 우리는 성령을 따라 행하지 아니하면 육체의 소욕을 따라갈 수 밖에 없는 존재입니다(갈5:16-19). 이에 우리는 날마다 하나님 말씀을 붙잡고 기도하며 성령의 도우심과 인도하심을 받아야 합니다. 성령의 충만함을 받고 성령을 따라 행할 때 비로소 우리는 모든 것을 하나님께 맡길 수 있으며, 우리의 계획과 행사도 하나님의 은혜로 형통할 것입니다. 진정 하나님을 의지하지 않은 인생은 교만과 거만함으로 말미암아 결국은 패망의 길에 설 것이고 끝내 넘어질 것입니다(잠 16:18). 우리 모두 하나님께 우리의 모든 행사를 맡기는 삶을 통하여 행복하고 평안한 인생을 살아갑시다.

Letter 56

창조주 하나님을 기억하는 삶

전도서 12:1-14

흙은 여전히 땅으로 돌아가고 영은 그것을 주신 하나님께로 돌아가기 전에 기억하라, 일의 결국을 다 들었으니 하나님을 경외하고 그의 명령들을 지킬지어다 이것이 모든 사람의 본분이니라 하나님은 모든 행위와 모든 은밀한 일을 선악 간에 심판하시리라(7, 13-14)

본문은 역사상 세상에서 가장 부귀영화를 누린 솔로몬 왕이 말년에 가치있고 의미있는 삶이 어떤 것인지를 기록한 전도서의 끝 부분입니다. 솔로몬 왕은 '청년의 때에 너의 창조주를 기억하라'고 권면하면서 '하나님을 경외하고 그의 명령들을 지키는 것이 모든 사람의 본분이다'라고 결론 짓고 있습니다. 창조주 하나님을 기억하는 삶이란 본질상 우리의 모든 것을 하나님께 맡기는 삶과 같은 맥락입니다. 전도서의 주제는 하나님 없는 인생은 헛되고 무익하지만, 하나님을 경외하는 인생은 기쁨이 넘친다는 것입니다.

우리는 왜 하나님을 기억하며 살아야 할까요? 한마디로 사람의 생사화복이 하나님의 손에 달려있기 때문에 하나님을 기억하며 살아야 할 것입니다. 그러나 더 본질적으로 그 이유를 살펴보면 인간은 죽을 수 밖에 없는 유한한 존재이고, 죽은 후에는 하나님의 심판을 받기 때문입니다. 만일 죽지 않고 그 이후 심판이 없다면 인간이란 탐욕스럽고 이기적인 존재이므로 사사기의 말씀처럼 하나님을 찾거나 하나님께 의지하지 않은 채 자기 소견에 옳은 대로 살아갈 것입니다(삿 21:25). 특히 인간은 힘이 있을 때는 하나님의 뜻보다 자기 주장과 뜻대로 살기 때문에 세상적, 정욕적으로 살기 쉽습니다. 그러나 인간이란 나이 먹어 늙을 때가 되면 영원할 것 같은 그 힘도 사라지고 급기야 죽음에 직면하지 않을 수 없습니다. 이처럼 인간이란 그 육체는 풀과 같이 마르고 그 모든 영광은 풀의 꽃과 같이 떨어지는 유한한 존재입니다(벧전 1:24, 약 1:10-11).

또한 인간은 하나님이 흙으로 만들고 생기를 불어넣은 생령의 존재이므로 죽으면 육은 흙으로 돌아가지만 영은 다시 하나님 앞으로 갈 수 밖에 없는 존재이기에 이때 하나님의 심판에 직면할 수 밖에 없습니다(창 2:7, 3:19). 그러므로 하나님을 기억하지 않고 자기 소견에 옳은 대로 살았던 자는 하나님의 심판을 피할 수 없습니다. 따라서 인간은 우리 인생의 창조주이시고 심판자이신 영원하신 하나님을 기억하며 그 뜻에 따라 살아갈 때 비로소 죽음의 두려움을 극복할 수 있고 영원한 불못이 있는 지옥이 아닌 천국에 들어갈 수 있습니다. 하나님의 뜻을 따라 의인의 길, 선인의 길을 걸어간 사람과 자기 중심적인 세상의 길을 걸어간 죄인과 악인의 운명은 분명 다를 것입니다(시 1:6). 전도자는 말합니다. 청년의 때 하나님을 기억하며 살아간 사람과 다 늙어 죽음을 앞에 두고 하나님을 찾는 사람과는 분명 다르기 때문에 보다 젊을 때 하나님을 기억하며 하나님의 뜻을 따라 살라고 권면하고 있습니다.

그럼 우리는 어떻게 하나님을 기억하며 살아갈 수 있을까요? 우리는 하나님을 믿는 그리스도인이기 때문에 하나님의 사랑과 은혜에 감사하며 살아간다고 입으로 고백은 하지만, 어떤 특정 순간에 또는 일상적인 삶 속에서 하나님의 존재를 의식하지 못한 채 살아갈 때가 적지 않습니다. 우리는 곧잘 하나님의 뜻보다 나의 지식과 경험을 앞세워 판단하고 결정함으로써 낭패를 보곤 하는데, 현실적으로 순간순간 하나님을 기억하며 그 뜻대로 살아간다는 것은 결코 쉽지 않습니다. 그러기 때문에 날마다 규칙적으로 말씀 묵상과 기도가 습관화되어야 하나님을 기억하는 삶을 제대로 살아갈 수 있습니다. 예배와 교회활동에 적극 참여하는 경건의 훈련도 병행되어야 합니다.

끝으로 전도자는 하나님을 경외하며 그 명령들을 지키는 것이 사람의 본분이라고 권면하면서, 하나님은 우리의 모든 행위와 모든 은밀한 일을 선악 간에 심판하신다고 경고하고 있습니다(전12:13-14). 하나님을 잊고 살면 그 삶이 형통하게 보일지라도 헛될 수 밖에 없고 필경 패망한다는 것입니다. 하나님을 경외하는 삶을 살기 위해서는 하나님을 아는 지식에서 자라가는 것이 중요합니다(벧후3:18). 하나님은 우리의 모든 것을 살피시는 전지전능하신 분이시므로, 우리는 세상과 사람은 속일 수 있어도 결코 하나님의 눈을 속일 수 없습니다. 우리 모두 하나님의 뜻을 분별하며 그 뜻을 행하는 삶을 살면서 하나님이 예비하신 축복을 누리고 전하며 살아갑시다.

Letter 57
끊을 수 없는 사랑

아가 8:1-14

너는 나를 도장 같이 마음에 품고 도장 같이 팔에 두라 사랑은 죽음 같이 강하고 질투는 스올 같이 잔인하며 불길 같이 일어나니 그 기세가 여호와의 불과 같으니라 많은 물도 이 사랑을 끄지 못하겠고 홍수라도 삼키지 못하나니 사람이 그의 온 가산을 다 주고 사랑과 바꾸려 할지라도 오히려 멸시를 받으리라(6-7)

본문은 아가서의 마지막 8장에 관한 내용입니다. 아가서는 성경 구약의 지혜서 5권 중 하나로서 '사랑'을 주제로 한 희곡 형식의 노래입니다. 솔로몬 왕이 젊었을 때 자신의 술람미(수넴 지역) 포도원에 있는 여인과의 사랑을 토대로 아가서를 기록했다고 합니다. 아가서의 내용이 남녀간의 뜨거운 사랑, 진한 사랑을 담고 있어 자칫 외설적으로 오해 받을 수도 있음에도 AD 90년경 성경의 정경으로 편입되었습니다. 이는 그 내용이 단지 남녀간의 사랑을 통한 풍유적 표현일 뿐 실은 하나님과 이스라엘과의 관계를 담고 있다고 해석했기 때문입니다. 따라서 아가서를 읽을 때는 내용의 직접적인 표현보다는 그 내용이 담고 있는 의미에 중점을 두어야 할 것 같습니다. 결론적으로 솔로몬 왕과 술람미 여인의 사랑의 관계를 통하여 우리는 하나님과 이스라엘 간의 관계, 더 나아가 예수님과 교회 간의 관계를 묵상해야 할 것 같습니다. 참고로 솔로몬은 젊었을 때는 아가서를, 장년일 때는 잠언을, 노년일 때는 전도서를 지었습니다.

아가서는 솔로몬 왕과 술람미 여인과의 긴밀하고 뜨거운 사랑 이야기를 담고 있습니다. 이를 영적으로 해석하자면 하나님과 이스라엘의 관계도 남녀간의 사랑 관계와 같이 친밀하다는 것입니다. 그렇습니다. 이스라엘은 하나님의 소유된 백성이고, 제사장 나라로 하나님과 결코 뗄 수 없는 하나님의 선민입니다(출 19:5,6). 하나님은 신랑이 신부를, 부모가 자식을 사랑하듯이 이스라엘을 절대적으로 사랑합니다. 여인이 젖 먹는 자식이나 태에서 난 아들을 혹시 잊을지라도 하나님은 이스라엘을 잊지 아니할 것이며, 이스라엘을 손바닥에 새겨 항상 하나님 앞에 두겠다는 것입니다(사 49:15-16).

본문처럼 하나님의 사랑은 거세게 타오르는 불길과 같아, 어느 누구도 이 사랑의 불길을 끌 수 없으며, 바닷물과 강물까지도 이 사랑의 불길을 끌 수 없습니다. 그리고 하나님의 사랑은 숭고하여 재물과 권력으로도 하나님의 사랑을 얻을 수 없습니다. 하나님은 이스라엘을 구속하셨고 이스라엘을 지명하여 내 것으로 삼았기 때문에 그 어떠한 것으로부터 이스라엘을 보호해 줍니다(사43:1-2). 하나님은 이스라엘 민족이 하나님을 배반하고 우상 숭배하며 불의의 길을 걸을 때 곧바로 징계를 취하지 아니하고 많은 선지자를 보내 회개하도록 용서의 시간을 충분히 허락하실 정도로 이스라엘을 사랑하였습니다.

그럼에도 불구하고 이스라엘이 회개하지 않자 바벨론을 통하여 징계와 심판을 내렸습니다. 사랑은 하되 무한정 참지는 않으신 것입니다. 그러나 하나님은 우리를 사랑하사 우리를 죄에서 구원하기 위하여 독생자 예수님을 이 땅에 보내 십자가에서 죽게 하셨습니다(롬 8:32). **우리가 아직 죄인 되었을 때에 그리스도께서 우리를 위하여 죽으심으로 하나님께서 우리에 대한 자기의 사랑을 확증하셨느니라(롬 5:8).** 또한 예수님도 우리를 사랑하시되 끝까지 사랑하셨습니다(요 13:1). 이처럼 우리를 향한 하나님의 사랑은 하늘과 바다보다 크기 때문에 세상의 그 어떤 것도 우리를 하나님의 사랑에서 끊을 수 없습니다(롬 8:39). 오늘도 하나님은 우리에 대하여 오래 참으사 멸망하지 아니하고 회개하기에 이르기를 원하십니다(벧후 3:9).

위와같이 하나님의 우리에 대한 사랑은 끊을 수 없는 사랑이기에, 우리는 그 사랑을 힘입어 살아가야 합니다. 하나님의 사랑을 체험한 사람은 그 사랑에 감격한 나머지 하나님과의 만남을 위하여 기도를 쉴 수 없고 또한 예배를 드리지 않을 수 없는 것입니다. 만일 우리의 예배와 신앙생활이 미지근하다면 하나님은 우리를 토해 버릴 수도 있습니다(계 3:16). 하나님의 사랑은 세상의 어떤 유혹과 슬픔도 물리칠 수 있는 사랑이며, 그 사랑 안에는 생명이 있고 열매가 풍성하므로(요 10:10), 하나님의 사랑을 받기 위해서는 무엇보다도 예배하고 찬양해야 할 것입니다. 우리 모두 기름을 준비하여 신랑을 기다리는 슬기로운 처녀처럼 날마다 말씀 묵상과 기도로 거룩함을 이루며 예수님을 깊이 생각하고 바라보며 살아갑시다(살전 4:3, 딤전 4:5, 히 3:1, 12:2).

Letter 58

여호와께 감사하라

시편 107:1-9

여호와께 감사하라 그는 선하시며 그 인자하심이 영원함이로다(1)

본문은 시편 107편의 일부분입니다. 시편 107편은 이스라엘 민족이 바벨론에서 포로 생활을 하다가 고국 예루살렘으로 귀환되었을 때 이를 감사하며 지은 시편입니다. 시편 107편은 크게 구원받은 자의 감사(1-32)와 하나님의 섭리(33-43)로 구분되고, 이중 앞 감사 부분은 4개 단락(1-9절, 10-16절, 17-22절, 23-32절)으로 나누어집니다. 위 4개 소단락은 동일한 내용이 반복되는데 마치 사사기가 연상됩니다. 구원→타락→징계→회개(기도)→구원의 구조입니다. 누구나 하나님의 말씀을 거역하고 하나님의 뜻을 저버리면 고난을 받게 됩니다(11,17). 그러나 하나님께 회개하고 부르짖으면 하나님은 고난과 고통에서 건져 주시기 때문에, 하나님께 감사와 찬양을 드리지 않을 수 없습니다. 참고로 '행복은 불만을 잉태하게 하는 생각을 버리고 하늘의 선물을 받아 들이는 것이다. 더 가지고 싶은 욕심을 버리고 이미 가지고 있는 것을 가장 값진 것으로 만드는 것이다'(노만 빈센트 필)는 말씀처럼 지금 가지고 있는 것에 감사하며 사는 것이 행복한 삶입니다.

이번 주일은 맥추감사주일입니다. 맥추감사주일을 맞아 본문 시편을 통하여 하나님께 감사해야 하는 이유가 무엇인지 살펴봅시다. 첫째, 하나님은 우주만물을 다스리시고 특히 우리의 생사화복을 주관하시는 절대주권자이므로, 우리는 범사에 하나님께 감사하는 삶을 살아야 합니다. 삶을 돌아볼 때마다 가정과 직장과 교회에서 대과(大過)없이 일상적인 생활을 할 수 있는 것은 우리의 힘과 능력이 아니라 오로지 하나님의 은혜와 사랑 덕분임을 깨닫곤 합니다. 시편 107편 말씀처럼 하나님은 강을 사막으로, 옥토를 소금밭으로, 사막을 연못으로, 마른 땅을 샘으로 만드실 뿐만 아니라 높은 자들에게는 능욕을 부으시고 황무지에서 헤매게 하시지만, 가난한 사람은 고달픔에서 벗어나게 해주시고 번성하게 해주시는 등 모든게 하나님의 손에 달려 있음을 깨달아야 하겠습니다(시 107:33-41).

둘째, 하나님은 우리의 작은 신음에도 귀를 기울이시고 응답하시는 선하시고 인자하신 분이므로, 죄 많고 허물 많은 우리는 사랑과 용서의 하나님께 감사해야 합니다. 시편 107편을 보면 이스라엘 민족이 하나님의 말씀에 불순종하고 하나님의 뜻과 달리 우상 숭배와 불의의 삶을 살다가 하나님의 징계를 받아 환난에 처하곤 했습니다. 그러나 그때마다 하나님께 부르짖으면 하나님은 그들을 용서하시고 고난과 고통 속에서 구원해 주셨습니다. 즉 그들이 목마르고 힘이 없을 때(5), 어두운 곳에서 쇠사슬에 매여 있을 때(10), 죽음의 문턱에 있을 때(18), 바다에서 큰 폭풍으로 사경을 헤맬 때(26) 하나님께 도움의 손길을 구하면, 하나님은 언제나 이들을 환난에서 건져 주셨습니다. 이처럼 하나님은 선하시며 그 인자하심이 영원하므로 하나님께 감사드려야 합니다(시 107:1).

그렇다면 우리는 하나님께 대한 감사를 어떻게 해야할까요? 먼저 하나님께 감사제를 드리고(22), 하나님이 이루신 일을 찬송해야 합니다(8,15,21,31). 감사제란 감사의 마음과 제물(예물)를 드리는 예배입니다. 이에 따라 우리 교회에서도 맥추감사주일 예배시에는 항상 감사의 봉헌과 함께 찬양제를 하고 있습니다. 물론 헌금은 자원하는 마음으로 기쁘게 각자의 형편에 따라 정성스럽게 하는 것이 중요합니다(고후 8:11,12). 그리고 각자의 마음에 정한 대로 해야 하고 인색함으로나 억지로 해서는 안됩니다(고후 9:7). 또한 찬송의 제사는 구원을 증거하는 입술의 열매이므로 구원의 은총을 받을 때 하나님께 찬송을 드려야 할 것입니다(히 13:15).

끝으로 하나님의 말씀에 불순종하면 반드시 징계를 받게 되는데 오히려 이를 감사해야 하겠습니다. 왜냐하면 우리는 미련하고 연약하여 징계를 받지 않으면 우리의 죄악과 허물을 알지 못한 채 세상의 시험과 유혹을 이기지 못한 삶을 살기 때문입니다. 하나님은 사랑하는 자에게 징계를 하시기 때문에(히 12:5,6), 고난을 받게되면 이를 원망하거나 불평하지 말고 즉시 회개하며 하나님께 용서를 구해야 할 것입니다. 하나님은 진실로 회개하는 자에게는 욥과 같이 갑절의 축복도 허락하시므로, 우리 모두 하나님의 선하심과 인자하심을 깨닫고 하나님께 감사와 찬송을 올려드리는 지혜로운 자가 되어야 하겠습니다(시 107:43).

Letter 59

영원한 대제사장 예수 그리스도

히브리서 4:14-5:10

그러므로 우리에게 큰 대제사장이 계시니 승천하신 이 곧 하나님의 아들 예수시라 우리가 믿는 도리를 굳게 잡을지어다 우리에게 있는 대제사장은 우리의 연약함을 동정하지 못하실 이가 아니요 모든 일에 우리와 똑같이 시험을 받으신 이로되 죄는 없으시니라 그러므로 우리는 긍휼하심을 받고 때를 따라 돕는 은혜를 얻기 위하여 은혜의 보좌 앞에 담대히 나아갈 것이니라(4:14-16)

본문은 예수님의 대제사장 사역에 관한 내용입니다. 기독교 초기 당시 유대교에서 기독교로 개종한 유대인들이 로마의 박해로 말미암아 닥쳐오는 핍박과 함께 신앙적 미성숙으로 인해 또다시 유대교로 돌아가거나 아예 신앙을 떠나려고 했습니다. 이러한 배경하에 '그리스도의 절대 우월성'과 그 '속죄의 영원성'을 구약을 통하여 입증함으로써 성도들을 배교의 위험에서 건져내고, 참 믿음에 근거한 바른 신앙을 갖도록 격려하기 위해 히브리서가 기록되었습니다. 저자는 아직까지 확실히 밝혀지지 않고 있습니다. 히브리서는 유대인들을 상대로 속죄의 본질을 밝히고자 구약 레위기의 제사법 내용을 많이 인용, 내포하였기 때문에 '신약 속의 레위기'로 불리어지고 있습니다.

다 아시다시피 레위기는 이스라엘의 제사 율법서입니다. 제사를 하기 위해서는 제사장과 제물은 필수이기 때문에, 히브리서는 기독교와 유대교의 본질적 차이를 제사장과 제물을 중심으로 비교, 분석하고 있습니다. 먼저 예수님은 구약의 대제사장과 같이 하나님과 인간 사이의 중보자 역할을 담당하지만 구약의 대제사장과는 본질적으로 차이가 있습니다. 즉 구약의 대제사장은 율법에 의하여 모세의 형 아론의 반차에 따라 레위지파에서 임명된 유한한 제사장에 불과합니다. 이에 반해 예수 그리스도는 멜기세댁의 반차를 따른 영원한 대제사장으로 하나님이 직접 제사장으로 삼으신 것입니다. 또한 구약의 제사장들은 백성들의 죄뿐만 아니라 자신의 죄를 위해 매번 속죄 제사를 드려야 했지만, 예수 그리스도는 죄가 없으시므로 자신을 위해 제사를 드릴 필요가 없습니다. 참고로 멜기세댁은 살렘 왕으로, 모세의 율법시대보다 훨씬 전에 유대인의 조상인 아브라함으로부터 십일조를 받은 하나님의 제사장입니다 (창 14:17-20).

다음 구약 제사의 제물은 동물의 피를 드리는 희생 제사로서 제물의 불완전성 때문에 속죄의 한계가 있지만, 기독교는 흠없는 예수님 자신을 희생 제물로 드림으로써 죄 문제를 완전하게 해결하였습니다. 즉 구약의 희생 제사는 죄를 지을 때마다 동물의 희생제사를 드려야 하는 반면 신약의 제사는 예수님이 속죄를 위하여 자신을 제물로 단번에 드리셨기 때문에 더 이상 희생 제사가 필요 없습니다. 이처럼 신약의 속죄 제사는 제사의 본질적 요소인 제사장과 제물에 있어 구약의 속죄 제사와는 비교할 수 없을 정도로 우월합니다.

우리는 예수님이 우리의 죄를 속죄하고자 자신을 희생제물로 드린 십자가 사건을 깊이 깨달아야 합니다. 구약 제사법에 의하면 피흘림이 없으면 죄 사함이 없기 때문에 동물의 희생제사를 드려야 합니다(히 9:22 참조). 이에 예수님은 우리를 속죄하기 위하여 자신의 몸을 희생제물로 던져 피를 흘린 것입니다. 이것이 바로 십자가 보혈의 공로입니다. 그리고 예수님 역시 인간의 몸으로 오셨기 때문에 인간처럼 연약하실 수 밖에 없을텐데 기꺼이 십자가 고난의 길을 걸어가신 것은 바로 하나님에 대한 절대적인 신뢰와 순종 때문입니다. 우리도 참다운 성도가 되기 위해서는 예수님의 순종의 의미를 깊이 깨달아 오직 믿음으로 자기를 부인하며 자기 십자가를 지는 순종의 길을 걸어가야 할 것입니다. 이 길은 기도 없이는 걸어갈 수 없습니다.

사도 바울은 우리에게 예수 그리스도를 믿는 일과 아는 일에 하나가 되어 온전한 사람을 이루어 그리스도의 장성한 분량이 충만한 데까지 이르러야 한다고 권면합니다(엡 4:13). 또한 사도 베드로는 오직 우리 주 곧 구주 예수 그리스도의 은혜와 그를 아는 지식에서 자라 가라고 권면합니다(벧후 3:18). 우리 모두 이 신앙의 거두들의 권면에 따라 날마다 말씀 묵상과 기도로 예수님을 올바로 아는 지식에 근거한 바른 믿음 생활을 합시다. 특히 예수 그리스도의 십자가 보혈의 은총을 깊이 깨닫고 성령의 권능에 힘입어 이 땅에 하나님의 나라와 그 의를 세우는 사명자의 길을 걸어 갑시다.

Letter 60

새 언약의 중보자

히브리서 8:6-13

그러나 이제 그는 더 아름다운 직분을 얻으셨으니 그는 더 좋은 약속으로 세우신 더 좋은 언약의 중보자시라, 또 주께서 이르시되 그 날 후에 내가 이스라엘 집과 맺을 언약은 이것이니 내 법을 그들의 생각에 두고 그들의 마음에 이것을 기록하리라 나는 그들에게 하나님이 되고 그들은 내게 백성이 되리라(6,10)

본문은 구약 예언서인 예레미야서에 기록된 새 언약에 관한 내용입니다. 이는 이스라엘 민족이 옛 언약인 모세 언약을 지키지 못해 하나님으로부터 징계를 받게 되지만 때가 되면 하나님이 이스라엘 민족의 죄를 사하여 주시겠다는 소망의 새 언약입니다. 언약이란 두 당사자가 서로를 위해 어떤 일을 하기로 합의로 이루어진 협약으로 일반적으로 하나님과 사람 간에 맺는 것을 뜻합니다. 또한 중보자란 계약을 맺는 두 당사자 사이를 중재하는 사람입니다. 그러므로 예수님이 새 언약의 중보자라는 의미는, 하나님이 예수님의 십자가 보혈로 말미암아 영적 이스라엘 공동체인 믿는 자들의 죄를 사하여 주셨다는 것을 뜻합니다. 이처럼 BC 600년경 선포된 새 언약은 예수님의 십자가 사건으로 성취된 것입니다. 참고로 성경의 대표적인 언약으로는 아브라함 언약(창 12:1-3), 모세 언약(출 19:5-6), 다윗 언약(삼하 7:9-16), 새 언약(렘31:31-34) 등이 있습니다.

먼저 하나님께서 이스라엘 민족에게 약속하신 대표적 언약에 관하여 간략히 살펴봅니다. 아브라함 언약이란, 하나님이 갈대아 우르에 사는 아브람에게 땅과 후손과 복을 주겠으니 하나님이 지시한 땅으로 가라는 무조건적인 언약입니다(창 12:1-3). 아브라함은 이 말씀에 순종하여 믿음의 조상이 되었습니다. 모세 언약이란, 하나님이 시내 산에서 모세를 통하여 이스라엘 민족에게 하신 조건적인 약속입니다. '너희가 내 말을 잘 듣고 내 언약을 지키면 너희는 열국 중에서 내 소유가 되겠고 너희가 내게 대하여 제사장 나라가 되며 거룩한 백성이 되리라'(출 19:5-6). 즉 하나님의 말씀을 순종하면 축복을 주고 불순종하면 저주하겠다는 것입니다. 이는 시내 산에서 율법을 주시면서 하신 언약이므로 '율법의 언약' 또는 '시내 산 언약'이라고 합니다. 다윗 언약이란, 하나님이 나단 선지자를 통하여 성전을 짓기 원하는 다윗에게 하신 언약입니다. '다윗의 집과 나라가 영원히 보전되고 다윗의 위가 영원히 견고하리라'(삼하 7:13-16)는 것입니다. 이는 장래에 메시아가 다윗이 자손 중에서 나온다는 것으로, 이 언약

역시 예수님에 의하여 성취되었습니다.

　오늘 본문인 예레미야가 선포한 새 언약은, 모세 언약을 지키지 않고 우상숭배와 불의의 길을 걷는 이스라엘 민족을 앗수르와 바벨론을 통하여 징계하지만 때가 되면 하나님의 긍휼하심으로 백성들의 죄를 용서하고 기억하지 않겠다는 희망의 약속입니다. 새 언약의 내용은 3개로 나눌 수 있습니다.

　첫째는, 하나님의 법을 마음에 기록하겠다는 것입니다(히 8:10). 옛 언약인 모세 언약은 하나님의 법을 돌판에 새겼지만, 새 언약은 하나님의 법을 우리의 마음판에 새기겠다는 뜻입니다. 어떻게 마음판에 새길 수 있을까요? 바로 성령에 의하여 하나님의 법을 우리의 마음 안에 두겠다는 것입니다. 다시말하면 모세 언약이 돌비에 새겨진 율법의 언약이라면 새 언약은 심비(心碑)에 새겨진 성령의 언약입니다(고후 3:3-6 참조).

　둘째는, 하나님을 알게 한다는 것입니다(히 8:11). 하나님은 눈에 보이지 않고 음성도 들을 수 없지만 성령이 임하면 영적인 눈과 귀가 열려 하나님을 보고 그 음성을 들을 수 있게 되어 하나님을 바로 알게 된다는 것입니다. 아시다시피 마가의 다락방에 성령이 강림함으로써 이 약속들이 성취됩니다(행 2장).

셋째는, 하나님께서 그들의 죄를 사하고 다시는 그 죄를 기억하지 않겠다는 것입니다(히 8:12). 이는 하나님이 독생자 예수님을 화목제물로 십자가에서 죽게하심으로 말미암아 우리의 죄를 대속하신 것을 뜻합니다. 예수님 역시 유월절 전날 최후의 만찬에서 제자들에게 포도주를 주시면서 죄 사함을 얻게 하려고 많은 사람을 위하여 흘리는 피 곧 언약의 피라고 했습니다(마 26:28). 그렇습니다. 우리는 유월절 어린 양이신 예수님의 십자가 보혈로 죄 사함을 받게 되었습니다.

따라서 우리는 히브리서가 강조하는 바와 같이 날마다 대제사장이시고 새 언약의 중보자이신 예수님을 깊이 생각하고 바라보아야 합니다(히 3:1,12:2). 또한 날마다 말씀 묵상과 기도에 힘써 성령의 충만함을 받아야 합니다. 우리 모두 십자가 보혈과 성령의 능력에 힘입어 하나님의 법을 마음판에 새기고 십자가 보혈의 공로를 깊이 깨달아 하나님 사랑, 이웃 사랑의 삶을 살아갑시다.

Letter 61
하나님을 기쁘시게 하는 믿음

히브리서 11:1-16

믿음은 바라는 것들의 실상이요 보이지 않는 것들의 증거니, 믿음이 없이는 하나님을 기쁘시게 하지 못하나니 하나님께 나아가는 자는 반드시 그가 계신 것과 또한 그가 자기를 찾는 자들에게 상 주시는 이심을 믿어야 할지니라(1,6)

본문은 믿음장인 히브리서 11장의 일부입니다. 히브리서 11장은 믿음의 본질을 정의하고, 또한 믿음의 선진들이 걸어간 믿음의 길을 간명하게 기록하고 있습니다. 예수님과 사도 바울이 믿음을 강조하듯이, 믿음은 기독교 신앙에 있어 절대적으로 중요한 기본 교리입니다. 이처럼 믿음이 중요한 이유는 '믿음의 결국은 곧 영혼의 구원을 받음이라'(벧전 1:9)는 말씀처럼 믿음은 죄사함의 구원과 뗄수 없는 밀접한 관계이기 때문입니다. 즉 믿는 자만이 구원을 받을 수 있는 '구원의 믿음'입니다. 믿음의 본질과 믿음의 대상을 살펴본 후 하나님을 기쁘시게 하는 믿음에 대하여 살펴보겠습니다. 참고로 히브리서 11장에 기록된 믿음의 선진들은 아벨, 에녹, 노아, 아브라함, 사라, 이삭, 야곱, 요셉, 모세, 여호수아, 라합, 기드온, 바락, 삼손, 입다, 다윗, 사무엘, 예언자들입니다.

먼저 믿음의 본질을 살펴봅니다. 히브리서 11장 1절은 믿음의 본질을 가장 잘 함축적으로 표현한 말씀입니다. '믿음은 바라는 것들의 실상이요 보이지 않는 것들의 증거'(Now faith is being sure of what we hope for and certain of what we do not see). 그렇습니다. 믿음은 눈에 보이는 현실이 아니라 바라는 것의 실체(實體)입니다. 믿음이란 바라는 것이며, 그 바라는 것을 이미 받은 것으로 여기는 것입니다. 이때 바라는 것이 그대로 이루어진다는 것입니다. **그러므로 내가 너희에게 말하노니 무엇이든지 기도하고 구하는 것은 받은 줄로 믿으라 그리하면 너희에게 그대로 되리라**(막 11:24). 사도 바울의 로마서에 기록된 아브라함의 믿음 역시 바라는 것의 실상임을 잘 설명하고 있습니다(롬 4:18-22 참조). 또한 믿음은 보이지 않는 것들의 증거란 뜻은 믿음이 있는 자는 육신의 눈으로 보지 못하는 것을 볼 수 있다는 것입니다. 이는 믿음으로 영의 눈이 열려 영적 세계를 볼 수 있기 때문입니다(고후 12:1-4 참조). 이처럼 믿음은 실상(實相)이고 증거(證據)이므로 단순한 추상적인 것이 아니라 구체적인 것입니다. 그러기 때문에 믿음에는 능력과 힘이 있습니다.

다음 믿음의 대상을 올바로 잘 알아야 합니다. 믿음이란 창조주 하나님과 구속자 예수님을 믿는 것입니다. 즉 하나님의 창조주이심과 우리 인생의 주관자이심을, 예수님의 그리스도이심과 하나님의 아들이심을 믿는 것입니다. 하나님은 아벨의 제사는 받고 가인의 제사는 받지 않았습니다. 이는 아벨은 하나님의 왕권과 주권에 순종한 제사를 드린 반면 가인은 교만과 자기 의로 제사를 드렸기 때문입니다. 즉 아벨은 믿음으로 제사를 드렸고 가인은 믿음없이 제사를 드렸던 것입니다. 이처럼 믿음이란 하나님 중심인지 아니면 자기 중심인지에 따라 가부가 결정됩니다. 우리는 다른 무엇보다 하나님의 왕권과 주권을 인정하는 겸손의 예배를 드려야 합니다. 하나님은 하나님의 나라와 그의 의를 구하는 예배, 하나님의 영광을 드러내고 하나님의 말씀에 순종하는 하나님 중심의 삶의 예배를 열납(悅納)하십니다.

또한 믿음이 없이는 하나님을 기쁘시게 하지 못하므로, 하나님 앞에 나아가기 위해서는 믿음을 가져야 합니다. 무엇보다도 하나님이 계시다는 것과 하나님이 자기를 찾는 자들에게 상주시는 이심을 믿어야 합니다(히 11:6). 이때 하나님이 계심을 믿는 믿음이란 아무리 하나님이 계시지 않는 것 같은 고난과 환난의 상황을 만나도 풀무불에 들어가는 다니엘의 세 친구들처럼 하나님이 계심을 믿어야 한다는 뜻입니다. 그리고 하나님이 자기를 찾는 자들에게 상을 주시는데, 이 상은 이 세상에서 주는 상이 아니라 '오는 세상'에서 주는 상입니다. 바로 노아 가족이 홍수 심판 때 구원을 받았던 것과 같은 상입니다. 우리는 '오는 세상에서 상주시는 하나님'을 믿는 믿음으로 이 세상에서 끝까지 인내하며 믿음을 지켜 나아가야 할 것입니다.

끝으로 **믿음은 들음에서 나고 들음은 그리스도의 말씀으로 말미암았느니라**(롬 10:17)는 말씀과 같이 믿음은 말씀과 깊은 관계가 있습니다. 믿음의 위인들은 하나같이 그들이 처한 현실적 상황 보다는 하나님의 약속의 말씀을 붙잡고 인내하며 나아감으로써 믿음의 열매를 맺었던 것입니다. 우리도 하나님의 말씀을 가까이 할 뿐만 아니라 말씀에 순종하는 삶을 통하여 이 세상에서부터 구원의 축복을 미리 맛보며 누려야 하겠습니다.

Letter 62

믿는 자의 실천사항

히브리서 13:1-19

형제 사랑하기를 계속하고 손님 대접하기를 잊지 말며 학대 받는 자를 생각하라 모든 사람은 결혼을 귀히 여기고 침소를 더럽히지 않게 하라 음행하는 자들과 간음하는 자들을 하나님이 심판하시리라 돈을 사랑하지 말고 있는 바를 족한 줄로 알라 그가 친히 말씀하시기를 내가 결코 너희를 버리지 아니하고 너희를 떠나지 아니하리라 하셨느니라, 예수 그리스도는 어제나 오늘이나 영원토록 동일하시니라(1-5,8)

본문은 그리스도인의 모범적인 신앙생활에 관한 내용입니다. 히브리서는 유대인을 상대로 유대교와 비교하여 그리스도교의 우월성을 교리적 측면에서 설명한 후(히 1:1-10:18), 그리스도인의 참된 믿음생활을 구체적으로 기록하고 있습니다(히 10:19-13:25). 참고로 히브리서 기자가 권면하는 그리스도인의 참된 믿음생활이란, 서로 사랑과 선행을 격려하며 모이기를 힘써야 하고(10:23-25), 인내로써 믿음의 성숙을 이루며(10:32-39), 믿음의 주인 예수님을 바라보면서 믿음의 경주를 계속하고(12:1-2), 모든 사람과 더불어 화평함과 거룩함을 따르며(12:14), 경건함과 두려움으로 하나님을 기쁘시게 하는 것입니다(12:18-29).

본문은 그리스도인의 참된 믿음생활에 대한 결론적 내용으로, 이를 대인(對人)적 관계, 대신(對神)적 관계, 영적지도자에 대한 관계 등으로 구분할 수 있습니다. 첫째, 그리스도인의 대인적 관계입니다. 믿는 자끼리 서로 사랑하고, 나그네 대접에 힘쓰며, 감옥에 있거나 학대받는 어려운 사람을 생각하고, 성적으로 순결하며, 특히 돈을 사랑하지 말고 지금 가지고 있는 것으로 만족해야 합니다(히 13:1-5). 참고로 예수님은 '사람의 생명이 소유의 많고 적음에 있지 아니하므로 삼가 탐심을 물리치라'고 하셨고(눅 12:15), 사도 바울도 '돈을 사랑함이 일만 악의 뿌리로 돈을 쫓다가 믿음에서 떠나 헤매기도 한다'며 돈 사랑함을 경계하고 있습니다(딤전 6:9-10). 그러나 현실적으로 돈(재물)의 중요성을 생각할 때 돈을 결코 무시할 수는 없습니다만, 예수님 말씀처럼 하나님과 재물을 겸하여 섬길 수 없고(마 6:24), 하나님은 우리를 버리거나 떠나지 않으며 함께 있으면서 도와주시기 때문에(히 13:5-6), 그리스도인은 세상과 돈보다 먼저 하나님 나라와 그 의를 구하며 살아가야 할 것입니다(마 6:33).

둘째, 대신적 즉 하나님과의 관계입니다. 그리스도인은 하나님이 우리를 거룩하게 하려고 독생자 예수님을 이 땅에 보내어 속죄제물로 삼은 사실, 예수님이 하나님께 순종함으로 친히 성문 밖에서 모든 치욕을 짊어지고 십자가 고난을 받은 사실을 분명히 알고 그 의미를 온전히 깨달아야 합니다. 그리스도인은 어제나 오늘이나 영원토록 동일하신 예수님의 가르침과 뜻을 따라 살아야 하며, 율법과 전통을 중시하기보다 하나님의 은혜를 깊이 아는데 힘써야 합니다. 또한 그리스도인은 예수의 이름을 증언하는 입술의 열매인 찬송의 제사를 항상 하나님께 드려야 하며, 선행과 나눔의 삶을 살아야 합니다(히 13:8-16).

셋째, 영적지도자에 대한 관계입니다. 그리스도인은 하나님의 말씀을 일러 주고 인도하는 영적지도자를 보살피며 그 믿음을 본받아 살아야 합니다(히 13:7). 무엇보다도 영적지도자의 말을 곧이듣고 순종하여야 하며, 그가 하나님 사역을 근심이 아닌 기쁜 마음으로 하도록 도와주어야 합니다. 또한 영적지도자가 모든 일에 바르게 처신하도록 그를 위하여 기도해야 합니다(히 13:17-21).

결론적으로 예수님으로 말미암지 않고는 하나님께로 갈 자가 없기 때문에(요 14:6), 그리스도인은 이 세상이 아닌 하늘나라 본향을 바라보며 예수님의 마음을 품고 예수님을 본받아 겸손과 선행, 순종과 기도의 삶을 살아가야 합니다. 끝으로 히브리서 기자의 신앙고백이 우리의 고백이 되기를 소망합니다.

양들의 큰 목자이신 우리 주 예수를 영원한 언약의 피로 죽은 자 가운데서 이끌어 내신 평강의 하나님이 모든 선한 일에 너희를 온전하게 하사 자기 뜻을 행하게 하시고 그 앞에 즐거운 것을 예수 그리스도로 말미암아 우리 가운데서 이루시기를 원하노라 영광이 그에게 세세토록 있을지어다 아멘 (히 13:20-21).

Letter 63

온전한 믿음

야고보서 2:14-26

네가 보거니와 믿음이 그의 행함과 함께 일하고 행함으로 믿음이 온전하게 되었느니라, 이로 보건대 사람이 행함으로 의롭다 하심을 받고 믿음으로만은 아니니라, 영혼 없는 몸이 죽은 것 같이 행함이 없는 믿음은 죽은 것이니라(22,24,26)

본문은 야고보서의 주제인 '행함 있는 믿음'에 관한 내용입니다. 예수님의 동생인 사도 야고보는 예루살렘 공의회 의장으로서 초대교회를 이끌어 간 주요 인물 중 한 분입니다. 당시 사도 바울은 율법의 행위를 강조하는 유대교로부터 기독교를 지키고자 믿음을 강조했습니다. 즉 사람이 의롭다 하심을 얻는 것은 율법의 행위에 있지 않고 믿음에 있다고 주장하면서(롬 3:28), 믿음이 없이는 구원을 받을 수 없다는 칭의의 교리를 세웠습니다. 그런데 이처럼 믿음이 강조된 나머지 초대교회 안에는 구원은 믿음만 있으면 되지 굳이 행함이 없어도 된다는 변질된 복음이 생겼습니다. 이에 야고보 사도는 온전한 믿음이란 행함이 있는 믿음이고, 행함이 없는 믿음은 영혼 없는 몸이 죽은 것 같이 죽은 것이라며(약 2:26), 행함 없는 믿음을 강하게 책망했습니다. 온전한 믿음이 어떤 것인지를 살펴보면서 우리의 신앙생활도 돌아보았으면 좋겠습니다.

다 아시다시피 믿음은 기독교 기본교리로 구원을 이루는데 절대적으로 필요합니다. 예수님은 복음서에서 믿음을 강조하시면서 병든 자를 고칠 때 항상 믿음을 보시고 고쳐 주셨습니다(마 8:13,9;2,22,15:28 등). 사도 바울 역시 로마서 등 바울서신에서 한결같이 믿음을 강조하였습니다. 그러나 예수님과 바울이 강조한 믿음은 단지 자기 자신의 이익만을 위한 행함 없는 믿음이 아니라, 다른 이들의 유익을 위한 희생과 헌신이 뒤따르는 행함 있는 믿음입니다. 예수님은 산상수훈에서 행함이 없는 믿음으로는 천국 구원을 얻을 수 없다고 단언했습니다. **주여 주여 하는 자마다 천국에 들어갈 것이 아니요 다만 하나님의 뜻대로 행하는 자라야 들어가느니라**(마 7:21).

그런데 율법주의자인 유대교인들은 율법의 행위를 강조하고 율법의 정신을 소홀히 한 나머지, 그들의 믿음은 겉으로는 사람에게 의롭게 보이지만, 속에는 위선과 불법이 가득했습니다. 이에 야고보 사도는 행함이 없는 믿음은 유익도 없고 구원의 능력도 없는 그 자체가 죽은 것이라고 책망했습니다(약 2:14-17). 그리고 믿음은 행함으로 온전해진다고 했습니다(약 2:22). 그렇습니다. 믿음이란 어느 순간에 갑자기 온전한 믿음이 되는 것이 아니고 어린아이가 자라 장성한 사람이 되는 것처럼 성장의 과정을 거치게 됩니다. 온전한 믿음으로 자라기 위해서는 먼저 영의 양식인 말씀을 가까이 해야 합니다(롬 10:17, 벧전 2:2). 그리고 하나님의 도움을 구하는 기도에 힘써야 합니다(막 9:24, 눅 22:32). 또한 성령의 도우심과 하나님의 은혜를 구해야 합니다(고전 12:9, 엡 2:8참조). 이처럼 말씀과 기도로 성령 충만하고 하나님의 은혜를 깨닫게 되면 믿음이 성숙하게 됩니다. 성숙한 믿음을 갖게 되면 우리의 삶의 모습은 저절로 이기적에서 이타적으로 변화되고 우리 안에서 예수 그리스도의 향기를 발하게 되는 것입니다.

믿음의 열매는 구원과 영생입니다. 그런데 믿음의 열매는 예수님의 말씀처럼 믿음만으로는 부족하고 하나님의 뜻을 행할 때 맺게 됩니다. 좋은 나무가 아름다운 열매를 맺고 못된 나무가 나쁜 열매를 맺듯이(마 7:15-20), 행함이 없는 외식적이고 위선적인 믿음으로는 결코 믿음의 열매를 맺을 수 없습니다. 또한 조화(造花)는 외양상 생화(生花)보다 더 아름답게 보일지는 몰라도 생명과 향기가 없기 때문에 열매를 맺을 수 없습니다. 이처럼 행함이 있는 믿음은 생화와 같고, 행함이 없는 믿음은 조화와 같습니다. 우리 모두 예수 그리스도의 사랑과 성령에 힘입어 하나님의 말씀에 순종하며 그 뜻을 행함으로 온전한 믿음을 이루어 이 땅에서부터 하나님 나라의 기쁨과 평강을 누리며 살아갑시다.

끝으로 바울의 믿음과 야고보의 행함은 결코 '믿음 따로, 행함 따로'가 아니고, 동전의 양면과 같이 뗄 수 없는 관계입니다. 단지 구원을 이루어감에 있어 바울은 믿음을 강조한 것이고, 야고보는 행함을 강조하였을 뿐입니다. 결론적으로 온전한 믿음이란 믿음대로 행하는 믿음, 바로 행함 있는 믿음입니다. 우리 모두 세상의 안일과 성공을 구하기 보다 행함 있는 믿음으로 복음의 증인된 삶을 끝까지 인내하며 살아가기를 소망합니다(요일 5:5 참조).

Letter 64

말과 지혜

야고보서 3:1-18

우리가 다 실수가 많으니 만일 말에 실수가 없는 자라면 곧 온전한 사람이라 능히 온 몸도 굴레 씌우리라, 혀는 능히 길들일 사람이 없나니 쉬지 아니하는 악이요 죽이는 독이 가득한 것이라, 오직 위로부터 난 지혜는 첫째 성결하고 다음에 화평하고 관용하고 양순하며 긍휼과 선한 열매가 가득하고 편견과 거짓이 없나니 화평하게 하는 자들은 화평으로 심어 의의 열매를 거두느니라(2,8,17-18)

　야고보서는 그리스도인을 상대로 '행함 있는 믿음'을 강조하면서 이를 위한 경계(警戒)와 권면(勸勉)의 말씀을 기록하였습니다. 즉 부자들에 대한 경고와 함께 빈부에 대한 차별을 경계하고, 말(혀)에 대한 신중과 함께 세상의 지혜와 하늘의 지혜를 구별하라고 권고하며, 공동체 안에서의 다툼과 비방과 허탄한 자랑을 경고하고, 특히 기도하라고 권면했습니다. 본문은 바로 말과 지혜에 관한 내용입니다. 신약의 잠언과 같은 야보고서 말씀을 통하여 우리의 바른 언어생활과 함께 참다운 지혜가 어떤 것인지를 알아봅시다.

말(언어, 혀)은 영향력이 크기 때문에 성경 뿐만 아니라 다른 종교적 경전에서도 언어생활의 중요성을 강조하고 있습니다. 말에 관한 잠언 말씀을 살펴봅니다. 말이 많으면 허물을 면하기 어려우나 그 입술을 제어하는 자는 지혜가 있느니라(10:19). 의인의 입술은 여러 사람을 교육하나 악인은 입으로 그의 이웃을 망하게 하느니라(10:21,11:3). 두루 다니며 한담(閑談)하는 자는 남의 비밀을 누설하나 마음이 신실한 자는 그런 것을 숨기느니라(11:13). 유순한 대답은 분노를 쉬게 하여도 과격한 말은 노를 격동하느니라(15:1). 온순한 혀는 곧 생명 나무이지만 패역한 혀는 마음을 상하게 하느니라(15:4). 가난하여도 성실하게 행하는 자는 입술이 패역하고 미련한 자보다 나으니라(19:1). 그렇습니다. 말에는 분명 능력이 있습니다. '말 한마디에 천 냥 빚을 갚는다'는 우리 속담처럼 말은 그 내용이나 말하는 사람의 태도에 따라 사람의 인생을 흥하게도 하고 망하게도 합니다.

이에 야고보서는 첫째, 말에 실수가 없도록 하라고 권면합니다. 사람이란 실수를 할 수 밖에 없는 존재이지만, 말에 실수가 없으면 온전한 사람이라는 것입니다(약 3:2). 혀는 우리 몸의 작은 지체이지만 배의 작은 키가 큰 선체를 마음대로 조종하고, 작은 불이 큰 숲을 태우는 것과 같이 혀에서 나오는 말의 영향력은 상상을 초월합니다(약 3:4-6). 특히 사람의 혀는 길들일 수 없기 때문에 걷잡을 수 없는 악과 죽음에 이르게 하는 독으로 가득 차 있습니다(약 3:8). 왜냐하면 혀는 마음에 있는 것을 말로 나타내는데, 마음이란 생명의 근원이기도 하지만 한편 만물보다 거짓되고 심히 부패하기 때문입니다(잠 4:23, 렘 17:9). 그러므로 말에 실수가 없기 위해서는 평소에 말씀 묵상과 기도로 마음을 잘 다스려야 합니다. 말은 한번 내뱉으면 다시 담을 수 없기 때문에, 입바른 말(直言)도 설령 옳을지라도 시간이 갈수록 심기가 불편하고 후회가 되는 경우가 적지 않습니다. 정말 듣기는 속히 하되 말하기는 더디 해야 하겠습니다(약 1:19).

둘째, 한 입으로 두 말을 하지 말라고 경계(警戒)합니다. 우리는 한 입으로 하나님을 찬양하기도 하고 사람을 저주하기도 하는데, 샘이 한 구멍에서 단 물과 쓴 물을 낼 수 없듯이 한 입으로 두 말을 하지 말고 좋은 말, 올바른 말을 하라는 것입니다(약 3:10-12). 사도 바울도 **무릇 더러운 말은 너희 입 밖에도 내지 말고 오직 덕을 세우는데 소용되는 대로 선한 말을 하여 듣는 자에게 은혜를 끼치게 하라**(엡 4:29)고 권면합니다. 그렇습니다. 우리는 그리스도인으로 새롭게 거듭난 자들로서 악은 어떤 모양이라도 버리고 악을 악으로 갚지 말며 선으로 악을 이겨야 하겠습니다(롬 12:17,21). 우리 모두 어떠한 상황과 경우에도 선한 말과 선한 행실을 하도록 힘씁시다.

끝으로 야고보 사도는 하늘의 지혜를 가지라고 권면합니다. 이는 선한 말과 선한 행실을 하기 위해서는 세상의 지혜로는 부족하고 하늘의 지혜가 필요하기 때문입니다. 세상의 지혜는 시기와 자랑을 일삼으며 진리를 거스리는 정욕적이고 마귀적인 것이 있어 선한 일을 하기 어렵습니다. 그러나 하늘에 속한 지혜는 순결하고, 평화스럽고, 친절하고, 온순하고, 자비와 선한 열매가 풍성하며, 편견과 위선이 없습니다(약 3:17). 특히 평화를 이루는 사람들은 평화의 씨를 뿌려 정의의 열매를 거두어들입니다(약 3:18). 하늘의 지혜를 갖기 위해서는 무엇보다도 성령을 받아야 합니다. 우리 모두 성령을 받아 하늘의 지혜를 통하여 이 땅과 우리 안에 하나님 나라를 만들어 갑시다.

Letter 65

주님이 높이시는 삶

야고보서 4:1-17

하나님을 가까이하라 그리하면 너희를 가까이하시리라 죄인들아 손을 깨끗이 하라 두 마음을 품은 자들아 마음을 성결하게 하라, 주 앞에서 낮추라 그리하면 주께서 너희를 높이시리라, 형제들아 서로 비방하지 말라, 내일 일을 너희가 알지 못하는도다 너희 생명이 무엇이냐 너희는 잠깐 보이다가 없어지는 안개니라, 그러므로 사람이 선을 행할 줄 알고도 행하지 아니하면 죄니라(8,10,14,17)

본문은 지난주 말씀과 같이 야고보 사도가 그리스도인들에게 주시는 경계와 권면의 말씀입니다. 우리는 본질상 탐심과 탐욕의 죄와 허물로 인하여 하나님의 진노를 피할 수 없는 존재입니다. 그러나 하나님은 독생자 예수 그리스도의 십자가 사건을 통하여 구원의 길을 만들어 놓으셨습니다. 우리는 이를 믿으면 구원을 받고, 믿지 않으면 심판을 피할 수 없습니다. 그런데 야고보서는 행함이 없는 믿음은 참 믿음이 아니므로 구원의 능력이 없다는 것입니다. 예수님도 좋은 열매를 맺지 못한 나무가 버림을 받듯이 우리 역시 우리 안에 믿음의 열매가 없다면 하나님 나라에 들어갈 수 없다는 것입니다(마 7:17-23). 따라서 주님이 높이시는 삶이란 천국 구원의 삶이고, 믿음의 열매를 맺는 삶인 것입니다. 정의를 행하고 인자를 사랑하며 겸손하게 하나님과 함께 행하는 삶입니다(미 6:8).

오늘 야고보서에서 말하는 주님이 높이시는 삶이란 어떠한 삶인지를 살펴봅시다. 야고보 사도는, 첫째 세상과 벗하지 말라고 권면합니다. 우리는 하나님께 무엇이든 구하면 얻을 수 있지만, 세상의 정욕을 위하는 것이라면 아무리 하나님께 구하여도 받지 못합니다(약 4:2,3). 이는 세상과 벗된 것은 하나님과 원수 됨이며, 누구든지 세상과 벗이 되고자 하는 자는 스스로 하나님과 원수 되기 때문입니다(약 4:4). 요한 사도 역시 세상이나 세상에 있는 것들을 사랑하지 말라고 합니다. 왜냐하면 세상에 있는 모든 것이 육신의 정욕과 안목의 정욕과 이생의 자랑으로 하나님께로부터 온 것이 아니므로 세상을 사랑하면 그 안에 하나님의 사랑이 없기 때문입니다(요일 2:15,16).

둘째, 형제를 비방하고 판단하지 말라고 훈계합니다. 왜냐하면 형제를 비방하고 판단하는 것은 바로 율법을 비방하고 판단하는 것으로, 이는 하나님의 권한에 속하는 것이기 때문입니다. 다시말하면 하나님만이 우리를 구원하시기도 하고 멸하시기도 하는 분이시기 때문에 우리는 율법을 판단하지 말고 준행해야 한다는 것입니다(약 4:11,12). 그렇습니다. 예수님도, 사도 바울도 형제를 비판하거나 정죄하지 말라고 훈계했습니다. 이처럼 비판과 판단은 하나님의 소관이지 우리의 소관이 아니기 때문에 어떤 상황 속에서라도 비판과 정죄의 유혹을 떨쳐버려야 하겠습니다. 산상수훈의 말씀처럼 남의 눈에 있는 티끌을 보기 전에 내 눈에 있는 들보를 먼저 빼내도록 힘씁시다.

셋째, 겸손한 마음으로 하나님을 가까이 하고, 손과 마음을 깨끗이 하며, 교만하고 허탄한 자랑을 하지 말라고 권면합니다. 하나님은 교만한 자를 물리치시고 겸손한 자에게 은혜를 주시며(잠 3:34, 약 4:6), 주 앞에서 낮추면 주께서 높여 주십니다(약 4:10). 이는 교만은 사탄과 마귀의 속성이고, 예수님의 마음은 온유하고 겸손하기 때문입니다(마 11:29). 예수님의 마음을 본받아 하늘의 복을 받고 안식을 누리며 살아갑시다(마 5:5,11:30). 또한 '나는 거룩하니 너희는 거룩하라'(레 19:2)는 말씀 따라 몸과 마음을 깨끗이 하고 성결하게 하도록 말씀과 기도에 더욱 힘씁시다(딤전 4:5).

우리의 삶을 돌아볼 때 솔직히 우리는 세상을 멀리하기보다는 세상과 타협하거나 세상에 미련을 두는 삶을 살아가고 있다고 해도 과언이 아닐 것입니다. 이는 마귀가 우리보다 훨씬 강하므로 우리의 힘과 능으로는 마귀가 지배하는 세상을 물리칠 수 없기 때문입니다. 따라서 하나님 말씀 따라 세상을 멀리하고 마귀를 대적하며 하나님의 뜻대로 살아가기 위해서는 무엇보다도 성령의 권능을 받아야 합니다. 이는 성령을 따라 행할 때 비로소 육체의 소욕을 물리칠 수 있기 때문입니다(갈 5:16-21). 다 아시는 바와 같이 성령을 받기 위해서는 성령을 사모하고 구해야 하며(눅 11:13), 무엇보다도 회개와 믿음의 고백이 있어야 합니다(행 2:38). 우리 모두 말씀 묵상과 기도와 예배에 힘쓰고 또 힘써 성령의 충만함을 받아 주님이 높이시는 삶을 살아가는 하나님의 강한 용사가 됩시다.

 Letter 66

거룩하게 살아가기

벧전 1:13-25

그러므로 너희 마음의 허리를 동이고 근신하여 예수 그리스도께서 나타나실 때에 너희에게 가져다 주실 은혜를 온전히 바랄지어다. 오직 너희를 부르신 거룩한 이처럼 너희도 모든 행실에서 거룩한 자가 되라, 너희는 그를 죽은 자 가운데서 살리시고 영광을 주신 하나님을 그리스도로 말미암아 믿는 자니 너희 믿음과 소망이 하나님께 있게 하셨느니라 너희는 형제를 마음으로 뜨겁게 서로 사랑하라 너희가 거듭난 것은 썩어질 씨로 된 것이 아니요 썩지 아니할 씨로 된 것이니 살아 있고 항상 있는 하나님의 말씀으로 되었느니라(13,15,21-23)

베드로전서는 베드로 사도가 로마 황제의 박해와 핍박으로 인하여 순교의 고난을 받고 있는 그리스도인에게 한 위로와 격려의 말씀입니다. 고난 속에서도 두려워하지 말고 예수 그리스도의 부활하심으로 말미암아 산 소망을 갖게 하신 하나님의 구원의 은총에 힘입어 기쁘게 살라고 권면합니다. 또한 하나님이 연단의 과정을 통하여 믿음을 정금보다 귀하게 하시며 예수님의 재림 때에 칭찬과 영광과 존귀를 주실 것이라고 격려하면서 거룩하게 살라고 권면합니다. 따라서 그리스도인(성도)은 하나님의 은혜로 믿음으로 말미암아 영혼의 구원을 받은 하나님의 거룩한 백성이라는 정체성을 잊지 말고 거룩한 삶을 살아야 합니다. 그렇다면 거룩한 삶이란 어떠한 삶일까요?

우선 '거룩함'의 의미를 살펴봅니다. 첫째, 거룩함은 하나님의 속성이고 하나님의 뜻입니다. '내가 거룩하니 너희도 거룩할지어다'(레 19:2). '하나님의 뜻은 이것이니 너희의 거룩함이라'(살전 4:3). 그렇습니다. 하나님은 우리를 거룩하게 하시려고 우리를 부르신 것입니다(살전 4:7). 거룩함이 없이는 아무도 하나님을 볼 수 없습니다(히 12:14). 둘째, 거룩함은 영적으로는 우상 숭배를 하지 않는 것이고, 육적으로는 음란을 버리는 것입니다(살전 4:3b). 이처럼 거룩함은 하나님을 사랑하고 이웃을 사랑하라는 하나님 십계명과 뗄 수 없습니다. 이처럼 거룩함이 없으면 하나님의 백성과 자녀가 아니므로 거룩함이란 하나님 백성의 정체성이라고 할 수 있습니다.

오늘 본문을 통하여 구체적으로 어떠한 삶이 거룩한 삶인지 살펴봅시다. 첫째, 거룩한 삶이란 하나님의 뜻에 순종하고 세상의 욕망과 사욕(邪慾)을 따르지 않는 것입니다(벧전 1:14,15). 물질주의와 쾌락주의와 성공주의로 얼룩진 세상적인 삶이 아니고 오직 성령 안에 있는 의와 평강과 희락인 하나님 나라의 삶입니다(롬 14:17). 둘째, 거룩한 삶이란 하나님을 경외하고 이 땅에서 나그네와 같은 삶을 살아가는 것입니다(벧전 1:17-21). 우리는 언젠가 하나님 앞에서 심판받을 존재이기 때문에 두렵고 떨리는 마음으로 하나님을 경외하며 살아야 합니다(전 12:13). 성도는 천국시민으로 언젠가 이 땅을 떠나 천국에서 영원히 살 것이기 때문에 이 땅에서는 세상에 미련을 두지 말고 나그네와 순례자처럼 살아가야 할 것입니다. 셋째, 거룩한 삶이란 형제를 마음으로 뜨겁게 사랑하는 것입니다(벧전 1:22). 우리는 죄인임에도 예수님의 보혈로 구속의 은총을 받았기에 그 은혜에 감사하여 형제를 하나님의 보배롭고 존귀한 자로 여기며 제 몸과 같이 사랑하는 삶을 살아가야 합니다. 사랑은 모든 허다한 죄를 덮습니다(벧전 4:8).

그러면 어떻게 거룩한 삶을 살아갈 수 있을까요?

첫째, 예수 그리스도의 재림 신앙을 굳게 붙잡고 재림 때에 주실 은혜를 온전히 바라보며 살아가야 합니다(벧전 1:13). 예수님의 성육신, 예수님의 십자가 구속, 예수님의 부활을 믿는다면 예수님의 재림 역시 온전히 믿어야 할 것입니다. 재림 신앙은 알곡과 가라지를 판별하는 구원과 심판의 종말 신앙입니다. 지옥불 심판을 받지 않고 천국 구원을 받기 위해서는 거룩한 삶을 살아야 합니다. 둘째, 사도 바울의 말씀처럼 그리스도인은 하나님과 성령이 거하시는 하나님의 성전이므로 성령을 따라 살아갈 때 거룩한 삶을 살 수 있습니다(고전 3:16,17). 셋째, 무엇보다도 말씀과 기도에 힘써야 합니다(딤전 4:5). 특히 우리의 거듭남은 살아 있고 항상 있는 하나님의 말씀으로 되었기 때문에 말씀의 씨를 우리 마음 밭에 잘 심어야 합니다(벧전 1:23-25).

끝으로 죄인인 인간이 하나님의 속성대로 거룩하게 살아간다는 것은 참으로 어렵고 힘든 일입니다. 인간의 힘과 능력 그리고 세상의 지혜로는 결코 거룩하게 살아갈 수 없습니다. 오직 말씀과 성령에 붙들린 삶을 살아갈 때만 가능합니다. 그러기 때문에 우리는 말씀과 기도에 힘써야 합니다. 이는 말씀의 능력으로 확실한 믿음(재림 신앙)을 갖게 되고(롬 10:17), 성경의 위인들처럼 전심으로 기도에 힘쓸 때 성령을 받기 때문입니다. 초대교회가 합심기도에 힘써 성령을 받고 부흥했던 것같이, 우리 교회도 부흥을 위하여 무엇보다도 합심기도에 더욱 더 힘써야 할 것입니다(행 4장 참조).

Letter 67

참된 지식을 가진 그리스도인

벧후 1:1-11

그러므로 너희가 더욱 힘써 너희 믿음에 덕을, 덕에 지식을, 지식에 절제를, 절제에 인내를, 인내에 경건을, 경건에 형제 우애를, 형제 우애에 사랑을 더하라 이런 것이 너희에게 있어 흡족한즉 너희로 우리 주 예수 그리스도를 알기에 게으르지 않고 열매 없는 자가 되지 않게 하려니와(5-8)

본문은 베드로후서의 머리말입니다. 베드로 사도는 로마 황제로부터 핍박을 받고 있는 그리스도인들에게 고난 중에도 예수님을 바라보며 성숙한 믿음생활을 하라고 권면합니다. 또한 교회 내에 있는 이단과 거짓 선지자들로부터 미혹을 받지 말고 예수님의 재림을 기다리면서 열매 맺는 믿음생활을 하라고 권면함과 아울러 하나님과 예수님에 대한 참된 지식을 가지라고 당부합니다. 지금도 신천지와 같은 이단들이 버젓이 활동을 하고 있기 때문에 우리도 베드로 사도의 권면과 당부의 말씀에 귀를 기울어야 할 것입니다.

그리스도인이 가져야 할 참된 지식이란 무엇일까요? 한마디로 우리 믿음의 대상이고 초석인 하나님과 예수 그리스도의 정체성을 올바로 아는 것입니다. 하나님은 우리의 창조주이시고 인생의 주관자이시며 종국적으로 심판자이십니다. 우리는 언젠가 하나님 앞에서 우리의 모든 행위대로 심판을 받는데, 하나님의 뜻을 행하는 자만이 천국에 들어갈 수 있습니다(마 7:21). 우리는 하나님의 뜻을 분별하기 위해서는 무엇보다도 성경말씀을 가까이 해야 할 것입니다. 우리는 구속자(救贖者, Redeemer)이고 하나님의 아들인 예수님으로 말미암지 않고는 하나님께로 갈 수 없기에 예수님을 온전히 아는데 힘써야 할 것입니다(요 14:6).

그럼 오늘 말씀을 통하여 그리스도인이 알아야 할 참된 지식을 살펴봅시다. 첫째, 우리가 믿는 하나님과 예수님은 우리에게 은혜와 평강을 주시고, 생명과 경건에 이르게 하는 모든 것을 주시며, 하나님의 영광과 덕을 누리게 해 주신 분이십니다(벧후 1:2,3). 우리의 생명과 은혜와 복은 하나님의 손에 달려 있기에 우리는 하나님과 예수님을 아는데 힘써야 할 것입니다(민 6:24-26). 둘째, 하나님이 우리에게 구원과 영생의 약속을 주셨는데, 이는 우리로 세상에서 정욕으로 인한 부패한 사람이 아니라 하나님의 성품에 참여하는 사람이 되게 하기 위함입니다. 우리는 세상에서 하늘에 속한 자처럼 순례자와 나그네와 같은 구별된 삶을 살아야 합니다. 베드로가 말하는 하나님의 성품이란 소위 팔덕(八德)인 여덟가지 열매입니다. 즉 믿음, 덕, 지식, 절제, 인내, 경건, 형제 사랑, 사랑입니다. 우리는 믿음의 기초 위에 다른 하나님의 성품을 차곡차곡 쌓아야 할 것입니다. 이는 사도 바울이 말하는 성령의 은사와 열매와 같습니다. 셋째, 우리는 하나님이 부르시고 택하신 보배롭고 존귀한 존재임을 알아야 합니다. 우리는 하나님이 구속하셨고 지명하여 부르신 하나님 소유이고(사43:1), 예수님이 우리로 열매를 맺게 하려고 택하신 존재입니다(요15:16). 우리는 하나님의 아름다운 덕을 선포하게 하려고 하나님이 택하신 족속이요 왕 같은 제사장이요 거룩한 나라요 그의 소유가 된 백성입니다(벧전 2:9).

위와같이 우리는 하나님과 예수님으로부터 부르심과 택하심을 받은 축복 받은 존재임을 굳게 믿고 하나님의 성품에 참여하려고 힘쓴다면 우리는 결코 넘어지지 않고 예수 그리스도의 영원한 나라에 들어갈 것입니다(벧후 1:10,11). 무엇보다도 우리의 옛 죄가 깨끗하게 된 것을 기억해야 합니다(벧후 1:9). 우리는 사도 바울이 말한 것처럼 하나님이 그리스도 예수 안에서 택하신 하나님의 자녀이고, 예수 그리스도의 피로 죄 사함을 받은 하나님의 상속자이며, 성령으로 인치심을 받은 거룩한 존재로서 하나님의 은혜와 영광을 찬미하며 살아야 할 것입니다(엡 1:3-14).

위와같이 우리가 하나님의 자녀이고 상속자로서 하나님의 뜻대로 거룩한 삶을 살아가기 위해서는 예수 그리스도를 아는 일에 게을리 해서는 안됩니다(벧후 1:8). 하나님과 예수님을 아는 일은 단지 성경 지식적으로 아는 것에 머무르지 않고 삶 가운데 체험적으로도 알아야 합니다. 이를 위해 우리는 우리 몸을 하나님이 기뻐하시는 거룩한 산 제물로 드리며, 세상을 본받지 말고 성령으로 심령을 새롭게 하여 하나님의 뜻을 분별하며 살아야 합니다(롬 12:1,2).

우리 모두 '예수 그리스도의 은혜와 그를 아는 지식에서 자라가라'(벧후 3:18)는 베드로 사도의 당부 말씀을 마음 깊이 간직하며 성령의 도우심을 받아 하나님이 기뻐하시고 원하시는 거룩한 삶을 살아갑시다.

 Letter 68

적그리스도를 분별하라

요한일서 2:18-29

거짓말하는 자가 누구냐 예수께서 그리스도이심을 부인하는 자가 아니냐 아버지와 아들을 부인하는 그가 적그리스도니 아들을 부인하는 자에게는 또한 아버지가 없으되 아들을 시인하는 자에게는 아버지도 있으니라 (22-23)

본문은 적그리스도에 관한 말씀입니다. 적그리스도'란 명칭은 사도 요한의 서신서에만 등장합니다. AD 70년 이후 초대교회 안에 도덕적 방종을 장려하며 그리스도의 성육신과 대속의 죽음을 부인하는 영지주의(靈知主義, Gnosis, 영은 선하고 육은 악하다는 異端思想)가 교회 공동체를 위협하였습니다. 이에 요한 사도가 85-90년경 에베소 교회에서 소아시아 교회 성도들에게 하나님과의 교제(코이노니아)를 강조하며 영지주의로부터 교회를 지키고자 요한서신을 기록했습니다. 적그리스도는 영지주의를 추종하며 교회를 분열시키고 교인들을 미혹하는 세력으로, 오늘날에도 공공연하게 활개를 치고 있습니다. 모름지기 교회와 교인은 적그리스도의 정체를 바로 알고 이를 분별하여 대적해야 할 것입니다.

적그리스도(敵그리스도, Antichrist)는 그리스도를 대적하는 세력, 그리스도의 원수, 그리스도의 이름이나 권위를 침해하는 자입니다(요일 2:18,22). 즉 적그리스도는 본질상 그리스도를 대적하며(살후 2:4), 진리를 훼손하고(요일 4:3), 세상을 미혹하며(마 24:5,23,24, 요이 7, 계 19:20), 성도를 넘어뜨립니다(계 13:7). 사도 요한이 말하는 적그리스도란, ① 원래 교회 안에 있었으나 어둠과 거짓으로 말미암아 빛과 진리인 교회를 떠난 자들이고(요일 2:19), ② 예수님의 성육신과 그리스도되심(십자가 구속) 및 하나님의 아들되심(부활)을 부인하는 자들이며(요일 2:22-23), ③ 교회를 나간 후에도 계속하여 교인들을 미혹하여 자신들의 세력으로 끌어들이려고 하는 자들입니다(요일 2:26). 적그리스도는 하나님과 그 아들이신 예수 그리스도를 부인하는 마귀의 자녀들입니다.

한편 적그리스도라는 존재는 요한서신 이외에 성경 전체에 등장합니다. 구약성경에서는 적그리스도를 여호와와 그의 기름 부음받은 자를 대적하는 자(시 2:2), 대적자(겔 38-39장, 슥 12-14장), '작은 뿔', '왕'으로 기록하였습니다(단 7:8,24,8:9,23,11:36). 신약성경에서는 인자와 성령을 대적하는 자(마 12:24-32, 13:37-

39), 하나님이 선택하신 자들을 미혹할 자(마 24:24, 막 13:22), 세 짐승(계 12-13장). 멸망의 아들(살후 2:3), 불법한 자(살후 2:8), 벨리알(고후 6:15)이라고 불렀습니다. 성경에 기록된 바와 같이 적그리스도는 하나님과 예수님을 적대하는 자로 옛적에도 존재했을 뿐만 아니라 앞으로도 계속 존재할 것이며 종말이 가까울수록 더욱 기승을 부릴 것입니다. 그러나 예수님이 재림하시면 적그리스도는 멸망하게 되며(계 19:20), 결국 영원히 지옥에 갇히게 될 것입니다(계 20:10,15).

그렇다면 하나님의 자녀(성도)와 마귀의 자녀(적그리스도)는 어떻게 분별할 수 있을까요? 사도 요한은 하나님의 자녀란 진리의 영이신 성령의 인도함을 받는 자이고, 마귀의 자녀란 미혹의 영으로부터 인도함을 받는 자라고 말합니다(요일 3:1-12). 즉 하나님의 자녀(성도)는, ① 장차 그리스도께서 재림하실 때에 그분과 같이 되기 위해서 자신을 깨끗하게 하는 자이고(요일 3:3), ② 예수께서 의롭게 있는 것처럼 의를 행하는 자이며(요일 3:7), ③ 하나님의 계명을 따라 형제 사랑을 실천하는 자이고(요일 3:11-12), ④ 특히 믿는 자들 속에 내주하시는 진리의 영이신 성령으로부터 기름 부음을 받아서 진리를 배우는 자입니다(요일 2:20,27). 한편 마귀의 자녀는 정욕적이고 탐심이 많으며 이기적이고 세상적입니다.

결론적으로 하나님의 자녀(성도)는 예수 그리스도를 믿음으로 말미암아 영원한 생명을 누리며(요 20:31), 성령으로 가르침을 받고 의를 행하는 사람입니다(요 14:26). 따라서 우리는 예수님의 성육신과 그리스도되심을 확실히 믿고, 말씀과 기도 가운데 성령의 도움을 받아 예수 그리스도 안에 거하면서 몸과 마음이 깨끗하고, 행실이 착하고 의로우며, 소외된 자들에 대한 섬김과 헌신의 삶을 살아야 할 것입니다.

Letter 69

행함과 진실함으로

요일 3:13-24

자녀들아 우리가 말과 혀로만 사랑하지 말고 행함과 진실함으로 하자. 그의 계명은 이것이니 곧 그 아들 예수 그리스도의 이름을 믿고 그가 우리에게 주신 계명대로 서로 사랑할 것이니라 그의 계명을 지키는 자는 주 안에 거하고 주는 그의 안에 거하시나니 우리에게 주신 성령으로 말미암아 그가 우리 안에 거하시는 줄을 우리가 아느니라(18,23-24)

　본문은 사랑의 사도인 요한이 교회공동체에 예수님의 새 계명인 '서로 사랑'과 함께 '형제 사랑'을 당부하는 말씀입니다. 그는 '하나님은 사랑이시다'고 거듭 강조하며(요일 4:8,16), 사랑은 하나님에게서 난 것이므로 하나님을 사랑하는 자는 마땅히 서로 사랑해야 하며 형제를 사랑해야 한다고 강력하게 권면합니다(요일 3:11, 4:7,21). 그렇습니다. 사랑은 기독교의 핵심 가치이며, 하나님과 예수님이 주신 계명의 정신입니다. 하나님이 이스라엘 민족에게 주신 율법 중 율법인 십계명은 하나님을 사랑하고 이웃을 사랑하라는 것입니다. 또한 예수님이 최후의 만찬을 하시면서 제자들에게 주신 새 계명 역시 '서로 사랑하라'는 것입니다(요 13:34-35). 그리고 사도 바울과 베드로와 요한은 예수님의 새 계명에 따라 '형제를 사랑하라'고 권면합니다(롬 12:10, 벧전 4:8, 벧후 1:7, 요일 4:21). 그럼 사랑의 내용은 무엇이며, 어떻게 사랑을 실천해야 하는지에 관하여 살펴봅시다.

사랑의 내용을 알기 위해서는 먼저 하나님의 사랑과 예수님의 사랑을 바로 알아야 합니다. 하나님의 사랑의 본질은 성육신 사랑입니다. 즉 하나님은 우리를 죄와 사망의 심판으로부터 구원하기 위하여 독생자 예수님을 이 땅에 화목제물로 보내신 것입니다. 그 누가 다른 사람을 구원하기 위하여 자기 아들을 희생양으로 삼겠습니까?. 예수님의 사랑의 본질은 십자가 사랑입니다. 예수님은 하나님의 아들임에도 우리의 죄를 구속하시기 위하여 죄 없음에도 기꺼이 대속의 제물이 되신 것입니다.

다음 성경의 사랑장인 고린도전서 13장을 통하여 사랑의 내용이 무엇인지 살펴봅니다. 사도 바울은, 사랑은 성령의 은사이자 성령의 열매이며 사랑이 없다면 하나님의 나라를 유업으로 받을 수 없다고 선포합니다(고전 12:31, 갈 5:21,22). 그리고 사랑의 내용은 오래 참고 온유하며, 시기와 자랑과 교만과 무례와 자기 유익 구함과 성냄과 악한 생각과 불의를 하지 아니하며, 진리와 함께 기뻐하고, 모든 것을 참으며 믿으며 바라며 견디는 것이라고 합니다(고전 13:4:7).

그러면 우리는 어떻게 사랑을 실천해야 하는가요? 요한 사도의 권면에 따르면, 첫째 사랑은 말과 혀로만 하지 말고 행함과 진실함으로 해야 합니다(요일 3:18). 이는 재물을 가지고 있으면서 형제의 궁핍함을 보고도 도와주지 않으면 그 사람 안에는 하나님의 사랑이 없고(요일 3:17), 행함이 없는 사랑 안에는 생명이 없기 때문입니다(요일 3:14, 약 2:27참조). 또한 진실함이 없는 거짓 사랑은 자기 의를 내세우는 것이고 자신의 이익을 위함이기 때문입니다. 둘째, 가까운 형제나 이웃부터 사랑해야 합니다. 이는 가까운 형제를 사랑하지 않는 자는 눈에 보이지 않는 하나님을 결코 사랑할 수 없기 때문입니다(요일 4:20). 셋째. 사랑의 본질은 성육신과 십자가 사랑처럼 희생과 헌신이기 때문에 이웃을 위해 자신이 먼저 양보하고 배려하고 손해를 보아야 합니다. 만일 자기의 유익을 구하는 것이라면 이는 이미 사랑의 행위라고 할 수 없습니다. 친구를 위하여 자기 목숨을 버리는 것이야말로 가장 큰 사랑입니다(요 15:13, 요일 3:16).

끝으로 사랑의 유익을 살펴봅니다. ① 사랑 안에 있으면 두려움이 없을 뿐만 아니라 두려움을 내쫓습니다(요일 4:18). ② 하나님 앞에서 담대함을 얻을 수 있습니다(요일 3:21,4:17). ③ 사랑하는 자는 하나님께 속한 자로 하나님을 알게 됩니다(요일 4:7). ④ 형제를 사랑하면 사망에서 옮겨 생명으로 들어갑니다(요일 3:14). ⑤ 사랑의 계명을 지키면 주님 안에 거하게 되고 또한 주님도 우리 안에 거하게 되는 축복을 받습니다(요일 3:24,4:12). 이는 성령으로 말미암아 주님이 우리 안에 거하시는 줄을 알게 되는데(요일 3:24,4:13), 주님이 우리 안에 거하시면 우리가 무엇이든지 구하더라도 이루어질 것입니다(요 15:7). 우리 모두 하나님의 사랑을 받은 자로서 서로 사랑하며 이 세상에 사랑의 향기를 전하도록 힘씁시다.

Letter 70

진리를 수호하는 사랑 공동체

요한 2서

너의 자녀들 중에 우리가 아버지께 받은 계명대로 진리를 행하는 자를 내가 보니 심히 기쁘도다 부녀여, 내가 이제 네게 구하노니 서로 사랑하자, 미혹하는 자가 세상에 많이 나왔나니(4-5)

본문은 사도 요한이 교회의 본질과 사명을 간략하게 잘 기록한 말씀입니다. 그는 교회란 기독교 신앙의 진리를 추구하고 그 안에 거하는 공동체로서 서로 뜨겁게 사랑하면서 주의 말씀을 따라야 하고, 한편 성도들을 지키기 위하여 거짓 교사와 이단자들을 경계하라고 교훈합니다. 먼저 교회의 본질을 살펴보면, 교회는 하나님으로부터 택하심을 받은 믿음의 사람들의 공동체입니다(요이 1:1). 교회는 예수 그리스도의 몸이고, 예수 그리스도는 교회의 머리이며, 성도는 교회의 지체입니다(엡 1:22-23). 따라서 성도는 믿음의 주요 또 온전하게 하시는 예수님을 바라보며 믿음의 경주를 해야 합니다(히 12:1,2).

다음 교회의 사명을 살펴보면, 첫째 교회는 예수 그리스도의 신앙 공동체로서 기독교 진리를 수호해야 합니다. 교회는 기독교 진리인 '예수님은 그리스도요 살아계신 하나님의 아들이심'을 믿는 사람들의 신앙고백 공동체이고, 예수님의 성육신과 십자가와 부활과 재림을 믿는 사람들의 예배 공동체입니다. 따라서 교회는 성경말씀에 따라 진리이신 예수님을 올바로 믿는 한편, 예수님의 인성과 신성을 부인하는 이단 세력의 가르침을 분별하며 그들을 경계해야 합니다. 이는 교회를 분열시키고 다툼을 일으키는 그들로부터 교회를 보호하기 위함입니다. 그들과는 교제는 물론 인사조차 하지 말아야 합니다. 그들과 인사하는 것은 그들이 하는 악한 일에 동참하는 것이기 때문입니다(요이 10,11).

둘째, 교회는 사랑의 공동체로서 서로 사랑하고 이웃을 사랑해야 합니다. 사랑은 기독교의 핵심 가치이고 하나님과 예수님의 계명이기 때문에 교회와 성도는 마땅히 이 사랑의 계명을 지켜야 합니다. 만일 사랑의 계명을 지키지 않는다면 아무리 교회 봉사를 많이 한다고 할지라도 하나님께서는 이를 기뻐하시지 않으실 것이고, 혹여 하나님께서 심판의 날에 모르신다고 하실까 두렵습니다. 사랑이란 자기의 유익이 아닌 다른 사람의 유익을 위해 헌신하고 희생하며, 자신의 이익을 포기하고 양보하며 배려하고 손해보는 것입니다. 이는 말하기는 쉽지만 행하기는 결코 쉽지 않습니다. 예수님의 '용서할 줄 모르는 종 비유' 말씀이 주는 교훈에 따라, 우리 자신이 일만 달란트의 채무를 탕감받은 자임을 결코 잊지 말아야 할 것입니다(마 18:21-35). 또한 교회와 성도는 예수님의 부활과 재림을 믿기에 하늘의 위로와 천국의 소망을 가져야 합니다. 성도는 순례자와 나그네와 같이 이 땅과 세상보다 하늘과 천국을 바라보며 선한 사마리아인과 같이 어렵고 힘든 소외된 사람들을 섬기며 살아야 합니다.

셋째, 교회는 선교 공동체로서 예수 그리스도의 복음을 땅끝까지 전해야 합니다. 예수님은 복음을 전도하기 위하여 이 땅에 오셨으며(막 1:38), 천국 복음을 전파하는 삶을 살았습니다(마 4:23). 따라서 복음 전도와 선교는 교회와 성도의 사명입니다. 그런데 복음 전도는 우리의 힘과 능으로는 어렵고 성령의 도우심을 받아야 열매를 맺을 수 있습니다. 베드로와 바울처럼 성령이 임해야만 성령의 권능을 받아 선교의 사명을 감당할 수 있습니다. 이처럼 성령은 선교의 영이기에 우리는 선교의 사명을 감당하기 위해서는 무엇보다도 성령을 받아야 합니다(행 2:38 참조). 참고로 성령은 우리의 보혜사, 위로자, 상담자, 선생님입니다.

살펴본 바와 같이 교회는 길과 진리와 생명이신 예수님을 믿는 진리의 공동체요, 예수님의 계명을 지키는 사랑의 공동체요, 예수님을 증거하는 선교의 공동체입니다. 교회는 세상의 가치가 아닌 하나님 나라의 가치로 세워지는 천국 공동체입니다. 따라서 교회의 지체인 우리는 오직 믿음, 오직 예수, 오직 말씀의 신앙에 따라 그리스도의 사랑과 소망의 복음을 전하는데 힘써야 할 것입니다. 하나님은 찬송을 받으시려고 우리를 지으셨다고 하셨습니다(사43:21). 우리 모두 성도의 사명을 온전히 감당함으로 말미암아 하나님께 찬송을 올립시다.

Letter 71

범사에 강건한 삶

요한3서

> 사랑하는 자여 네 영혼이 잘됨 같이 네가 범사에 잘되고 강건하기를 내가 간구하노라, 내가 내 자녀들이 진리 안에서 행한다 함을 듣는 것보다 더 기쁜 일이 없도다(2,4)

본문은 성경 66권 중 64번째인 요한삼서 말씀입니다. 본문 중 2절 '사랑하는 자여 네 영혼이 잘됨 같이 네가 범사에 잘되고 강건하기를 내가 간구하노라' (Dear friend, I pray that you may enjoy good health and that all may go well with you, even as your soul is getting along well)의 말씀은 많은 사람들이 애송하는 말씀입니다. 요한삼서는 요한 사도가 사랑하는 제자 가이오에게 보낸 권면과 경계의 말씀입니다. 즉 진리 안에서 행하고 진리를 위하여 함께 일하는 자가 되어야 하며, 순회 전도자들을 선대하고 선을 행하라고 권면하는 한편, 교회 내에서 으뜸되기를 좋아하고 순회 전도자를 악한 말로 비방하거나 배척하는 행동을 하지 말라고 경계합니다. 그럼 그리스도인의 범사에 강건한 삶이란 어떤 것인지 살펴봅시다.

오늘 말씀을 중심으로 간략히 정리하면, 그리스도인의 강건한 삶이란 진리이신 예수님 안에서 진리인 예수님의 계명과 가르침을 지키면서, 목회자나 선교사를 선대하고 형제와 이웃에게 선을 행하는 삶입니다. 또한 교만과 시기를 하지 아니하고 비방과 분쟁을 멀리하는 삶입니다. 이어 요한삼서의 요절인 2절 말씀과 성경 전체를 통하여 성도의 강건한 삶을 살펴봅니다. 먼저, 많은 이들이 요한삼서 2절 말씀을 '영혼(靈魂)이 잘되면 세상만사(世上萬事)도 잘된다'고 해석합니다. 즉 교회의 신앙생활을 열심히 하면 세상에서 잘 살게 되고 몸도 건강해진다는 것입니다. 물론 믿음 좋은 사람들 중 잘 살고 건강한 분들도 많지만, 그렇다고 믿음 좋은 분들이 다 세상에서 잘 살고 건강한 것은 아닙니다. 따라서 이 말씀을 기복신앙처럼 영육간의 만사형통으로 해석하기 보다 성경 전체의 맥과 정신에 입각하여 잘 이해할 필요가 있습니다.

신약성경 중 사도들의 서신서를 살펴보면, 공히 '이 세상을 사랑하지 말고(요일 2:15-17), 이 세상에 안주하지 말며(계 18:4참조), 천국 본향을 향하는 자들이 되라'(히 11:13-16)고 권면합니다. 특히 사도 바울은 '하나님 안에서는 모든 것을 할 수 있으므로 어떠한 고난과 역경 속에서도 자족(自足)하며 살라'(빌 4:11-13)고 강권하고 있습니다. 따라서 범사에 잘되고 강건하라는 말씀은 세상적으로 성공하고 만사형통하라는 말씀이 아니고 믿음이 강건한 자가 되어 영적인 형통(亨通)을 누리며 살라는 말씀입니다.

'영혼의 잘됨'이란 믿음 충만함, 성령 충만함입니다. 영혼의 잘됨은 신앙생활의 기초이자 기본입니다. 영혼의 잘됨이 없이는 결코 하나님의 도우심과 인도하심은 물론 하나님의 은혜와 사랑을 받을 수 없고, 신앙생활을 제대로 할 수 없습니다. 따라서 우리는 무엇보다도 영혼의 잘됨을 구해야 합니다. 이를 위해 마땅히 말씀과 기도에 힘써야 하고 진리와 영으로 예배해야 합니다(요 4:23-24).

'범사에 잘됨'이란 세상만사의 형통함이 아니라 주님 안에서의 형통함입니다. 요셉이 노예와 죄수 생활을 하고 있었을 때, 세상의 시각으로 보면 이를 형통하다고 할 수 없지만 성경은 하나님이 함께 하심으로 말미암아 형통하다고 합니다(창 39:2,23). 그렇습니다. 범사에 잘됨이란 세상의 성공과 번영이 아니라, 마음의 평강과 기쁨이요 하나님을 향한 감사와 찬송입니다. 빌립보 감옥에서 하나님께 기도하고 찬송하는 바울과 실라의 모습은 이를 잘 웅변하고 있습니다(행 16장).

따라서 범사에 강건한 삶이란 믿음과 성령의 충만함으로 말미암아 영혼이 잘되고, 어렵고 힘든 상황 속에서도 하나님으로 말미암아 마음이 기쁘고 즐거우며(합 3:17-18), 육체적으로도 건강한 삶이라고 할 수 있습니다. 그럼 어떻게 해야 범사에 강건한 삶을 살 수 있을까요? ① 경건의 훈련에 힘써야 합니다. 경건이란 범사에 유익하여 금생과 내생에 약속이 있기 때문입니다(딤전 4:7,8). ② 항상 기뻐하고 쉬지 말고 기도하며 범사에 감사해야 합니다. 이는 예수 그리스도 안에서 우리를 향한 하나님의 뜻이기 때문입니다(살전 5:16-18). ③ 주야로 말씀을 묵상하며 지켜 행해야 합니다(수 1:8). ④ 하나님의 나라와 그 의를 먼저 구해야 합니다(마 6:33). ⑤ 마음을 다하여 하나님을 신뢰하고 범사에 하나님을 인정해야 합니다(잠 3:5-6).

Letter 72

성전에서 부름 받은 이사야

이사야 6장

그 때에 그 스랍 중의 하나가 부젓가락으로 제단에서 집은 바 핀 숯을 손에 가지고 내게로 날아와서 그것을 내 입술에 대며 이르되 보라 이것이 네 입에 닿았으니 네 악이 제하여졌고 네 죄가 사하여졌느니라 하더라 내가 또 주의 목소리를 들으니 주께서 이르시되 내가 누구를 보내며 누가 우리를 위하여 갈꼬 하시니 그 때에 내가 이르되 내가 여기 있나이다 나를 보내소서 하였더니(6-8)

본문은 이사야가 하나님으로부터 선지자로 부르심(소명)을 받은 내용입니다. 이사야서는 유다 백성에게 하나님께로 돌아오도록 회개를 촉구하고, 나아가 메시아를 통한 이스라엘의 종국적인 회복과 하나님 나라를 알리고자 기록되었습니다. 이사야서의 특징은, ① 총 66장으로 마치 성경 66권(구약 39권, 신약 27권)을 축소한 것 같은 구조입니다. 1장부터 39장까지는 구약의 심판 메시지를, 40장부터 66장까지는 신약의 구원 메시지를 담고 있습니다. ② 구약의 다니엘서와 신약의 요한계시록과 같은 묵시록적인 내용을 담고 있습니다(24-27장). ③ 무엇보다도 예수님의 성육신과 십자가 고난을 예표하고 있는 위로와 소망의 예언서로 신약에서 가장 많이 인용되고 있는 구약 중 하나입니다.

본문은 이사야가 선지자로 부르심을 받을 때의 유명한 성경 말씀입니다. 이사야가 부르심을 받을 당시 남유다는 우상 숭배와 부정부패와 온갖 불의로 가득 차서 하나님의 심판은 필연적이었습니다. 성경에는 하나님으로부터 직접 부르심을 받은 인물들이 많이 있습니다. 구약에는 아브라함, 모세, 기브온, 이사야, 예레미야, 에스겔, 호세아 등이 있고, 신약에는 예수님으로부터 소명을 받은 베드로와 요한, 바울 등이 있습니다. 이중 압권은 모세(출3장)와 이사야(6장)와 바울(행9장)이라 할 수 있습니다. 하나님은 우리를 지으시고, 택하시고, 부르시고, 보내십니다. 하나님의 부르심은 소명(召命, Call), 하나님의 보내심은 사명(使命, Mission)이라고 합니다. 소명을 받은 자는 사명 또한 감당하게 됩니다. 하나님은 아무나 부르시지 않고 준비된 사람만을 믿음의 분량에 따라 부르시고 또한 보내십니다. 따라서 하나님의 부르심과 보내심을 받은 사람은 세상과 사람이 아니라 하나님으로부터 믿음의 사람으로 인정받은 것이기에 하나님께 감사와 영광을 올리며 살아야 합니다.

그럼 하나님으로부터 언제 어디에서 어떻게 부르심을 받을까요? 이사야는 성전에서 하나님께 제사(예배)를 드릴 때 천상의 세계와 같은 환상 중에 하나님으로부터 선지자로 부르심을 받았습니다. 당시 하나님의 옷자락은 성전에 가득 차고, 천사들이 하나님의 거룩하심과 영광을 찬양하며, 성전에는 연기가 가득 찼습니다. 이 때 이사야가 그 거룩함과 경이로움으로 인하여 자신의 죄악을 회개하자, 천사가 불에 타고 숯을 입술에 대고 죄악을 사해 주었습니다. 이처럼 하나님의 부르심은 하나님 앞에서 자신의 죄악을 회개하고 사함을 받은 자에게 임하는 것입니다.

이사야가 받은 소명과 사명은 어떤 것일까요? 뜻밖에도 유다 백성을 구원하는 소식이 아니라 심판하는 소식을 전하는 것이었습니다. 더군다나 철저하게 심판한다는 내용이었습니다. 이는 백성들의 마음이 너무나 부패하여 하나님의 말씀을 들어도 깨닫지 못하고, 보아도 알지를 못하기 때문이었습니다. 이에 역설적으로 이사야에게 '너는 이 백성의 마음을 둔하게 하라. 귀가 막히고 눈이 감기게 하라. 그리하여 그들이 볼 수 없고 들을 수 없고 마음으로 깨달을 수 없게 하라'고 명하였습니다. 이에 이사야는 하나님의 말씀에 순종하여 백성들이 싫어하는 심판의 메시지를 전하는 선지자로 살았습니다. 모름지기 선지자로 소명을 받은 자는 하나님의 말씀을 받아 백성들에게 전하는 것이 사명이므로, 자신의 생각이나 의견을 말하지 말고 하나님이 자신에게 지시하신 말씀을 그대로 전해야 합니다.

그렇다면 과연 하나님은 백성을 심판하기 위하여 선지자를 보냈을까요? 그렇지 않습니다. 이사야에게 심판의 메시지를 전하라고 한 것은 유다 백성을 심판하기 위함이 아니고 그들을 돌이키기 위함입니다. 하나님은 이사야에게 심판 중에도 거룩한 삶을 사는 자들은 그 땅의 그루터기로 남을 것이라는 회복과 구원의 말씀을 합니다(사6:11-13). 우리 주변에는 이미 소명을 받아 사명자의 삶을 살아가는 이들도 있고 앞으로 소명을 받을 자들도 있을 것입니다. 중요한 것은 소명자와 사명자가 되기 위해서는 날마다 십자가 보혈로 죄 사함을 받고, 먼저 하나님의 나라와 그 의를 구하며, 하나님의 뜻을 따라 세상의 빛과 소금의 삶을 삶을 살아가야 할 것입니다.

Letter 73

메시아 예언

이사야 11장

내 거룩한 산 모든 곳에서 해 됨도 없고 상함도 없을 것이니 이는 물이 바다를 덮음 같이 여호와를 아는 지식이 세상에 충만할 것임이니라 그날에 이새의 뿌리에서 한 싹이 나서 만민의 기치로 설 것이요 열방이 그에게로 돌아오리니 그가 거한 곳이 영화로우리라(9-10)

본문은 메시아 예언에 관한 말씀입니다. 메시아(Messiah)는 '기름 부음을 받은 자'를 뜻하는 히브리어이고, 헬라어로는 그리스도(Christos)입니다. 메시아와 그리스도는 같은 말로서 구세주(救世主) 또는 구원자(救援者)입니다. 이스라엘 민족은 분열왕국 시대에 당대의 최강국인 앗수르와 바벨론으로부터 침략을 받아 멸망합니다. 이는 우상 숭배와 죄악으로 인하여 하나님으로부터 심판을 받지 않을 수 없었기 때문입니다. 그러나 한편 하나님은 선지자를 통하여 이스라엘 민족에게 메시아에 의한 구원의 메시지를 선포합니다. 이에 이스라엘 민족은 메시아를 대망(待望)했습니다. 이스라엘 민족의 메시아 대망 사상은 하나님이 나단 선지자를 통하여 다윗에게 하신 다윗 언약에 뿌리를 두고 있습니다. 네 집과 네 나라가 내 앞에서 **영원히 보전되고 네 왕위가 영원히 견고하리라 하셨다 하라**(삼하 7:16). 그럼 메시아가 누구인지, 메시아 왕국의 모습은 어떠한지, 오늘날 메시아 예언의 의미는 무엇인지 살펴보겠습니다.

성경에 나타난 대표적인 메시아 예언에 관한 말씀은, 이사야서 9장, 11장, 53장 말씀, 예레미야서 23장(3-8절) 말씀, 미가서 5장(2절)과 스가랴서 9장(9절) 말씀입니다. 위 말씀들을 종합하여 보면, 메시아는 다윗의 후손으로 오시며(사 11:1,10, 렘 23:23:5), 지혜와 총명의 영이요 모략과 재능의 영이요 지식과 여호와를 경외하는 영인 하나님의 영이 임하신 분입니다(사 11:2). 그는 평강의 왕으로 정의와 공의와 성실로 나라를 다스리며(사 9:6-7, 11:3-5, 렘 5-6), 각국으로 흩어졌던 남은 백성들을 이스라엘로 돌아오게 하시고(사 11:10-16, 렘 23:7-8), 한편 고난받은 종으로 죄악을 대신 짊어지기도 합니다(사53장). 즉 메시아는 왕인 동시에 종입니다. 이스라엘 민족은 왕이신 메시아를 원했지만, 실제 메시아이신 예수님은 고난받는 종의 모습으로 오셨습니다.

메시아가 이 땅에 와서 세울 메시아 왕국의 모습은 어떤 것일까요? 세상의 모습과는 전혀 다릅니다. 메시아 왕국의 모습은

'이리가 어린 양과 함께 살며, 표범이 어린 염소와 함께 누우며, 송아지와 어린 사자가 함께 있으며, 암소와 곰이 함께 먹으며, 사자가 소처럼 풀을 먹으며, 어린 아이가 독사와 함께 지내는, 해 됨도 없고 상함도 없는 평화로운 세상'입니다(사 11:6-9). 과연 이런 메시아 왕국이 이 땅에 세워질 수 있을까요? 물이 바다를 덮음같이 여호와를 아는 지식이 세상에 충만할 때 임할 것입니다(사 11:9).

구약의 메시아는 바로 예수님입니다. 그 근거는 예수님이 이 땅에 오시기 전 700여년 전부터 예언한 선지자들의 말씀입니다. 즉 예수님의 동정녀 탄생의 예언과 그 이름이 임마누엘이라는 말씀(사 7:14), 다윗의 혈통으로 오신 점, 메시아가 베들레헴에서 나올 것이라는 예언(미 5:2), 예수님의 예루살렘 입성하는 모습에 대한 스가랴의 예언(슥 9:9), 무엇보다도 예수님의 십자가 고난에 대한 이사야의 예언(사 53장)입니다. **그가 찔림은 우리의 허물 때문이요 그가 상함은 우리의 죄악 때문이라 그가 징계를 받음으로 우리는 평화를 누리고 그가 채찍에 맞으므로 우리는 나음을 받았도다. 우리는 다 양 같아서 그릇 행하여 각기 제 길로 갔거늘 여호와께서는 우리 모두의 죄악을 그에게 담당시키셨도다**(사 53:5-6). 또한 예수님이 하신 적지 않은 사역들이 구약의 예언서 등과 일치한 점, 예수님의 가르침과 이적들을 종합하여 볼 때 메시아(그리스도)이심을 믿지 않을 수 없습니다(요 20:31).

이처럼 메시아이신 예수님이 오셨는데도 왜 이 땅에 메시아 왕국이 세워지지 않을까요? 메시아 왕국은 바로 예수님이 말씀하신 하나님 나라입니다. 하나님 나라는 우리가 육적으로 체험할 수 있는 것이 아니고 바로 의와 평강과 희락으로 충만한 성령의 세계입니다(롬 14:17). 따라서 성령 충만한 자에게는 이미 마음 속에 있습니다만, 예수님이 재림하신 후 갈 수 있는 곳입니다. 따라서 우리는 예수님의 재림을 소망하며 재림에 대비하는 삶을 살아야 합니다. 재림의 날이 언제인 줄 아무도 모릅니다. 이에 우리는 스스로 조심하며 항상 기도하며 깨어 있어 하나님의 나라와 그 의를 구하며 세상의 빛과 소금같이 살아야 할 것입니다(눅 21:34-36, 마 6:33, 5:13-16).

Letter 74

내 백성을 위로하라

이사야 40:1-11

너희의 하나님이 이르시되 너희는 위로하라 내 백성을 위로하라, 외치는 자의 소리여 이르되 너희는 광야에서 여호와의 길을 예비하라 사막에서 우리 하나님의 대로를 평탄하게 하라, 여호와의 영광이 나타나고 모든 육체가 그것을 함께 보리라 이는 여호와의 입이 말씀하셨느니라(1,3,5)

  본문은 이사야 선지자가 바벨론 포로생활을 하고 있는 이스라엘 민족에게 하나님의 구원 메시지를 전하는 서두(序頭) 내용입니다. 이사야서는 39장을 끝으로 심판의 메시지를 마치고, 40장부터는 구원의 메시지를 기록하고 있습니다. 아시다시피 이스라엘 민족은 BC 586년 우상 숭배와 온갖 죄악으로 인하여 하나님의 심판을 받아 바벨론에게 멸망당하고 포로로 끌려 가는 등 도저히 회복될 수 없는 절망 상태에 놓이게 됩니다. 그 때 하나님은 이스라엘 민족에게 구원을 약속하셨는데, 그 대표적인 위로와 소망의 말씀이 바로 본문입니다. 하나님 백성을 향한 하나님의 심판은 심판을 위한 심판이 아니라 구원을 위한 징계였던 것입니다. 본문의 요지는, ① 이스라엘 민족의 포로 노역의 때가 끝났고 그 죄악도 사함을 받았으며(사 40:1-2), ② 메시아를 보내 이스라엘을 회복해 주시겠다는 것입니다(사 40:3-11). 메시아 도래와 이스라엘 회복이라는 위로와 소망의 말씀입니다.

'하나님의 위로하심'은 하나님의 은혜와 사랑의 덕목으로 모든 사람들에게 힘과 소망이 됩니다. 우리는 세상을 살아가면서 남모른 아픔과 슬픔을 겪고 살아가지만 하나님의 위로하심으로 말미암아 새 힘을 얻어 그 고난과 역경을 헤쳐 나갑니다. 사도 바울의 고백처럼 '하나님은 모든 위로의 하나님으로 모든 환난 중에 있는 자들을 능히 위로하게 하시는 분'이십니다(고후 1:3-4). 하나님은 예수님의 승천 후 보혜사(保惠師)인 성령님을 보내주셨는데, 성령님 또한 위로자(Comforter)입니다. 그렇습니다. 하나님의 위로가 임하면 슬픔이 기쁨이 되고, 아픔이 치유되며, 실패가 성공이 되고, 패배가 승리가 되며, 절망이 희망이 되고, 죄인도 의인이 됩니다.

'메시아를 보내 이스라엘을 회복해 주시겠다'는 말씀의 내용은 세 부분으로 구성되어 있습니다. 첫째, 메시아가 오시도록 광야와 사막에서 그 길을 예비하고 평탄하게 하라는 것입니다(사 40:3-5). 둘째, 메시아를 보내 주시겠다는 하나님 약속의 말씀은 그 어떤 사람의 약속보다 신실하고 영원하다는 것입니다(사 40:6-

8). 셋째, 메시아는 장차 강한 자로 임하여 상급과 보응으로 나라를 다스리며, 선한 목자와 같이 양과 같은 이스라엘 민족에게 먹을 것을 공급하시고 인도해 주신다는 것입니다(사 40:9-11).

그럼 먼저 '여호와의 길을 예비하라'는 말씀을 살펴봅니다. 이는 여호와 하나님이 이 땅에 오심으로 말미암아 하나님의 영광이 나타나 구원이 시작된다는 것을 뜻합니다. 이사야를 통한 이 말씀은 예수님과 세례 요한의 '회개하라 천국이 가까이 왔느니라'는 말씀으로 성취됩니다(마 3:1-3, 4:17). 따라서 여호와의 길을 예비하라는 것은 바로 회개하라는 것입니다. 회개는 천국문을 여는 열쇠와 같다는 말이 있듯이 우리도 회개의 세례를 받고 회개에 합당한 열매를 맺도록 힘써야 합니다(눅 3:3,8). 또한 회개가 있어야 성령도 선물로 받을 수 있습니다(행 2:38).

다음 '하나님의 말씀은 영원히 서리라'는 말씀을 살펴봅니다. 인간의 정체성은 풀과 들의 꽃과 같이 언젠가는 마르고 시들 수밖에 없는 연약하고 유한한 존재라는 것입니다. 그러나 하나님의 말씀은 곧 하나님 자신이기 때문에 영원합니다. 이 말씀 또한 '천지는 없어지되 내 말은 없어지지 아니하리라'(막 13:31)는 예수님의 말씀으로 이어집니다. 그러므로 우리는 어리석은 사람처럼 자기 소견에 옳은 대로 행할 것이 아니라 영원하신 하나님의 말씀에 순종하며 살아야 하겠습니다.

끝으로 '메시아가 오신다'는 것은 복된 아름다운 소식, 바로 복음(福音)입니다. 왜냐하면 메시아는 양과 같은 우리를 죄악의 길에서 보호하고 지키시며 의롭고 선한 길로 인도하시는 선한 목자이시기 때문입니다(사 40:11). 예수님이 바로 메시아입니다(요 10:11). 그렇습니다. 우리는 그릇 행하는 양과 같은 존재이므로 선한 목자이신 예수님을 따라 살아야 합니다. 우리는 하나님의 보살핌이 없이는 잠깐 보이다가 없어지는 안개와 같은 존재이므로(약 4:14), 하나님의 뜻대로 선을 행하며 살아야 합니다(약 4:15,17). 그리스도인은 예배는 물론 복음의 증인된 선교자의 삶을 살아야 합니다.

Letter 75

고난받는 종

이사야 52:13-53:12

그는 실로 우리의 질고를 지고 우리의 슬픔을 당하였거늘 우리는 생각하기를 그는 징벌을 받아 하나님께 맞으며 고난을 당한다 하였노라 그가 찔림은 우리의 허물 때문이요 그가 상함은 우리의 죄악 때문이라 그가 징계를 받으므로 우리는 평화를 누리고 그가 채찍에 맞으므로 우리는 나음을 입었도다 우리는 다 양 같아서 그릇 행하여 각기 제 길로 갔거늘 여호와께서는 우리 모두의 죄악을 그에게 담당시키셨도다 (4-6)

이사야서는 메시아 예언에 관한 대표적인 구약 성경인데, 이 중 본문은 마치 예수님의 십자가 고난을 본 것처럼 그대로 예언한 이사야서의 백미에 해당되는 말씀입니다. 이사야 선지자가 예언한 메시아가 바로 예수님이라는 사실을 결정적으로 입증할 수 있는 성경 말씀입니다. 이사야서는 후반부 40장부터는 구원의 메시지를 구원의 약속(40-48장), 구원의 과정(49-57장), 구원의 성취(58-66장)의 내용으로 기록하고 있습니다. 참고로 이사야서는 예수님과 뗄래야 뗄 수 없는 대예언서입니다. 즉 예수님의 탄생(7:14), 기름부음(성령)을 받으신 예수님(11:2), 예수님의 고난(50:6, 52:4-6), 예수님의 말씀 선포(61:1-2), 예수님의 인격(42:3), 예수님의 순종(50:5), 예수님의 죽음(53:8-9), 예수님의 부활(53:10), 예수님의 승천(52:13), 예수님의 재림(32:1) 등에 관한 예언이 기록되어 있습니다.

이사야서 후반부에는 '여호와의 종의 노래'라고 불리는 말씀 네 편이 있는데, 이중 본문은 네 번째입니다. '여호와의 종'이란 여호와에 의하여 부름을 받아 그분의 명령을 수행하는 여호와의 대행자인 메시아라고 볼 수 있습니다. 따라서 '여호와의 종의 노래'란 메시아에 대한 핵심적인 말씀입니다. 네 편의 '여호와의 종의 노래'를 요약하면, 메시아는 상한 갈대를 꺾지 아니하고 꺼져가는 등불을 끄지 아니하며 이방에 정의를 베푸는 종이고(사 42:1-4), 심령을 쪼개는 날카로운 말씀을 가지고 구원을 베푸는 이방의 빛이며(49:1-6), 하나님의 말씀을 고난 속에서도 순종하며 전하는 예언자이고(사 50:4-9), 우리의 죄를 대속하고자 고난받는 종(52:13-53:12)입니다.

본문은 예수 그리스도의 십자가의 고난을 너무나 명백하게 그려 '십자가 아래서 그린 그림'이라고도 불립니다. 이사야서 53장은 그리스도의 낮아지심, 그리스도의 고난, 그리스도의 높아지심의 세 단락으로 구분할 수 있습니다. 먼저 그리스도의 낮아지심을 살펴보면(사 53:1-3), 이사야가 예언한 메시아는 왕이 아닌 종으로 오셨습니다. 그는 연한 순 같고 마른 땅에서 나온 뿌리처럼 모양도, 풍채도 없이 오셨으며, 사람들로부터 멸시를 받으며 간고(艱苦)도 많이 겪었습니다. 그렇습니다. 예수님은 하나님의 아들이심에도 불구하고 인간의 몸으로 특히 변방 갈릴리에 사는 목수의 아들로 베들레헴 마굿간에서 태어났습니다. 사도 바울의 말을 빌리자면 예수님은 하나님과 동등함에도 오히려 자기를 비워서 종의 모습으로 오신 것입니다(빌 2:6-7).

다음 그리스도의 고난을 살펴보면(4-9), 그는 우리의 질고(疾苦)를 지고 대신 징벌을 받으며 우리의 죄악을 대신 담당했습니다. 그는 우리의 죄와 허물 때문에 찔림과 상함을 받고, 치유와 평화를 위하여 징계를 받으며 채찍에 맞았습니다. 또한 곤욕과 심문을 당하는 중에도 잠잠한 양 같이 입을 열지 아니하였으며 강포(强暴)도 행하지 않았습니다. 그렇습니다 예수님은 아무런 죄가 없음에도 하나님의 뜻에 절대 순종하여 묵묵히 우리의 죄를 짊어지고 고난의 십자가에서 대속의 보혈을 흘리신 것입니다.

끝으로 그리스도의 높아지심을 살펴보면(10-12), 그는 오로지 하나님의 뜻을 성취하기 위하여 상함을 받고 질고를 당하며 자신을 속건제물로 드렸습니다. 즉 하나님의 뜻에 순종하여 그들의 죄악을 친히 담당하였던 것입니다. 그 결과 하나님은 그를 존귀한 자로 세웠습니다(사 52:13-15). 그렇습니다. 예수님은 '나의 원대로 마시옵고 아버지의 원대로 하옵소서'의 게세마네 기도처럼(마 26:39,42) 하나님의 뜻에 순종하여 십자가의 고난을 감당함으로써 부활의 영광을 받았던 것입니다. 이처럼 하나님은 순종하는 자에게 축복을 주십니다. 세상의 눈으로 볼 때 십자가의 고난은 가장 미련하고 비참하고 불쌍한 것이지만, 하나님의 관점에서 보면 부활과 영생의 영광을 위한 길입니다. 진정 십자가의 도는 하나님의 능력인 것입니다(고전1:18). 우리 모두 예수님을 본받아 오직 믿음과 순종함으로 승리하는 인생이 됩시다.

Letter 76

유다 백성의 죄

예레미야 13:1-11

여호와께서 이와 같이 말씀하시니라 내가 유다의 교만과 예루살렘의 큰 교만을 이같이 썩게 하리라 이 악한 백성이 내 말 듣기를 거절하고 그 마음의 완악한 대로 행하며 다른 신들을 따라 그를 섬기며 그에게 절하니 그들이 이 띠가 쓸 수 없음 같이 되리라(9-10)

본문은 유다 백성의 죄에 대한 심판을 예언한 예레미야 선지자의 '허리 띠 비유' 말씀입니다. 예레미야서의 역사적 배경은 남유다가 바벨론에 멸망당하는 시점을 전후한 40년간의 남유다 말기 시대입니다. 제사장 출신인 예레미야는 하나님의 부르심을 받아 유다 백성들에게 심판의 필연성과 함께 다시 회복시키실 것이라는 소망과 위로의 메시지를 전했는데, 특히 적대국인 바벨론에 항복하라는 권면으로 인하여 유다 왕과 백성들로부터 많은 핍박을 받은 눈물의 선지자입니다. 참고로 비유와 환상의 말씀을 많이 사용했습니다. 살구나무 가지(1:11-12), 끓는 가마

(1:13), 썩은 베띠(13:1-13), 토기장이와 진흙(18:1-10), 무화과 두 광주리(24:1-10), 줄과 멍에(27-28장), 토지 매입(32장), 진흙에 감춘 돌(43:8-13), 강 속에 버려진 책(51:59-64) 등입니다.

본문 말씀처럼 남유다는 썩은 베띠가 상징하듯이 하나님으로부터 버림받게 되는데, 이는 남유다 백성의 죄로 인한 심판 때문입니다. 죄의 본질은 하나님을 불신하고 불순종하는 것입니다. 그럼 남유다 백성의 죄는 무엇일까요? 한마디로 우상 숭배와 불의입니다. 이에 관한 대표적인 말씀은 2장 13절 말씀입니다. '**내 백성이 두 가지 악을 행하였나니 곧 그들이 생수의 근원되는 나를 버린 것과 스스로 웅덩이를 판 것인데 그것은 그 물을 가두지 못할 터진 웅덩이들이니라**' 그렇습니다. 유다 백성은 하나님보다 우상을 더 믿고 섬겼으며, 하나님의 영원하신 뜻보다 자신의 욕심에 눈이 어두워 세상의 불의한 길을 택했던 것입니다. 우리는 때때로 눈에 보이지 않는 하나님의 뜻보다 눈에 보이는 세상적인 방법을 택하곤 하는데, 가장 좋다고 택한 세상적인 방법이 필경(畢竟) 물을 담을 수 없는 터진 웅덩이임을 깨닫곤 합니다.

왜 하나님의 백성인 유다 백성이 하나님 보다 우상과 자신들을 더 믿었을까요? 이는 유다 백성의 교만 때문입니다(렘 13:9). 그들은 교만한 나머지 하나님의 말씀을 거절하고 하나님의 백성으로 살기를 거부했던 것입니다. 유다 백성의 교만은 바로 '자신들은 하나님께 선택받은 민족이니 절대 망하지 않으리라'는 헛된 생각에서 비롯되었습니다. 교만에 빠지면 '우리 자신이 하나님의 피조물에 불과하다'는 사실을 까맣게 잊은 채 하나님의 뜻보다 우리 자신의 주장과 뜻대로 행하게 됩니다. 이는 교만이 사탄과 마귀의 속성이기 때문입니다. 성경은 교만을 하나님께 대한 불신과 불순종으로 최고의 범죄 행위로 간주하고 있기에(시 18:27, 잠 29:23, 렘 50:31), 하나님은 교만한 자를 물리치시고 한편 겸손한 자에게는 은혜를 주시는 것입니다(약 4:6). 교만은 멸망의 선봉이자 지름길인 반면 겸손은 존귀의 길잡이이므로(잠 18:12), 심령이 가난한 자 곧 겸손한 자가 되도록 힘써야 하겠습니다.

우리는 하나님의 뜻을 알면서도 왜 불의한 길을 걷게 될까요? 우리는 하나님의 뜻대로 행하는 자만이 천국으로 들어갈 수 있다는 말씀(마 7:21)을 익히 알고 있음에도 하나님의 뜻을 저버릴 때가 적지 않습니다. 이는 오로지 우리의 탐심과 탐욕 즉 육체의 소욕 때문입니다. 참고로 탐심은 우상 숭배입니다(골 3:5). 인간은 연약하고 어리석은 존재이기 때문에 인간의 힘으로는 결코 육체의 소욕을 물리칠 수 없습니다. 성령을 따라 행해야만 이를 물리칠 수 있습니다. 왜냐하면 육체의 소욕은 성령을 거스리고 성령은 육체를 거스려 서로 대적하기 때문입니다(갈 5:16-18).

사람의 마음은 이중성을 갖고 있습니다. 즉 성령의 소욕과 육체의 소욕 모두를 갖고 있습니다. 이는 사람의 마음은 생명의 근원이면서 한편 만물 보다 거짓되고 심히 부패하기 때문입니다(잠 4:23, 렘 17:9). 그렇기에 성령의 소욕을 따르는 자는 생명과 평안의 길을 걷지만 육체의 소욕을 따르는 자는 사망의 길을 걸어가게 됩니다(롬 8:5-6). 육체를 위하여 심는 자는 육체로부터 썩어질 것을 거두고 성령을 위하여 심는 자는 성령으로부터 영생을 거둡니다(갈 6:8). 그러므로 하나님의 귀한 선물인 성령을 받도록 영적훈련에 적극 임해야 하겠습니다(눅 11:13, 행 2:38). 나아가 성령의 충만함을 위하여 말씀과 기도에 더욱 힘써야 하겠습니다(엡 5:18, 딤전 4:5).

Letter 77

슬픔의 예언자

예레미야 20:7-18

내가 말할 때마다 외치며 파멸과 멸망을 선포하므로 여호와의 말씀으로 말미암아 내가 종일토록 치욕과 모욕 거리가 됨이니이다 내가 다시는 여호와를 선포하지 아니하며 그의 이름으로 말하지 아니하리라 하면 나의 마음이 불붙는 것 같아서 골수에 사무치니 답답하여 견딜 수 없나이다 (8-9)

본문은 예레미야 선지자가 하나님의 말씀을 전하다가 유다 제사장과 백성들로부터 치욕과 모욕은 물론 고발과 보복까지 당하는 고난 속에서도 끝내 하나님의 말씀을 전하지 않을 수 없었다는 내용입니다. 다 아시다시피 예레미야가 유다 백성들에게 전하는 소식은 기쁨의 소식이 아니라 심판의 소식이었고 그것도 유다가 적대국인 바벨론에 멸망당하는데 무조건 항복하라는 도저히 공감할 수 없는 내용이었기에, 그는 백성들 뿐만 아니라 친구들로부터도 핍박과 박해를 받았던 것입니다. 예레미야는 이와같은 고난 속에서도 하나님의 소명을 받은 선지자로서 하나님의 말씀을 눈물을 흘리며 그대로 전했는데, 이로 말미암아 '슬픔의 예언자', '눈물의 선지자'로 불려지고 있습니다. 본문에 기록된 예레미야의 순종과 신앙고백을 통하여 날로 무디어가는 우리의 믿음을 새롭게 회복하는 은총을 받기 바랍니다.

대개 하나님으로부터 소명을 받은 구약의 선지자들은 하나님의 말씀을 그대로 가감없이 전했습니다. 예레미야 역시 하나님의 명에 따라 유다 백성들에게 '유다 왕국은 우상 숭배와 불의의 죄악으로 말미암아 필연적으로 바벨론에 멸망당한다. 바벨론과 전쟁을 절대 하지 말고 무조건 항복하라'는 내용의 말씀을 그대로 전한 결과, 제사장 및 성전 총감독 바스훌 등으로부터 구타당하고 감금까지 당하는 치욕을 겪게 되었습니다. 이에 예레미야는 인간이기에 하나님께 불평과 원망을 하며 다시는 이런 예언을 하지 않겠다고 다짐을 했습니다만, 또다시 하나님의 말씀을 예언하는 등 순교당할 때까지 슬픔과 고난의 길을 걸었습니다. 무릇 선지자들이 영광의 자리보다 고난과 고통의 자리에 있을 때가 많았음을 새삼스러이 깨닫게 됩니다.

예레미야는 그 무엇 때문에 이처럼 어려운 가시밭길을 걸어야만 했을까요? 그가 고난과 시련의 길을 끝까지 걸어간 가장 큰 이유는 다름 아닌 하나님에 대한 믿음 때문인 것 같습니다. 그 믿음 때문에 하나님의 말씀이 그를 떠나지 않고 계속 붙들었던 것으로 보입니다. '이제는 주님을 말하지 않겠다. 다시는 주님의 이름으로 외치지 않겠다고 결심하여 보지만 그 때마다 주님의 말씀이 나의 심장 속에서 불처럼 타올라 뼛속에까지 타들어가니, 나는 견디다 못해 그만 항복하고 맙니다'(렘 20:9, 새번역성경). 즉 하나님의 말씀으로 말미암아 그의 마음이 불붙는 것 같아 골수에 사무치니 답답하여 견딜 수 없어 결국 사명의 길, 믿음의 길을 걸어갔던 것입니다. '믿음은 들음에서 나며 들음은 그리스도의 말씀으로 말미암느니라'(롬 10:17)는 말씀처럼 믿음과 하나님의 말씀은 서로 뗄 수 없는 관계입니다. 진정 복음의 길은 인간의 힘과 능력과 결심만으로는 한계가 있고, 오로지 말씀과 기도, 믿음과 성령이 함께 할 때 하나님이 주시는 힘으로 복음을 전파할 수 있다고 생각합니다.

또한 예레미야의 신앙고백을 통하여 다시한번 우리 하나님이 어떤 분이심을 묵상하는 시간을 가졌으면 좋겠습니다. 예레미야는 다음과 같이 하나님에 대한 신앙을 고백했습니다. 첫째, 여호와는 강한 용사 같으시고 나와 함께 하시므로 나를 박해하는 자들을 물리쳐 주시는 분이시다(렘 20:11). 둘째, 여호와는 의로운 사람을 시험하시고 우리의 생각과 마음을 감찰하시므로 억울한 사정을 아뢰면 이에 응답해 주시는 분이시다(렘 20:12). 그렇습니다. 하나님은 우리의 반석, 요새, 피할 바위, 방패, 구원의 뿔, 산성, 피난처, 구원자이십니다(삼하 22:1-25). 우리 모두 다윗과 예레미야와 같이 하나님을 만나는 믿음의 체험을 통하여 각자의 신앙고백을 만들어 갑시다.

끝으로 성경에 기록된 선지자와 사도와 같은 믿음의 선진들은 하나같이 고난 속에서도 오로지 하나님을 믿고 의지하며 순종의 길을 걸어 갔습니다. 이는 그들이 삶 속에서 임마누엘 하나님, 에벤에셀의 하나님을 만났기 때문이라고 생각합니다. 우리도 말씀과 기도 가운데 우리와 항상 함께 하시겠다고 약속하신 주님을 만나고, 성령을 받아 믿음의 길, 순종의 길, 십자가의 길, 복음의 길을 걸어가며 이 땅에 하나님의 나라가 임하도록 힘씁시다.

 Letter 78

우리를 향하신 하나님의 뜻

데살로니가전서 5:16-18

항상 기뻐하라 쉬지 말고 기도 하라 범사에 감사하라 이것이 그리스도 예수 안에서 너희를 향하신 하나님의 뜻이니라(16-18)

본문은 추수감사주간의 속회 공과 말씀입니다. 범사에 감사하며 사는 것이 하나님의 뜻이라는 것입니다. 문제는 하나님의 뜻을 따라 범사에 감사하는 삶을 살아가려면 고난 중에도 감사해야 한다는 것입니다. 그런데 형통할 때에는 감사하기 쉽지만 고난 당할 때는 감사하는 마음을 갖기 어렵습니다. 따라서 범사에 감사하는 삶을 살아간다는 것은 결코 쉽지 않습니다. 과연 고난 중에도 감사할 수 있을까요? 성경 말씀 안에서 그 답을 찾아 봅시다.

성경은 고난을 크게 두 가지로 구분합니다.

하나는 죄와 허물로 인한 '징계의 고난'이고, 다른 하나는 아무런 잘못이 없음에도 겪는 '의인의 고난'입니다. 징계의 고난은 수긍하지만 의인의 고난은 납득하기 어렵습니다. 먼저 '징계의 고난'은 하나님을 떠난 우리로 하여금 다시 하나님께로 돌아오게 하고 하나님의 말씀을 배우고 지키게 합니다(시 119:67,71). 우리 인간은 연약하고 어리석은 존재이기 때문에 형통할 때는 하나님의 은혜와 사랑을 기억하지 못한 채 자기의 능력을 자랑하며 교만 가운데 그릇 행하기 십상입니다. 그러나 징계의 고난을 받게 되면 회개하며 하나님 앞으로 돌아와 믿음을 회복하기 때문에 시편 기자의 말처럼 징계의 고난은 유익합니다. 그러므로 징계의 고난을 당할 때 감사해야 합니다.

또한 아무런 잘못이 없음에도 겪는 '의인의 고난'은 욥의 고난과 같이 고난의 과정은 힘들지만 고난을 통하여 하나님을 인격적으로 만나고 그 섭리와 뜻을 깨닫게 되며, 하나님께서 반드시 온전한 회복의 은총을 베풀어 주십니다(욥 42:5-17). 그러므로 의인의 고난을 당할 때도 감사해야 합니다. 베드로 사도는 그리스도의 영광이 나타날 때 즐거워하고 기뻐하게 되므로 그리스도의 고난에 참여하는 것을 두려워하지 말고 즐거워하라고 권면합니다(벧전 4:12-14). 야고보 사도 역시 고난 당할 때는 기도하고 형통할 때는 찬송하라고 권면합니다(약 5:13). 이처럼 고난에는 필경 하나님의 뜻이 담겨 있기 때문에 고난을 당할 때 불평과 원망을 하지 말고 고난을 허락하신 하나님의 뜻을 분별하여 행하도록 힘써야 할 것입니다.

이어 '감사'에 관한 성경 말씀을 살펴봅니다. 사도 바울은 데살로니가 교회 뿐만 아니라 골로새 교회에게 '감사하는 자가 되라, 감사하는 마음으로 하나님을 찬양하라, 하나님께 감사하라'고 권면합니다(골 3:15-17). 빌립보 교회에게는 '아무 것도 염려하지 말고 오직 감사함으로 하나님께 아뢰라 그리하면 하나님의 평강이 임할 것이다'고 권면하고 있습니다(빌 4:6-7). 이처럼 감사는 능력이고 축복입니다. 따라서 우리는 바울 사도의 권면과 시편기자의 고백(136편)처럼 오직 믿음으로 범사에 하나님께 감사하며 살아야 하겠습니다. 그런데 마음과 말로만 하는 감사는 온전한 감사가 아닙니다. 온전한 감사란 행함으로 나아가야 합니다. 이번 추수감사주일에는 우리의 마음과 정성을 다하여 하나님께 감사와 찬양을 드립시다.

계속하여 이번 속회공과 제목인 '하나님의 뜻'을 살펴봅니다. 바울 사도는 항상 기뻐하는 것, 쉬지 말고 기도하는 것, 거룩하게 사는 것도 하나님의 뜻이라고 강조합니다(살전 4:3,5:16-17). 베드로 사도는 선을 행하라고 적극 권면합니다(벧전 2:12-15). 구약의 미가 선지자는 하나님이 우리에게 원하시는 것은 정의를 행하고 인자(仁慈)를 사랑하며 겸손하게 하나님과 함께 행하는 것이라고 선포합니다(미 6:8). 따라서 하나님의 뜻에 합당한 삶이란, 정의를 행하고, 인자를 사랑하며, 겸손하게 하나님과 동행하고, 거룩한 삶을 살며, 항상 기뻐하고, 쉬지 말고 기도하며, 범사에 감사하며 살아가는 것입니다. 물론 위와같이 살아가는 것은 우리의 힘과 능력으로는 불가능하겠지요. 그러나 날마다 말씀과 기도 가운데 조금씩 한 발 한 발 나아간다면 분명 성령의 동행하심으로 하나님의 뜻을 행하며 살아가리라 믿습니다.

Letter 79

신앙의 위기를 극복하려면

예레미야 26:1–15

> 그런즉 너희는 너희 길과 행위를 고치고 너희 하나님 여호와의 목소리를 청종하라 그리하면 여호와께서 너희에게 선언하신 재앙에 대하여 뜻을 돌이키시리라(13)

　본문은 예레미야 선지자가 성전에서 유다의 제사장, 예언자, 고관, 백성들에게 하나님의 말씀에 따라 '죄악을 회개하고 하나님께로 돌아오면 하나님께서 용서하시지만, 불순종하면 심판하시리라'고 선포하는 내용입니다. 예레미야가 활동하던 시대는 유다 왕 므낫세의 만행이 천인공노(天人共怒)할 정도로 극에 달하고, 지도자들과 백성들의 죄악도 관영(貫盈)하기 때문에 하나님의 심판은 필연적이었습니다. 그러나 하나님은 이스라엘 민족이 하나님의 백성인지라 예레미야를 통하여 마지막 심판의 경고와 아울러 회개의 기회도 주셨습니다. 오늘 말씀을 통하여 우리 모두 과연 하나님께서 원하시는 삶을 살고 있는지, 혹여 신앙의 위기에 있는지 우리의 믿음생활을 냉철하게 돌아봅시다.

먼저 신앙의 위기(危機)란 신앙적으로 위험한 고비와 시기를 뜻합니다. 만일 지금 우리가 하나님 중심의 삶이 아니라 세상적인 삶을 추구하고, 하나님의 뜻보다 자신의 유익을 먼저 구하는 삶을 살아간다면 신앙의 위기에 놓여있는 것입니다. 신앙적 위기의 원인은 한마디로 탐심과 탐욕으로 말미암아 세상의 유혹과 안일에 빠져 사는 것, 즉 우상 숭배와 불의의 삶입니다.

그럼 신앙의 위기가 왔을 때 어떻게 극복할 수 있을까요? 오늘 본문 말씀처럼 하나님의 말씀과 선지자들의 말을 듣지 않고 불순종할 때 신앙적 위기가 생기고 이로 말미암아 하나님의 심판을 피할 수 없습니다(레 26:4-6). 그러나 하나님의 말씀을 듣고 회개하여 자신의 행동과 행실을 바르게 고치고 그 말씀에 순종하면 심판을 모면할 수 있습니다(렘 26:13). 성경은 하나님께 불순종하는 삶을 살면 반드시 하나님의 심판이 따르지만, 죄를 지었다 하더라도 회개하고 하나님 앞으로 돌아오면 용서와 회복의 은총을 받는다고 여러 곳에서 확실하게 증거하고 있습니다. 또한 성경은 우리로 심판의 위기를 놓이지 않도록 교훈과 책망과 함께 바르고 의롭게 살도록 인도해 주고 있습니다(딤후 3:16). 따라서 신앙의 위기를 극복하려면 하나님의 말씀에 귀를 기울이고 회개해야 합니다.

회개는 하나님이 우리에게 베푸시는 은전(恩典)입니다. 왜냐하면 죄인은 심판을 받을 수 밖에 없지만 하나님 앞에서 그 죄악을 회개하면 용서와 함께 그 죄악에 따른 심판도 면할 수 있기 때문입니다. 회개는 죄인일 수 밖에 없는 인간에게 있어서 매우 중요한 신앙행위입니다. 이처럼 회개가 중요하기 때문에 예수님과 세례 요한은 '회개하라 하나님의 나라가 가까웠느니라'고 외치셨던 것이며, 구약의 모든 선지자들도 악인과 불의한 자일지라도 하나님께로 돌아오면 용서해 주실 것이라고 회개의 중요성을 설파(說破)했습니다(사 55:7). 그런데 회개는 단지 잘못을 뉘우치는 것으로는 부족하고 악한 행실을 하지 않고 말씀에 순종하는 것입니다. 문제는 참다운 회개란 우리의 의지로 하겠다고 해서 되는 것이 아니고 회개의 영을 받아야 한다는 것입니다. 다윗의 시편 51편처럼 내 속에 정한 마음을 창조하고 내 안에 정직한 영을 새롭게 해달라고 상한 심령으로 간구해야 합니다(10,11,17).

끝으로, 중요한 것은 신앙의 위기를 극복하기 보다는 신앙의 위기가 오지 않도록 사전에 힘써야 합니다. 먼저 우리는 종말론적인 신앙관을 가지고 언젠가 하나님 앞에서 엄중한 심판을 받는다는 사실을 마음에 새기고 항상 기억해야 합니다. 그리고 인간이란 죄의 달콤한 유혹과 시험으로부터 자유롭지 못하고 악에 쉽게 빠질 수 밖에 없는 존재이기 때문에 날마다 말씀과 기도로 우리의 심령을 깨끗하게 해야 합니다(눅 21:34-36, 요 15:3, 딤전 4:5). 무엇보다도 우리의 심령을 성령으로 가득 채워야 합니다. 성령 충만할 때 육체의 소욕을 물리칠 수 있기 때문입니다(갈 5:16-18). 우리는 분명히 알아야 합니다. 하나님의 교회는 성령으로 시작했고 성령으로 성장했음을. 성령이 없이는 진짜 그리스도인이 될 수 없음을(고전 12:3). 성령은 예수의 이름으로 합심기도할 때 임하므로 합심기도에 힘써야 하겠습니다(마 18:18-20, 행 1:14, 2:1-4, 4:24-31).

Letter 80

마음에 기록된 새 언약

예레미야 31: 31-40

여호와의 말씀이니라 보라 날이 이르리니 내가 이스라엘 집과 유다 집에 새 언약을 맺으리라. 내가 이스라엘 집과 맺을 언약은 이러하니 곧 내가 나의 법을 그들의 속에 두며 그들의 마음에 기록하여 나는 그들의 하나님이 되고 그들은 내 백성이 될 것이라 여호와의 말씀이니라(31,33)

본문은 예레미야서의 유명한 '새 언약'에 관한 말씀입니다. 예레미야서에는 귀한 요절말씀들이 많이 있지만 그중 신학적으로나 신앙적으로 백미(白眉)는 본문이라고 생각합니다. 일찍이 하나님은 시내 산에서 모세를 통하여 이스라엘 민족에게 언약을 했습니다. 바로 '옛 언약'입니다. **세계가 다 내게 속하였나니 너희가 내 말을 잘 듣고 내 언약을 지키면 녀희는 모든 민족 중에서 내 소유가 되겠고, 너희가 내게 대하여 제사장 나라가 되며 거룩한 백성이 되리라**(출 19:5-6). 즉 율법을 잘 지키면 하나님 백성, 제사장 나라로 삼아주겠다는 조건적인 언약입니다. 그런데 이스라엘 민족은 율법을 불순종함으로 말미암아 바벨론 포로로 끌려가는 심판을 받게 되었습니다. 이때 하나님께서 예레미야를 통하여 때가 되면 이스라엘 민족을 다시 하나님의 백성으로 삼아주고 모든 죄악을 용서하겠다는 '새 언약'을 선포하십니다(렘 31:31-34). 새 언약에 대한 신학적, 신앙적인 의미가 무엇인지, 새 언약이 우리의 믿음생활에 미치는 영향 등을 살펴봅시다.

예레미야의 '새 언약'과 모세의 시내 산 '옛 언약'은 공히 하나님께서 이스라엘 민족을 하나님의 백성과 제사장 나라로 삼아주시겠다는 언약입니다. 그러나 이스라엘 민족이 옛 언약을 지키지 않고 깨뜨렸기 때문에 하나님께서 새 언약을 주신 것입니다(렘 31:31-32). 옛 언약과 새 언약을 비교하면, 옛 언약은 하나님의 율법을 지키면 하나님의 백성으로 삼아주겠다는 조건적인 언약이고, 율법을 돌판에 쓴 것입니다. 이에 반해 새 언약은 하나님의 법을 이스라엘 백성들의 속에 두고 그들의 마음에 기록하며, 그들의 악행을 사하고 다시는 그 죄를 기억하지 아니하겠다는 무조건적인 언약입니다(렘 31:33-34). 옛 언약은 율법이 핵심이고, 새 언약은 성령이 핵심입니다. 참고로 사도 바울은 고린도후서에서 '새 언약이란 돌판에 쓴 것이 아니요 오직 육의 마음판에 쓴 것이며, 율법 조문으로 하지 아니하고 오직 영으로 한 것이다'(3:3,6)고 설명하고 있습니다. 히브리서도 새 언약이 중요하기 때문에 이를 인용하고 있습니다(히 8:7-13).

그렇다면 새 언약은 언제 성취되었을까요? 이는 예수님의 십자가 고난과 부활로 성취되었습니다. 예수님은 십자가에 달리시기 전 식사를 하실 때에 '이 잔은 내 피로 세우는 새 언약이니 곧 너희를 위하여 붓는 것이라(눅 22:20)'고 하셨습니다. 이처럼 예수님은 십자가에서 죽으심으로 말미암아 그 피로 우리의 죄를 구속하였으며, 부활하심으로 말미암아 성령을 이 땅에 보내 주셨습니다. 인간은 이스라엘 민족처럼 하나님의 율법을 자신의 힘과 능으로 지킬 수 없기 때문에 율법에 따른 심판을 받을 수밖에 없는 존재입니다. 그러나 예수님을 믿는 자들에게는 성령이 임하셔서 성령의 능력으로 하나님의 말씀에 순종하고 육신을 따르지 않게 된다는 것입니다(롬 8:2-4). 이는 옛 언약은 형벌을 담보로 강제적인 이행이 강요되었으나 새 언약은 심령의 변화가 생겨 자원하는 마음으로 순종할 수 있게 되는 것을 뜻합니다.

그렇습니다. 새 언약은 율법을 지키지 못할 우리를 향한 하나님의 다함없는 사랑의 약속입니다. **하나님이 세상을 이처럼 사랑하사 독생자를 주셨으니 이는 그를 믿는 자마다 멸망하지 않고 영생을 얻게 하려 하심이라**(요 3:16)는 말씀처럼, 하나님은 우리를 죄로부터 구원하시기 위하여 독생자이신 예수님을 이 땅에 보내주신 것입니다. 그러므로 예수님이 하나님의 아들 그리스도이심을 믿으면 그 이름을 힘입어 생명을 얻게 되는 것입니다(요 20:31). 십자가 보혈을 믿고 죄를 자백하면 미쁘시고 의로우신 하나님께서 우리 죄를 사하시며 우리를 모든 불의에서 깨끗하게 해주시는 것입니다(요일 1:9).

끝으로 새 언약의 핵심은 우리에게 성령을 주신다는 것입니다. 스룹바벨의 성전이 인간의 힘과 능으로 되지 않고 오직 하나님의 영인 성령으로만 된 것처럼(슥 4:6), 성령은 하늘의 능력이고 하나님의 선물입니다(행 2:38). 육신의 생각은 사망이요 성령의 생각은 생명과 평안이므로(롬 8:6), 성령을 따라 행할 때 육체의 욕심 즉 죄의 유혹을 떨칠 수 있습니다(갈 5:16-18). 우리는 새 언약의 백성으로서 능력있는 믿음생활을 위하여 성령을 반드시 받아야 합니다. 성령을 받는 최고의 방법은 합심기도라고 생각합니다(마 18:19-20, 행 4:23-31). 2023년도 교회 표어가 '365 기도동행'이라고 하므로 새해에는 전교인 금요성령기도회가 부흥되어 우리 모두 성령 충만하기를 소망합니다.

Letter 81

스스로 돌이키라

에스겔 18:1-32

그러나 악인이 만일 그가 행한 모든 죄에서 돌이켜 떠나 내 모든 율례를 지키고 정의와 공의를 행하면 반드시 살고 죽지 아니할 것이라, 만일 악인이 그 행한 악을 떠나 정의와 공의를 행하면 그 영혼은 보전하리라 그가 스스로 헤아리고 그 행한 모든 죄악에서 돌이켜 떠났으니 반드시 살고 죽지 아니하리라(21,27-28)

본문은 죄의 책임 문제를 다루고 있습니다. 죄를 지은 당사자만 죄의 책임을 질 뿐, 다른 사람의 죄로 인하여 심판을 받지 않는다는 '개인 책임의 원칙'을 천명(闡明)하고 있습니다. 또한 죄를 지었다 하더라도 스스로 돌이켜 회개하면 죄의 심판을 받지 않는다는 '회개의 은총'도 강조하고 있습니다. 하나님은 한 사람 한 사람을 보배롭고 존귀한 자로 여기시기 때문에 죄 없는 사람에게 다른 사람의 죄로 인하여 억울하게 책임을 지우지 않습니다. 심지어 부모와 자식의 관계일지라도 마찬가지라는 것입니다. 오늘 말씀을 통하여 우리의 신앙생활에 대한 교훈을 살펴 봅시다.

성경은 신상필벌의 정신을 확실하게 담고 있을 뿐만 아니라 그 책임 소재 또한 분명히 하고 있습니다. 신명기 28장 말씀에 의하면, 하나님께 불순종의 죄를 지은 자는 죽음과 저주의 심판을 면치 못한 반면, 순종하는 자는 생명과 복을 받습니다. 그런데 출애굽기 20장 5-6절 말씀에 의하면, '하나님을 미워하는 사람에게는 그 죄값으로 본인 뿐만 아니라 삼사 대 자손에까지 벌을 내리지만, 하나님을 사랑하고 그 계명을 지키는 사람에게는 수천 대 자손에 이르기까지 한결같은 사랑을 베푼다'는 것입니다. 이 말씀을 잘못 해석하면 마치 부모가 좋은 믿음생활을 하면 자식은 설사 죄를 짓더라도 벌을 받지 않고, 반대로 부모가 불신앙의 죄를 지으면 자식이 아무리 좋은 믿음생활을 하더라도 죄의 심판을 면할 수 없다고 이해할 수도 있습니다.

그러나 에스겔 선지자는 분명히 죄의 심판에 관하여 개인 책임의 원칙을 대언(代言)하고 있습니다. 하나님은 죄를 지은 당사자에게만 죄의 심판의 책임을 묻고 죄를 짓지 않은 사람에게는 책임을 묻지 않겠다는 것입니다(겔 18:10-20). 따라서 우리는 자식을 정말로 사랑한다면 자식에게 믿음의 유산을 물려주어 그들로 하여금 하나님 말씀에 순종하는 믿음생활을 하도록 본을 보여 주어야 할 것입니다. 하나님께 불순종하는 자는 분명 하나님의 심판으로부터 자유로울 수 없다는 사실을 확실하게 가르쳐야 할 것입니다.

또한 하나님은 현재의 믿음생활을 보시므로, 우리의 과거 믿음생활이 아무리 좋았다 하더라도 현재 문제가 있다면 그 책임을 묻겠다는 것입니다(겔 18:24). 그러므로 하나님의 심판을 면하고 하늘의 상급을 받기 위해서는 믿음생활을 끝까지 잘해야 하겠습니다. 그런데 우리의 힘과 능으로는 끝까지 선한 싸움을 다 싸우고, 달려갈 길을 마치기까지 믿음을 지키기란 참으로 어렵습니다. 이에 우리는 끝까지 믿음의 길을 걸어간 사도 바울의 신앙을 본받아(딤후 4:7), '나의 나 된 것은 다 하나님의 은혜라는 믿음으로(고전 15:10), 주님 재림과 천국 상급의 소망으로(딤후 4:8), 오직 성령을 따라 행함으로(엡 5:18, 갈 5:16)' 살도록 힘써야 하겠습니다.

무엇보다 중요한 것은 감사하게도 하나님께서 죄인인 우리에게 '회개의 은총'을 주셨다는 것입니다(겔 18:30). '악인이라도 자기가 저지른 모든 죄악에서 떠나 돌이켜서 하나님의 모든 율례를 다 지키고 법과 의를 실천하면, 그는 반드시 살고 죽지 않을 것이다. 그가 지은 모든 죄악을 하나님이 다시는 더 기억하지 않을 것이다. 그는 자신이 지킨 의 때문에 살 것이다(18:21-22, 새번역 성경)'라고 말합니다. 하나님은 악인이 자신의 모든 길에서 돌이켜 사는 것을 참으로 기뻐하신다는 것입니다(18:23). 그리고 회개의 은총을 받기 위해서는 무엇보다도 마음과 영을 새롭게 하라고 명하십니다(18:31,36:26-27). 다윗처럼 날마다 '하나님이여 상하고 통회하는 마음을 드리오니, 내 속에 정한 마음을 창조하시고 내 안에 정직한 영을 새롭게 하소서, 성령을 내게서 거두지 마소서'(시 51:10,11,17)라고 간절히 회개 기도를 드려야 하겠습니다. 저 개인적으로는 회개의 은총은 십자가 구속의 은총, 임마누엘 하나님(성령 동행)의 은총과 더불어 기독교 신앙의 삼대 은총이라고 생각합니다.

Letter 82

파수꾼의 사명

에스겔 33:1-9

인자야 내가 너를 이스라엘 족속의 파수꾼으로 삼음이 이와 같으니라 그런즉 너는 내 입의 말을 듣고 나를 대신하여 그들에게 경고할지니라(7)

　본문은 하나님이 선지자 에스겔을 파수꾼으로 세우시며 파수꾼의 사명과 책임에 대하여 말씀하신 내용입니다. 파수꾼(Watchmen)은 경계하여 지키는 일을 하는 사람으로 대개 성벽의 망대나 성벽 위나 산 위에서 활동합니다. 하나님이 에스겔을 파수꾼으로 세운 이유는, 바벨론 포로생활을 하고 있는 이스라엘 민족에게 구원 신호를 보내기 위함이었습니다.

　에스겔서는 1-24장은 유다의 심판에, 33-48장은 유다의 회복에 초점을 맞추고 있습니다(25-32장은 이방 나라에 대한 하나님의 심판을 예언). 따라서 본문은 유다의 회복을 알리는 소망 메시지의 서곡이라 할 수 있습니다. 참고로 에스겔서는 하나님의 영광과 성품에 초점을 두었으며 특히 하나님의 영광을 강조했습니다. 하나님의 영광이 심판으로 인해 성전에서 떠나시고(겔 9:3, 10:4,18-19, 11:22-25), 하나님의 축복으로 인해 성전에 다시 나타나심을 기록하고 있습니다(겔43:1-5). 하나님의 메시지를 강조하기 위하여 속담들, 환상들, 비유들, 상징적인 행동들, 우화들이 많이 사용되었습니다.

파수꾼의 사명은 어떤 것일까요? 파수군의 사명은 기본적으로 적군의 움직임을 파악하고 알려주는 일입니다. 그리고 어떤 상황이 발생하면 즉시 경고의 신호를 보내야 합니다. 옛날에는 나팔을 불거나 북을 치거나 봉화불을 피워야 했습니다. 이처럼 파수꾼은 최일선에 서있기 때문에 그 역할은 매우 중요합니다. 만일 그 사명을 다하지 않고 밤에 자거나 졸아 적의 침입을 알리지 못할 경우에는 적의 공격을 막지 못한 결과 전쟁 또는 전투에 패배하고 그로 인하여 성 안에 있는 모든 백성들에게 고스란히 피해를 주게 됩니다.

이처럼 파수꾼의 책임은 막중합니다. 파수꾼이 그 사명을 감당하지 못하면 나라와 백성이 적의 공격으로부터 위협을 받게 되고 커다란 위험에 처하게 되기 때문입니다. 파수꾼의 책임은 무한책임입니다. 따라서 파수꾼은 자신의 생각이 아니라 있는 상황이나 사실 그대로 진실을 좇아 행해야 합니다. 어느 누구의 유혹에도 넘어가지 않아야 하며 자신의 출세와 이익이 아닌 오직 나라와 백성들의 안위만을 위해 자신의 생명을 걸고 최선을 다해야 합니다. 이처럼 파수꾼의 사명이 중요하고 그 책임도 엄중하므로 아무나 파수꾼이 될 수 없고, 공적으로 인정받는 사람만을 파수꾼으로 새워야 합니다.

한편 관점을 달리하여 역사를 돌아보면 시대마다 파수꾼의 역할을 한 분들을 어렵지 않게 찾아 볼 수 있습니다. 적의 침입에 미리 대비하여 나라의 존립을 지키거나 나라의 근간을 세운 을지문덕 장군, 이순신 장군, 이승만 대통령은 소위 국가 안보 분야의 파수꾼입니다. 대한민국의 산업화와 민주화, 정보화를 위해 헌신한 박정희, 김영삼, 김대중 대통령은 소위 정치 분야의 파수꾼입니다. 세상의 유혹과 풍조로부터 그리스도 복음을 지키고 예수님의 명령을 따라 땅끝까지 복음의 증인된 삶을 살았던 초대교회 사도들, 신부들, 선교사들, 목사들은 영적 분야의 파수꾼들입니다. 이들은 결코 녹록치 않은, 희생과 헌신의 삶을 살았습니다. 특히 영적 파수꾼들은 세상의 영광이 아닌 오직 하늘의 영광을 바라보며 이 땅에서 십자가의 길을 걸으며 순례자, 순교자의 삶을 살았습니다.

참 그리스도인이라면 믿음의 선진들을 본받아 그리스도 복음을 전하는 영적 파수꾼의 삶을 살아야 합니다. 하나님의 뜻에 합당하게 의인된 삶을 살아야함은 물론 악을 행하는 사람들에게 악한 길을 버리고 떠나도록 경고해야 합니다(겔 33:8). 하나님은 악인이 죽는 것을 기뻐하지 않고 오히려 악인이 그의 길에서 돌이켜 떠나 사는 것을 기뻐합니다(겔 33:11).

그렇습니다. 그리스도인은 하나님의 뜻에 합당하게 살면서 사랑과 섬김으로 그리스도의 복음을 전하는 삶을 살아야 합니다. 문제는 우리들이 이런 신앙적 교훈을 잘 알고 또 그렇게 살기를 원하지만 실상에서는 이를 온전히 행하지 못하고 있다는 점입니다. 그 이유는 우리가 삶 속에서 예수님을 인격적으로 만나지 못한 결과 그리스도의 복음을 온전히 믿지 못하기 때문입니다. 따라서 예수님을 믿는 것과 아는 일에 하나가 되어 그리스도의 장성한 분량에 이르러야 합니다(엡 4:13-14). 이를 위해 하나님을 힘써 알고(호 6:3), 예수 그리스도의 은혜와 그를 아는 지식에서 자라가야 하겠습니다(벧후 3:18).

Letter 83

큰 기쁨 좋은 소식

누가복음 2:1-14

> 천사가 이르되 무서워하지 말라 보라 내가 온 백성에게 미칠 큰 기쁨의 좋은 소식을 너희에게 전하노라 오늘 다윗의 동네에 너희를 위하여 구주가 나셨으니 곧 그리스도 주시니라(10-11)

본문은 성탄절을 맞아 예수님의 탄생에 관한 말씀입니다. 예수님의 탄생은 큰 기쁨이고 좋은 소식 곧 복음(福音)입니다. 우리는 그리스도인이기 때문에 이를 당연히 성육신(成肉身)의 복음으로 받아들이지만, 믿지 않는 사람들은 왜 복음인지 잘 모를 뿐만 아니라 오히려 이로 말미암아 기독교 신앙을 비판하기도 합니다. 이에 우리는 베드로 사도의 권면에 따라 복음의 증인답게 그 이유를 묻는 자에게는 대답할 것을 항상 준비해야 할 것입니다(벧전 3:15). 성육신의 복음은 인간의 지혜로는 믿기 어렵겠지만, 성경을 하나님의 말씀으로 믿고, 성령을 받으면 자연스럽게 믿을 수 밖에 없습니다. 왜냐하면 성경에 분명히 예수님은 그리스도시요 하나님의 아들이라고 기록되어 있으며(마 16:16, 요 20:31), 성령으로 아니하고는 누구든지 예수를 주(主)시라 할 수 없기 때문입니다(고전 12:3). 그러므로 성경과 성령은 하나님의 최고의 선물입니다.

먼저 성육신 복음의 본질은, 하나님의 아들이신 예수님이 자기 백성을 죄에서 구원하시기 위해 인간의 몸으로 이 땅에 오셨다는 것입니다. 그것도 인간의 죄를 구속하기 위한 흠없는 대속 제물이 되고자 동정녀 마리아로부터 태어났다는 것입니다. 따라서 성육신 복음이란, 첫째 예수님은 하나님의 아들이십니다. 예수님은 하나님의 아들이시기에 인류 역사상 유일무이하게 성령으로 잉태되어 동정녀의 몸에서 나오신 것입니다. 특히 동정녀 탄생은 무려 700년 전 이사야 선지자의 예언인데 그대로 이루어진 것을 보면 놀라울 따름입니다. 성경의 예언은 사람의 뜻으로 낸 것이 아니요 오직 성령의 감동하심을 받은 사람들이 하나님께 받아 말한 것입니다(벧후 1:21).

참고로 예수님에 대한 구약의 동정녀 출생(사 7:14), 베들레헴 출생(미5:2), 다윗의 후손(사 9:6-7,11:1-5, 렘 23:5, 겔 37:24-28), 십자가 사역(사 53:4-6, 슥 9:9) 등 예언들은 모두 신약에 와서 예수님에 의하여 그대로 이루어졌습니다. 실제로 예수님은 모친 마리아가 요셉과 정혼만 하고 결혼을 하지 않은 동정녀(처녀) 시절 태어났으며, 요셉과 마리아가 로마 황제의 호구조사의 명에 따라 삶의 터전인 갈릴리 지방을 떠나 선조들의 고향인 유대지방 베들레헴으로 가게 되어 그곳에서 태어난 것입니다. 이 예언들의 성취는 700년이라는 시간적 간격 뿐만 아니라 호구조사 등 역사적 사실로 미루어보아 후대 사람들이 이를 인위적으로 결코 만들 수 없기에 전지전능하신 하나님의 섭리라고 믿을 수 밖에 없습니다.

둘째, 예수님은 메시아 곧 그리스도이십니다. 예수님은 세상적으로는 비천하게 마굿간 구유에서 태어나셨음에도, 이방의 동방박사들은 먼 길을 찾아와 정성껏 경배했습니다(마 2:1-12). 이는 동방박사들이 아기 예수를 메시아로 믿었기에 가능한 일입니다. 또한 어렵고 힘들게 살아가는 목동들이 천사로부터 직접 큰 기쁨의 좋은 소식인 메시아(그리스도)의 탄생을 듣고 아기 예수를 확인한 후 이를 모든 사람들에게 전했습니다. 이사야 선지자는 메시아를 이방의 빛으로, 비천한 종으로 예언했는데(사 49:6), 이 예언처럼 이방 사람들과 목동들이 제일 먼저 예수님을 찾아온 것입니다. 이처럼 성육신 복음은 유대인들 뿐만 아니라 이방인과 신분을 초월한 모든 사람들을 상대로한 보편적(普遍的) 복음입니다. 특히 마굿간의 구유에서 태어나신 것은 겸손(謙遜)의 극치(極致)를 상징합니다. 진정 기독교 신앙은 겸손의 신앙입니다.

끝으로 요셉과 마리아가 아기 예수에게 성전에서 율법에 따라 정결의식을 행할 때, 믿음의 사람인 시므온과 안나는 한 눈에 아기 예수를 보고 메시아이심을 알고 하나님께 감사하고 찬송했습니다(눅 2:22-39). 이는 시므온은 성령이 그 위에 계시는 의롭고 경건한 자이고, 안나는 성전을 떠나지 아니하고 주야로 금식하며 기도하는 사람이기 때문에 성령의 감동으로 예수님을 메시아로 믿었던 것입니다. 우리도 이번 성탄절을 맞아 시므온과 안나처럼 성전에서 예배하고 기도하는 성령의 사람이 되어 의롭고 경건하게 예수 그리스도 복음의 증인된 삶을 살아갑시다.

Letter 84

마른 뼈가 살아나다

에스겔 37:1-14

너는 이 모든 뼈에게 대언하여 이르기를 너희 마른 뼈들아 여호와의 말씀을 들을지어다 주 여호와께서 이 뼈들에게 이같이 말씀하시기를 내가 생기를 너희에게 들어가게 하리니 너희가 살아나리라(4-5)

    본문은 에스겔서의 그 유명한 '마른 뼈 환상'에 관한 말씀입니다. 하나님은 포로생활 중에 있는 에스겔 선지자에게 마른 뼈 환상을 보여 주시고 이스라엘의 회복을 선포하십니다. 마른 뼈 환상이란 생명도 없는 마른 뼈들이 살아나 군대가 되었다는 내용입니다. 즉 에스겔이 하나님의 말씀에 따라 마른 뼈들에게 '하나님께서 생기(生氣)를 불어 넣어 살아나게 하겠다'고 대언(代言)하자, 마른 뼈에 힘줄과 살과 살갗이 생기고 그 안에 생기가 들어가 엄청나게 큰 군대가 된 것입니다. 참고로 에스겔서의 새 언약(36장), 마른 뼈 환상(37장 전반), 두 막대기의 하나됨의 비유(37장 후반), 새 성전에 관한 환상(40-44장),

생명수에 관한 환상(47장)은 이스라엘 회복에 관한 대표적인 말씀입니다. 어떻게 죽은 마른 뼈들이 살아나 군대가 되었을까요?

첫째, 하나님의 말씀으로 살아났습니다(겔 37:1-8). 성경에는 하나님이 말씀으로 죽은 자를 살리시고 병든 자를 고쳐주시는 내용이 많이 있습니다. 이는 전지전능하신 하나님의 말씀에는 생명과 치유와 창조의 능력이 있기 때문입니다. 대저 하나님의 모든 말씀은 능하지 못하심이 없습니다(눅 1:37). 하나님의 말씀은 살아 있고 활력이 있어 좌우에 날선 어떤 검보다도 예리하여 혼과 영과 및 관절과 골수를 찔러 쪼개기까지 하며 또 마음의 생각과 뜻을 판단합니다(히4:12). 이처럼 하나님 말씀에는 생명을 살리는 능력과 힘이 있습니다. 이에 우리는 하나님 말씀을 듣고 읽고 연구하고 암송하고 묵상하는 영적 훈련에 힘써야 할 것입니다.

둘째, 생기가 임하여 살아났습니다(겔 37:9-14). 생기는 히브리어로 '루아흐'입니다. 이는 '바람' 또는 '영, 영혼, 호흡'의 두가지 의미로 사용되는데 이곳에서는 후자입니다. 즉 생기는 바로 하나님의 영 곧 성령을 의미합니다. 하나님이 흙으로 사람을 지으시고 생기를 불어 놓자 사람이 생령(生靈)이 된 것처럼(창 2:7), 생기가 없이는 영적으로는 죽은 상태입니다. 생기 곧 성령은 사람을 영적으로 새롭게 태어나게 합니다. 결코 성령이 없이는 새 사람으로 거듭날 수 없습니다(요 3:3,5, 롬 8:1-11). 성령의 생각은 생명이고 평안입니다(롬 8:6). 이처럼 성령의 본질은 생명이기에 영적으로 늘 깨어 있는 삶을 살기 위해서는 무엇보다도 성령의 충만을 구하고 받아야 할 것입니다.

참고로 본문 말씀(37장) 직전에 이스라엘 회복에 관한 에스겔의 새 언약의 말씀이 있습니다(36장). 이는 하나님께서 '말씀'으로 이스라엘 민족을 정결하게 하고, '성령'으로 그들 속에 부드러운 새 마음을 주어 하나님의 백성으로 삼겠다는 새 언약의 말씀입니다. **내가 너희를 여러 나라 가운데에서 인도하여 내고 여러 나라 가운데에서 모아 데리고 고국 땅에 들어가서, 맑은 물을 너희에게 뿌려서 너희를 정결하게 하되 곧 너희 모든 더러운 것에서와 모든 우상숭배에서 너희를 정결하게 할 것이며, 또 새 영을 너희 속에 두고 새 마음을 너희에게 주되 너희 육신에서 굳은 마음을 제하고 부드러운 마음을 줄 것이며, 또 내 영을 너희 속에 두어 너희로 내 율례를 행하게 하리니 너희가 내 규례를 지켜 행할지라, 내가 너희 조상들에게 준 땅에서 너희가 거주하면서 내 백성이 되고 나는 너희 하나님이 되리라**(겔 36:24-28).

그렇습니다. 하나님이 우리에게 주신 최고의 선물은 바로 성경(聖經)과 성령(聖靈)입니다. 성경은 하나님의 감동으로 된 것으로 능히 우리로 하여금 그리스도 예수 안에 있는 믿음으로 말미암아 구원에 이르는 지혜가 있게 하며 모든 선한 일을 행할 능력을 갖추게 합니다(딤후 3:15-17). 그리고 성령은 우리의 심령을 새롭게 거듭나게 하사, 우리로 하나님을 따라 의와 진리의 거룩함으로 지으심을 받은 새 사람을 입게 합니다(엡 4:23-24).

참고로 하나님의 구원도 십자가 보혈의 씻어주심과 성령의 새롭게 해주심으로 말미암은 것입니다(딛 3:5). 지금 우리의 영적 상태는 어떤가요? 만일 마른 뼈와 같이 기갈(飢渴)되었다면 영적 회복을 위하여 무엇보다도 하나님 말씀과 성령의 도움을 받아야 하겠습니다. 새해에는 우리 모두 예배와 말씀과 기도에 더욱 힘써 성령의 사람이 되어 세상과 교회와 가정 안에 예수의 향기를 발하는 믿음충만, 은혜충만한 삶을 살아가기를 소망합니다.

Letter 85

하나님의 마음에 드는 사람

열왕기상 3:4-15

누가 주의 이 많은 백성을 재판할 수 있사오리이까 듣는 마음을 종에게 주사 주의 백성을 재판하여 선악을 분별하게 하옵소서 솔로몬이 이것을 구하매 그 말씀이 주의 마음에 든지라 이에 하나님이 그에게 이르시되 네가 이것을 구하도다 자기를 위하여 장수하기를 구하지 아니하며 부도 구하지 아니하며 자기 원수의 생명을 멸하기도 구하지 아니하고 오직 송사를 듣고 분별하는 지혜를 구였으니 내가 네 말대로 하여 네게 지혜롭고 총명한 마음을 주노니 네 앞에서 너와 같은 자가 없었거니와 네 뒤에도 너와 같은 자가 일어남이 없으리라 내가 또 네가 구하지 아니한 부귀와 영광도 네게 주노니 네 평생에 왕들 중에 너와 같은 자가 없을 것이라(9-13)

본문은 솔로몬 왕이 성전을 건축하기 전 기브온 산당에서 일천 번제를 드린 후 꿈 속에서 여호와 하나님을 만난 내용입니다. 이때 하나님이 솔로몬에게 원하는 것을 구하라고 하시자, 솔로몬은 주님의 백성을 잘 인도하고 선악을 분별할 수 있는 지혜로운 마음(듣는 마음)을 구했습니다. 이에 하나님은 이것이 마음에 들어 솔로몬에게 지혜롭고 총명한 마음과 함께 덤으로 솔로몬이 구하지도 않은 부귀와 영광도 주셨습니다. 그럼 하나님의 마음에 드는 사람은 어떤 사람일까요? 하나님의 마음에 드는 사람은 어떤 축복을 받을 수 있을까요? 어떻게 해야 하나님의 마음에 들 수 있을까요? 우리 함께 살펴봅시다.

먼저, 하나님의 마음에 드는 사람은 어떤 사람일까요?
하나님의 마음에 드는 사람은 믿음으로 하나님을 기쁘게 하는 사람이고(히11:6), 하나님의 마음에 맞는 사람입니다(행 13:22). 좀더 구체적으로 말하자면, ① 다윗과 같이 성실과 공의와 정직한 마음으로 주와 함께 주 앞에서 행하는 사람이고(왕상 3:6), ② 솔로몬과 같이 자기의 부귀와 영광이 아닌 하나님의 뜻과 하늘의 지혜를 구하는 사람이며(왕상 3:9), ③ 오직 정의를 행하며 인자를 사랑하며 겸손하게 하나님과 동행하는 사람이고(미 6:8), ④ 하나님을 사랑하며 그 뜻대로 부르심을 입은 자라고 할 수 있습니다(롬 8:28).

다음, 하나님의 마음에 드는 사람은 어떤 축복을 받을까요?
하나님은 자신의 마음에 드는 사람에게 다음과 같은 축복을 주십니다. 첫째, 모든 것이 합력하여 선을 이루게 하십니다(롬 8:28). 과정에 설사 고난과 역경이 있을지라도 결국은 하나님의 선하신 복으로 채워 주십니다. 둘째, 구하지 않은 것까지 덤으로 주십니다. 본문과 같이 솔로몬은 하나님께 듣는 마음만을 구하였음에도, 덤으로 세상의 부귀 영화와 장수의 복도 받았던 것입니다(왕상 3:12-13). 셋째, 다윗과 같이 하나님의 뜻을 다 이루게 하시며 상도 주십니다(행 13:22, 11:6). 넷째, 항상 함께 하심으로 형통의 축복과 함께 천국 영생의 복을 주십니다(창 39:2, 마 28:20).

그러면 우리는 어떻게 해야 하나님의 마음에 들 수 있을까요? 첫째, 믿음이 있어야 합니다. 왜냐하면 믿음이 없이는 하나님을 기쁘시게 하지 못하기 때문입니다(히 11:6). 이때 믿음의 핵심은 바로 예수 그리스도의 십자가 보혈과 부활입니다. 다 아시다시피 예수님의 십자가 사건은 우리의 죄를 사하기 위함이고, 부활 사건은 우리 옛 사람이 죽고 새 사람으로 거듭나게 하기 위함입니다. 즉 나는 죽고 예수로 살게 됩니다(롬 6:1-11). 예수님으로 말미암지 않고는 하나님께로 올 자가 없기 때문에, 예수 그리스도에 대한 확실한 믿음을 가져야 합니다(요 14:6). 둘째, 성령을 받아야 합니다. 이는 성령님은 우리에게 하나님의 뜻을 깨닫게 해주시고, 하나님의 뜻을 분별하여 살아가도록 인도해 주시기 때문입니다(롬 8:27,12:2, 갈 5:16-18). 따라서 하나님의 마음에 드는 사람은 바로 믿음과 성령이 충만한 사람입니다.

한편 하나님의 뜻을 구하는 것과 아는 것도 중요하지만 더 중요한 것은 하나님의 뜻을 행하는 것입니다. 이는 행함이 없는 믿음은 영혼 없는 몸이 죽은 것같이 죽은 것이기 때문입니다(약 2:26). 하나님의 뜻을 행하지 않은 사람은 하나님의 심판을 피할 수 없습니다(마 7:21). 솔로몬 역시 하나님께 선한 것을 구하는 기도를 통하여 최고의 축복을 받고 누렸지만 말년에 세상의 유혹과 즐거움에 빠져 하나님의 말씀에 불순종함으로써 결국 나라가 분열되는 심판을 받았던 것입니다(왕상 9:6-9 참조). 사도 바울과 같이 끝까지 행함으로 믿음을 지킬 때에 비로소 하나님이 예비하신 의의 면류관을 받을 수 있습니다(딤후 4:7-8). 우리 모두 새해에는 신앙생활의 기본인 예배와 말씀과 기도에 더욱 힘써 믿음 충만, 성령 충만함으로 하나님을 기쁘게 해드리는 은혜 충만한 삶을 살아갑시다.

Letter 86

마음 지키기

열왕기상 11:1-13

솔로몬이 마음을 돌려 이스라엘의 하나님 여호와를 떠나므로 여호와께서 그에게 진노하시니라, 네가 내 언약과 내가 네게 명령한 법도를 지키지 아니하였으니 내가 반드시 이 나라를 네게서 빼앗아 네 신하에게 주리라(9,11)

    본문은 솔로몬 왕이 이방 나라 여인들과 결혼하고 말년에는 이방 나라의 우상 숭배를 허용하는 등 하나님의 명령을 불순종한 결과 하나님으로부터 진노와 함께 심판을 받게 되는 말씀입니다. 솔로몬이 이방 여인들을 사랑한 나머지 하나님의 계명을 불순종하며 하나님을 떠난 것입니다. 이에 하나님께서 솔로몬에게 이 나라를 솔로몬의 아들 때에 신하에게 주겠다는 심판을 내리심에 따라 결국 이스라엘 왕국은 남북으로 분열됩니다. 하나님께 세상의 부귀 영화가 아닌 지혜로운 마음을 구할 정도로 신실했던 솔로몬조차 이처럼 타락하게 되는 것을 보면, 초심의 마음을 끝까지 지키는 것은 실로 어려운 것 같습니다.

우리는 왜 마음(Heart)을 지켜야 할까요? 첫째, 인간의 마음은 선과 악이 공존하고 있어 자칫 잘못하면 악한 마음을 갖게 되기 때문입니다. 인간의 마음은 생명의 근원이면서 한편 만물보다 더 거짓되고 심히 부패합니다(잠 4:23, 렘 17:9). 이처럼 인간의 마음은 선악간의 이중성을 갖고 있기 때문에 마음을 잘 지키지 않으면 선한 생명의 길을 가다가도 세상의 유혹에 넘어져 사망의 악한 길로 떨어지기 쉽습니다. 둘째, 인간의 마음은 연약하여 환경과 상황에 따라 쉽게 변하기 때문입니다. 예수님의 씨 뿌리는 비유 말씀을 보면 인간은 하나님의 말씀을 좋아하더라도 자신에게 환난이나 박해가 닥치고, 세상의 염려와 재물의 유혹이 있으면 곧 걸려 넘어지는 것을 쉽게 알 수 있습니다(마 13:18-22). 이처럼 인간의 마음은 선악이 공존하고 연약하기 때문에 믿음의 길을 끝까지 걸어가기 위해서는 무엇보다도 모든 지킬 만한 것 중에 마음을 잘 지켜야 하겠습니다(잠 4:23).

그런데 문제는, 인간은 원래 에덴 동산의 아담과 하와처럼 연약한 존재이기 때문에 사탄과 마귀의 유혹과 권세로부터 자유롭지 못하다는 것입니다. 인간의 힘과 능으로는 영계에 있는 사탄과 마귀의 궤계를 물리칠 수 없습니다. 그러므로 사도 바울은 에베소 교인들에게 '우리의 씨름은 어둠의 세상 주관자들과 하늘에 있는 악의 영을 상대하므로, 마귀의 간계를 능히 대적하기 위하여 하나님의 전신갑주를 입으라'고 강권한 것입니다 (엡 6:11-13).

그럼 어떻게 마음을 지킬 수 있을까요? 첫째, 하나님과 예수님에 대한 확실한 믿음을 가져야 합니다. 하나님을 신뢰하고 범사에 인정하면 하나님이 우리를 사탄과 마귀로부터 지키시고 보호해 주시기 때문입니다(잠 3:5-6). 예수 그리스도의 믿음은 우리의 영혼을 구원하며(벧전 1:9), 우리로 세상을 이기게 합니다(요일 5:5). 둘째, 성령을 받고 성령에 따라 행해야 합니다. 성령의 능력은 우리로 육체의 욕심을 이루지 못하게 하고 생명과 의의 길로 걸어가게 하기 때문입니다(갈 5:16-18). 성령은 우리의 연약함을 도와주시고(롬 8:26), 우리의 돌작밭과 가시떨기 밭과 같은 굳어진 마음을 옥토와 같이 부드러운 마음으로 만들어 줍니다(겔 36:26-27). 셋째, 죄악된 길을 걸으면 반드시 하나님의 징계와 심판을 받는다는 종말신앙을 가져야 합니다. 악인은 잠시 형통할 수 있지만 필경 심판을 받습니다. 하나님은 온 땅을 두루 감찰하시므로(대하 16:9), 우리의 선악간을 모두 아시고 때를 따라 돕기도 하고 징계도 합니다. 물론 하나님의 징계는 우리로 회개하고 하나님 앞으로 돌아오게 하기 위한 또다른 사랑입니다(히 12:10-11). 그러나 하나님의 징계에도 회개하지 않으면 결국에는 심판을 피할 수 없습니다(롬 1:24-32).

위와같이 사탄과 마귀로부터 우리의 마음을 지키기 위해서는 믿음과 성령이 중요합니다. 이를 위하여 말씀과 기도의 영적 훈련에 힘써야 합니다. 이는 말씀은 영적 양식으로 믿음을 자라게 하고(벧전 2:2, 롬 10:17)), 사탄을 물리치는 성령의 검이며(엡 6:17), 우리 마음의 생각과 뜻을 판단하기 때문입니다(히 4:12). 또한 기도는 영적 호흡이자 영적 운동으로 하나님과 우리를 영적으로 연결해주는 영적 파이프라인이기 때문입니다. 그래서 예수님도 새벽 미명에 한적한 곳에 홀로 가서 기도에 힘쓰셨던 것입니다. 우리 몸도 잘 먹고 규칙적인 운동을 해야 건강하듯이, 우리의 마음과 믿음도 말씀과 기도의 영적 훈련이 없이는 결코 강건할 수 없고 성장할 수 없습니다. 말씀과 기도로 하나님의 뜻인 거룩의 삶을 살아갈 수 있으므로(살전 4:3, 딤전 4:5), 우리도 올 한 해 말씀과 기도에 힘써 믿음 충만, 성령 충만의 삶을 살아갑시다.

Letter 87

올바른 선택

열왕기상 12:1-20

온 이스라엘이 자기들의 말을 르호보암 왕이 듣지 아니함을 보고 왕에게 대답하여 이르되 우리가 다윗과 무슨 관계가 있느냐 이새의 아들에게서 받을 유산이 없도다 이스라엘아 너희의 장막으로 돌아가라 다윗이여 이제 너는 네 집이나 돌아보라 하고 이스라엘이 그 장막으로 돌아가니라. 온 이스라엘이 여로보암을 온 이스라엘의 왕으로 삼았으니 유다 지파 외에는 다윗의 집을 따르는 자가 없으니라(16,20)

본문은 솔로몬의 아들인 르호보암이 왕위에 오른 후 원로 참모들의 충언을 듣지 않고 젊은 참모들의 자문에 따라 백성들에 대한 통치 정책을 잘못 택한 결과 이스라엘 왕국이 분열하게 되었다는 내용입니다. 당시 르호보암이 원로들의 충언에 따라 어려운 형편에 있는 백성들을 섬기는 마음으로 올바른 선택을 하였다면 분열되지 않았을 것입니다. 한편 이는 솔로몬의 불순종에 대한 하나님의 징계의 말씀을 응하기 위한 하나님의 섭리라고 생각합니다. 성경 말씀 속으로 들어가면 들어갈수록 하나님의 절대주권 앞에 우리의 생각과 주장을 내려 놓을 수 밖에 없는 것 같습니다.

인생은 태어나서 죽을 때까지 선택의 연속이라는 말이 있습니다. 마치 C(choice)는 B(birth)와 D(death) 사이에 있는 것처럼. 정말 인간이란 매일 매순간 선택의 기로에 서있다고 해도 과언은 아닙니다. 우리는 무엇을, 어떻게 선택했느냐에 따라 그 결과가 엄청나기 때문에 선택을 잘해야 합니다. 우리는 곧잘 그 결과만을 보고 잘한 선택인지, 잘못한 선택인지를 판단하곤 하는데, 중요한 것은 섣부른 결과 보다는 선한 동기나 목적 등을 모두 고려한 올바른 선택이어야 합니다. 올바른 선택은 처음에는 미미하거나 심지어 고난과 어려움이 뒤따를 수도 있지만 결국에 가서는 알차고 좋은 결실을 가져옵니다.

그렇다면 올바른 선택의 삶이란 어떤 것인가요? 이에 성경에서 올바른 선택을 한 인물들과 그릇된 선택을 한 인물들의 삶을 살펴보면서 무엇이 올바른 선택의 삶인지 알아봅시다. 먼저 그릇된 선택을 한 사람들로는 아담과 하와, 가인, 에서, 사울, 르호보암, 므낫세, 하만, 가룟 유다 등을 들을 수 있겠습니다. 이들의 공통점은 세상적인 유혹과 욕심을 따라 자신만의 이익을 위하여 하나님의 말씀과 뜻에 불순종의 삶을 살았다는 것입니다. 그 결과 인간에게 죄가 들어왔으며 살인과 탐욕, 이기심과 교만으로 얼룩진 죄와 심판의 길을 걸었습니다. 반면 올바른 선택을 한 사람들로는 노아, 요셉, 모세, 여호수아, 갈렙, 사무엘, 다윗, 사도 바울 등을 들 수 있겠습니다. 이들의 공통점은 의로운 삶을 살았으며, 죄를 짓더라도 곧 회개하여 하나님께로 돌아와 하나님의 뜻에 합당한 삶을 살았다는 것입니다. 그 결과 그들은 임마누엘 하나님의 형통의 복을 누렸습니다.

그럼 올바른 선택을 하기 위해서는 어떻게 해야 할까요?
첫째, 하나님의 말씀을 알고 믿고 순종해야 합니다. 이는 하나님의 말씀은 우리로 교훈과 책망과 바르게 함과 의로 교육하기에 유익할 뿐만 아니라 선한 일을 할 수 있게 하며, 우리 마음의 생각과 뜻을 밝혀주기 때문입니다(딤후 3:16-17, 히 4:12). 진정 하나님의 말씀만이 올바른 삶의 기준이 됩니다. 둘째, 초기 솔로몬과 같이 듣는 마음을 가지고 주변 사람들의 말을 경청하는 등 정보를 모아 선택의 폭을 넓혀야 합니다. 르호보암은 원로 참모들의 말을 귀담지 않았기 때문에 백성들의 마음을 미처 살피지 못한 결과 그릇된 선택을 한 것입니다. 말하기는 더디하되 듣기는 속히 해야 할 것입니다(약 1:19). 셋째, 단순히 원하는 것이 아니라 정말로 필요한 것이 무엇인지 알아야 합니다(스펜서 존슨의 '선택' 참조). 대개(大槪) 원하는 것은 자신의 유익을 위해 바라는 것이고, 필요한 것은 하나님의 뜻을 위하여 꼭 해야 하는 것입니다. 그러기 때문에 우리는 지금 무엇을 하고 싶은가? 라고 묻기 보다는 무엇을 하면 좋았을까? 라고 물을 때 올바른 선택을 할 가능성이 높아집니다.

  우리는 삶의 여정에서 자신의 유익과 하나님의 뜻이 충돌할 때 대체로 자신의 유익을 구할 때가 많습니다. 그런데 문제는 그 선택의 결과를 깊이 생각하지 않는다는 점에 있습니다. 우리는 멀리 높이 깊게 보지 않고 눈 앞의 이익을 먼저 계산하여 행동하곤 하는데, 그 결과는 우리의 생각보다 훨씬 엄중할 때가 많습니다. 진실로 사람이 마음으로 자기의 길을 계획할지라도 그의 걸음을 인도하시는 이는 여호와 하나님이십니다(잠 16:9). 그러므로 인생의 갈림길에서 올바른 선택을 하기 원한다면 하나님께 기도로 아뢰며 하나님의 뜻을 구하고 이를 행해야 할 것입니다.

Letter 88

여호와의 이름을 부르다

열왕기상 18:20-40

엘리야가 모든 백성을 향하여 이르되 내게로 가까이 오라 백성이 다 그에게 가까이 가매 그가 무너진 여호와의 제단을 수축하되 야곱의 아들들의 지파의 수효를 따라 돌 열두 개를 취하니… 여호와여 내게 응답하옵소서 내게 응답하옵소서 이 백성에게 주 여호와는 하나님이신 것과 주는 그들의 마음을 되돌이키심을 알게 하옵소서 하매 이에 여호와의 불이 내려서 번제물과 나무와 돌과 흙을 태우고 또 도랑의 물을 핥은지라(30-31,37-38)

본문은 엘리야 선지자의 갈멜 산 승리에 관한 말씀입니다. 엘리야는 북이스라엘 아합 왕 시절 활동한 구약의 대표적인 선지자입니다. 당시 아합 왕은 시돈 공주 이세벨과 결혼하여 이방신 바알과 아세라를 섬기는 등 우상 숭배와 온갖 악행을 저질렀습니다. 이에 여호와 하나님은 하나님의 살아 계심과 능력을 깨닫게 하시고자 엘리야를 통하여 그 땅에 가뭄이 들게 했습니다. 삼년 후 엘리야는 비를 내리겠다는 하나님의 말씀이 임하자 아합을 찾아가 갈멜 산에서 바알과 아세라를 섬기는 거짓 선지자 850명과의 영적 대결을 제의합니다. 그 내용은 제물로 바친 송아지를 하늘의 불로 태우는 것이었는데, 바알과 아세라 선지자들은 온갖 방법을 동원했지만 실패했습니다. 그러나 엘리야가 무너진 제단을 수축하고 정성껏 송아지 제물을 드린 후 여호와의 이름을 부르며 기도하자 하늘에서 불이 내려와 제물을 태웠습니다. 이어 엘리야가 갈멜 산 꼭대기에 올라가 얼굴을 무릎 사이에 넣고 간절히 기도하자, 하나님 말씀대로 큰 비가 내렸습니다.

이처럼 갈멜 산 대결은, 여호와가 참 하나님이냐, 아니면 이방신 바알과 아세라가 참 하나님이냐의 영적 싸움이었습니다. 당시 아합 왕은 이스라엘 민족의 여호와도 섬기고 겸하여 바알과 아세라도 섬기는 소위 혼합종교의 신앙생활을 했습니다. 참고로 바알과 아세라는 풍요와 다산을 가져다준다는 가나안과 시돈의 이방신입니다. 오늘날 적지 않은 그리스도인들도 세상적인 축복을 받고자 한 발은 교회에, 다른 한 발은 세상에 두면서 하나님도 믿고 우상도 숭배하고 있다고 합니다. 교회도 세속주의의 풍토로부터 자유롭지 못한 편입니다. 축복의 설교는 좋아하지만 심판의 설교는 싫어합니다. 부활은 아멘 하면서도 십자가는 외면합니다. 이는 사람들이 천국 소망보다는 세상적인 축복에 너무 매몰되어 있기 때문입니다. 갈멜 산 사건의 영적 교훈을 통하여 참 신앙의 모습을 살펴봅시다.

갈멜 산 사건이 주는 영적 교훈을 생각해 봅니다.

첫째는, 하나님에 대한 절대적인 믿음을 갖지 않으면 아합처럼 세상적인 욕심과 욕망을 좇아 이른바 혼합종교의 길을 걷게 된다는 것입니다. 혼합종교의 신앙생활을 한다는 것은 한마디로 하나님의 존재와 능력을 의심하는 것입니다. 그런데 하나님을 의심하는 사람은 마치 바람에 밀려서 출렁이는 바다 물결과 같아 하나님으로부터 아무 것도 받을 수 없으며, 두 마음을 품은 자로서 모든 행동에 안정이 없습니다(약 1:5-8). 그러므로 우리는 성경 말씀을 통하여 확실한 믿음을 가져야 합니다(롬 10:17).

둘째는, 수많은 바알과 아세라 선지자들이 자신들의 모든 것을 동원했지만 하늘로부터 불을 내려 오게 할 수 없었던 것처럼, 우상 신앙은 아무런 힘과 능력이 없다는 것입니다. 우상이란 사람들이 세상적인 욕심을 위하여 자신들의 생각과 손으로 만든 허상에 불과합니다(렘 10:1-10). 우상 숭배의 본질은 인간의 탐심입니다. 그러므로 예수님은 삼가 탐심을 물리치라고 하셨으며(눅 12:13), 사도 바울도 탐심은 우상 숭배라고 경고했던 것입니다(골 3:5).

셋째는, 세상의 유혹과 시험을 물리치기 위해서는 엘리야처럼 하나님을 경배하며 하나님의 이름을 부르는 신앙생활을 해야 합니다. 하나님을 경배한다는 것은 엘리야가 무너진 제단을 수축하고 정성껏 제물을 준비한 것처럼 마음과 정성을 다하여 예배를 드리는 것입니다. 하나님의 이름을 부르는 것은 바로 하나님께 기도하는 것입니다. 특히 야고보 사도는 이 사건에 대하여 '엘리야가 간절히 기도하니 삼년 육 개월 동안 땅에 비가 내리지 않다가, 다시 기도하니 하늘이 비를 내렸더라'(약 5:17-18)고 기록할 정도로 기도의 중요성을 강조했습니다.

이처럼 여호와의 이름을 부른다는 것은 여호와 하나님께 믿음으로 기도하는 것입니다. 하나님은 우리가 기도하면 들어주시고, 찾으면 만나주시며, 부르짖으면 응답해 주실 뿐만 아니라 우리가 모르는 크고 놀라운 비밀을 보여 주십니다(렘 29:12-13, 33:3). 그러므로 누구든지 주의 이름을 부르는 자는 구원을 받게 되는 것입니다(욜 2:32, 롬 10:13). 올해 우리 교회의 표어는 '365 기도생활'입니다. 성령이 임하는 합심기도를 위하여 교회 안에 부서별, 선교회별, 구역별 다양한 중보기도팀들이 세워지면 좋겠습니다. 우리 속회 중심의 중보기도팀도 세워지기를 소망합니다.

Letter 89

나봇의 포도원 사건

열왕기상 21:1-16

이세벨이 나봇이 돌에 맞아 죽었다 함을 듣고 아합에게 이르되 일어나 나봇의 포도원을 차지하소서 아합이 이스르엘 사람 나봇이 죽었다 함을 듣고 곧 일어나 나봇의 포도원을 차지하러 그리로 내려갔더라(15-16)

　본문은 아합 왕이 왕궁 부근에 있는 나봇이라는 사람의 포도원을 탐을 내자, 아내인 이세벨이 거짓 술수를 사용하여 나봇을 살해한 후 그 포도원을 빼앗은 내용입니다. 나봇의 포도원 사건은 아합 왕이 이스라엘 왕국의 역대 왕들 중 가장 악한 왕으로 평가받을 수 밖에 없는 대표적인 불의의 사건입니다. 이 사건으로 인하여 하나님은 아합과 이세벨은 물론 아합의 후손들에게 엄중한 심판을 하십니다. 이 사건이 주는 영적 교훈을 통하여 우리의 믿음생활을 점검해 봅시다.

첫째, 욕심이 죄를 낳고 죄가 장성한즉 사망을 낳습니다(약 1:15). 아합은 일국의 왕으로서 엄청난 부를 가지고 있으면서도 나봇의 포도원을 자신의 정원으로 하기 위해 탐했던 것입니다. 원래 이스라엘 민족은 여호수아 때 정복한 가나안 땅을 하나님의 뜻에 따라 제비뽑기를 통하여 각 지파의 몫으로 분배받았기 때문에 이를 타 지파에게는 양도할 수 없습니다. 또한 이스라엘 율법상 토지 소유자라 할지라도 실은 자신의 토지에 대한 경작권만을 가지고 있을 뿐이며, 토지의 궁극적 소유자는 하나님입니다. 아합은 왕으로서 이런 내용을 다 알고 있음에도 욕심의 늪에 빠져 나봇의 포도원을 자신의 것으로 삼을려고 했던 것입니다. 탐심(貪心)이란 자신에게 주어진 몫보다 더 많이 가질려는 부당한 욕심입니다. 욕심은 죄악을 유발하지만 탐심은 그 자체로 우상 숭배라는 죄가 됩니다(골3:5). 아합의 탐심으로 말미암아 아합 자신은 물론 그의 혈육들까지 비참한 최후를 맞게 됩니다.

둘째, 하나님을 두려워하지 않은 자는 악행을 일삼게 되며 결국 심판을 받습니다. 아합의 아내인 이세벨은 시돈(페니키아)의 공주로 이방신 아세라를 믿는 대표적인 우상 숭배자입니다. 그녀는 나봇이 이스라엘의 율법을 어길 수 없어 포도원을 팔 수 없다고 하자, 거짓 증인을 내세워 죄 없는 나봇을 무고하고 살해한 후 포도원을 강탈합니다. 아합은 하나님을 조금이라도 믿기에 하나님을 두려워하는 나머지 나봇에게 살인의 악행까지는 저지르지 않았지만, 이세벨은 이방인으로 하나님을 믿지 않고 두려워하지 않았기 때문에 무도한 악행을 저질렀던 것입니다. 이세벨의 악행으로 자신은 물론 남편과 후손들까지 철저하게 죽음의 심판을 받게 됩니다.

셋째, 하나님의 심판 예언은 한치의 오차도 없이 반드시 이루어집니다. 이세벨이 나봇을 살해하고 포도원을 강탈하자, 하나님은 아합 집안에 대한 심판을 예고하시고, 이를 심묘막측(神妙幕測)하게 그대로 행하십니다. 성경에 의하면 하나님의 예고하심 그대로 개들이 죽은 나봇의 피를 핥는 그곳에서 후일에 아합과 이세벨의 피도 핥습니다. 아합은 전혀 예상 밖의 상황에서 죽게 되는데 이 또한 하나님의 예언을 응하기 위한 심판으로 밖에 볼 수 없습니다. 즉 아합이 남유다 왕국의 여호사밧 왕과 동맹하여 수리아와 전쟁할 때 수리아 군사들에게 자신의 신분을 노출시키지 않기 위해 자신의 왕복을 벗는 등 병사처럼 변장을 했지만 수리아 병사의 화살을 맞고 죽게 됩니다. 진정 하나님의 말씀(예언)은 일점 일획도 결코 없어지지 않고 그대로 다 이루어집니다 (마 5:18, 사 55:10-11).

이처럼 하나님의 악인에 대한 심판은 성경의 수많은 곳에 기록되어 있습니다만, 우리는 이를 잘 알고 있으면서도 실상은 별로 실감을 하지 못하고 있습니다. 왜냐하면 현실적으로 악인의 형통은 우리들의 눈에 버젓이 보이는 반면 심판은 미래의 일로 아직 확실히 드러나지 않았기 때문인 것 같습니다. 그러나 우리는 언젠가 하나님의 심판대 앞에 설 수 밖에 없는 존재임을 잊지 말고 악인의 꾀를 따르지 아니하며 죄인의 길에 서지 아니하고 오만한 자의 자리에 앉지 말아야 하겠습니다. 무엇보다도 십자가의 보혈과 성령의 능력에 힘입어 세상의 유혹에 빠지지 않고 시험에 들지 않도록 늘 깨어 기도하며 거룩한 삶을 살아가야 하겠습니다. 우리 모두 예수님의 말씀대로 삼가 탐심을 물리치고 하나님의 나라와 그 의를 먼저 구하며, 천성을 향하여 좁은 길을 끝까지 걸어 갑시다(눅 12:15,29-31).

Letter 90

굳건한 믿음

이사야 7:1-17

여호와께서 아하스 왕에게 말쓰하시되 너는 네 하나님 여호와께 한 징조를 구하되 깊은 데에서든지 높은 데에서든지 구하라 하시니 아하스가 이르되 나는 구하지 아니하겠나이다 나는 여호와를 시험하지 아니하겠나이다 한지라 이사야가 이르되 다윗의 집이여 너희가 사람을 괴롭히고서 그것을 작은 일로 여겨 또 나의 하나님을 괴롭히려 하느냐 그러므로 주께서 친히 징조를 너희에게 주실 것이라 보라 처녀가 잉태하여 아들을 낳을 것이요 그의 이름을 임마누엘이라 하리라(10-14)

본문은 하나님이 이사야 선지자를 통하여 굳건한 믿음을 강조하고, 이사야로 하여금 아하스 왕에게 예수님의 동정녀 마리아 탄생을 예언하게 하는 말씀입니다. 그 배경을 보면, 남유다 아하스 왕때 북이스라엘과 수리아가 연합하여 남유다를 공격해 오자, 아하스와 유다 백성들은 마음이 거센 바람 앞에서 요동하는 수풀처럼 흔들렸습니다. 이에 하나님은 이사야를 통하여 아하스에게 그들을 두려워하거나 겁내지 말며 오직 믿음 안에 굳게 서라고 강권하시면서, 직접 아하스에게 하나님의 신실하심을 나타낼 징조를 보여 달라는 부탁을 해보라고 말씀합니다. 그런데 아하스는 불순종한 채 하나님을 시험하지 않겠다는 이유로 징조를 구하지 않았습니다. 그러자 이사야가 아하스를 책망하면서 하나님께서 다윗 왕조에 친히 징조를 주실 것이라며 '처녀가 잉태하여 아들을 낳을 것이요 그의 이름을 임마누엘이라 하리라'(7:14)고 말합니다. 또한 북이스라엘과 수리아의 멸망과 함께 남유다 왕국도 앗수르에 의한 심판을 받을 것이라고 예언합니다. 본문이 주는 영적 교훈을 살펴봅니다.

첫째, 하나님은 하나님의 말씀과 뜻에 불순종하는 자를 징계하는 한편 그들의 회개를 원합니다. 남유다가 하나님의 말씀에 불순종하여 우상 숭배와 불의의 길을 가자, 하나님은 북이스라엘과 수리아의 연합군으로 하여금 남유다를 침공하게 하는 방법으로 남유다를 징계합니다. 그러면서도 한편 하나님은 이사야를 통하여 아하스에게 하나님만을 의지함으로 두려워하지 말고 겁내지 말며 오직 믿음에 굳게 서서 하나님께 돌아오라고 강권합니다. 하나님 믿음 안에 굳게 서 있으면 하나님이 보호하시고 지켜 주시므로 적국의 침공에 두려워할 필요가 없다는 것입니다. 하나님의 징계가 임하면 맨 먼저 우리의 믿음생활을 돌아보고 믿음을 회복하도록 힘써야 하겠습니다.

둘째, 하나님은 때때로 우리의 믿음을 시험하십니다. 하나님은 우리의 믿음을 자라게 하고 그 수준을 높여 성숙한 믿음으로 만들어 주시고자 우리의 믿음을 시험하시고, 시험을 통과한 자를 크게 사용하십니다. 아브라함은 이삭을 번제로 바치라는 시험에 통과함으로써 명실공히 믿음의 조상이 되었고, 다윗은 세상적으로는 질 수 밖에 없는 골리앗과의 싸움에서 만군의 여호와의 이름으로 나아갈 때 승리하였습니다. 이처럼 성경의 믿음의 위인들은 하나님의 시험을 믿음으로 인내 가운데 견디어 낸 사람들입니다. 하나님은 우리에게 감당하지 못할 시험 당함을 허락하지 아니하시고 시험 당할 즈음에 또한 피할 길을 내사 우리로 능히 감당하게 하십니다(고전 10:13). 한편 아하스는 징조를 구하라는 하나님의 요구를 마치 하나님을 시험하지 않겠다는 이유로 거부했는데, 이는 겸손을 가장한 불순종이므로 결국 심판을 받게 됩니다. 굳건한 믿음이란 하나님의 말씀에 순종하는 믿음입니다.

셋째, 하나님은 신실하신 분이십니다. 하나님은 하신 말씀을 반드시 지키시고 실행하십니다(민 23:19). 하나님은 나이 많은 아브라함에게 후손의 약속을 지키셨으며, 믿음의 조상들인 요셉, 모세, 다윗 등에게도 약속하신 말씀을 지키셨습니다. 오늘 본문에서 하나님은 이사야를 통하여 북이스라엘과 수리아의 멸망, 남유다에 대한 앗수르 침공의 심판을 예언하셨는데, 이 또한 그대로 이루어졌습니다. 우리는 성경에 기록된 신실하신 하나님의 약속의 말씀을 붙들고 전심으로 기도해야 하겠습니다.

　참고로 우리는 성경 곳곳에 기록된 우리와 함께 하시는 임마누엘 하나님을 믿어야 합니다. 임마누엘 하나님은 우리에게 죄 사함과 거듭남의 은총을 주실 뿐만 아니라 오늘도 우리를 눈동자같이 지키시고 보호해 주시며 그 이름을 부르는 자에게 형통의 축복을 허락하십니다. 그러므로 어떠한 상황이나 환경 속에서도 결코 두려워하거나 염려하지 말고 오직 믿음으로 하나님만을 의지하며 기도에 힘써야 하겠습니다. '두려워하지 말라 내가 너와 함께 함이라'(사 41:10).

Letter 91

북왕국 이스라엘의 멸망

열왕기하 17:1-23

호세아 제구년에 앗수르 왕이 사마리아를 점령하고 이스라엘 사람을 사로잡아 앗수르로 끌어다가 고산 강 가에 있는 할라와 아볼과 메대 사람의 여러 고을에 두었더라 이 일은 이스라엘 자손이 하나님 여호와께 죄를 범하고 또 다른 신들을 경외하며 여호와께서 이스라엘 자손 앞에서 쫓아내신 이방 사람의 규례와 율례를 행하였음이라(6-8)

본문은 북왕국 이스라엘의 멸망 경위와 원인에 관한 말씀입니다. 북이스라엘 왕국은 여로보암 장군이 BC 920년경 솔로몬 사후 그 아들 르호보암의 폭압정치에 항거하여 유다와 베나민 지파를 제외한 10개 지파를 중심으로 세운 나라입니다. 이처럼 솔로몬 사후 단일국가인 이스라엘은 남유다 왕국과 북이스라엘 왕국으로 분열되는데, 그 원인은 한마디로 솔로몬의 우상 숭배와 르호보암의 폭정 때문입니다. 북왕국 이스라엘은 BC 722년 앗수르에 의하여 멸망합니다. 참고로 남왕국 유다는 BC 586년

바벨론에 의하여 멸망합니다. 북이스라엘 왕국의 멸망 원인을 살펴보면서 우리의 믿음생활을 점검해 봅시다.

　성경에 기록된 북왕국 이스라엘의 멸망 원인을 살펴보면, 첫째, 애굽에서 구원하여 주신 주 하나님을 거역하여 죄를 짓고 다른 신들을 섬겼기 때문이고, 둘째, 이방 나라들의 관습과 이스라엘의 역대 왕들이 잘못한 것을 그대로 따랐기 때문이며, 셋째, 하나님이 보내신 선견자와 예언자들의 충고를 듣지 않고, 하나님의 율례와 언약과 경고의 말씀을 거절했기 때문입니다. 먼저, 하나님은 유일신이시기에 십계명 중 제 1계명을 '너는 나 외에는 다른 신을 네게 두지 말라'고 하신 것처럼 이방신(異邦神) 섬기는 것을 가장 싫어하십니다(출 20:3, 신 6:4). 그래서 하나님은 모세를 통하여 이스라엘 민족으로 하여금 이방 민족과의 혼인을 금지하고 이방 신앙을 갖지 않도록 엄명하셨던 것입니다. 그럼에도 이스라엘 민족은 하나님의 뜻보다 자기 소견에 옳은 대로 풍요와 다산을 상징하는 이방문화의 유혹을 물리치지 못했습니다.

　또한 북이스라엘 왕국은 건국 때부터 여로보암 왕이 북이스라엘 백성들로 하여금 유월절 등 절기 때 예루살렘 성전으로 가는 것을 막고자 '벧엘과 단' 두 곳에 금송아지 산당을 지어 그곳에서 절기 제사를 지내도록 했습니다. 금송아지 산당은 하나님의 임재가 없는 곳으로, 금송아지 산당 신앙은 대표적 혼합신앙이요 전형적 기복신앙입니다. 북왕국 이스라엘의 모든 왕들은 금송아지 산당에서 제사를 지냈는데, 이를 두고 성경은 '여로보암의 죄에서 떠나지 않았다'고 기록하고 있습니다. 또한 그들은 곳곳에 바알 신상과 아세라 목상을 세워 섬겼을 뿐만 아니라 하늘의 별들에게도 절하고 자녀들을 불살라 제물로 바치기도 하며 복술도 하고 주문을 외우는 등 하나님 보시기에 악한 우상 숭배와 불의를 행하였습니다.

한편 하나님께서는 북왕국 이스라엘의 백성들을 하나님께로 돌아오게 하기 위하여 수많은 예언자와 선견자를 보내어 '너희는 악한 길에서 돌아서서 너희 조상에게 준 모든 율법을 따라 나의 명령과 율례를 지키라'고 충고하셨습니다. 그러나 그들은 율례와 언약과 경고의 말씀을 거절하고 이방 나라의 문화를 본받아 헛된 것을 따라가며 그 헛된 것에 미혹되었던 것입니다. 이에 하나님은 진노하사 그들을 가장 잔인한 국가인 앗수르의 손에 넘겨 주셨던 것입니다. 이때 북이스라엘 백성은 앗수르로 끌려가고, 대신 앗수르 사람들이 북이스라엘의 수도인 사마리아와 여러 성읍에서 살았습니다. 참고로 북이스라엘 백성과 앗수르 사람과의 통혼으로 생긴 사람은 '사마리아인'으로 불리어졌으며 그후 유대인들로부터 심한 차별을 받아 왔습니다.

현재 우리나라는 사회 전반적으로 양극화 현상이 심각하고, 혼합신앙의 모습도 현저합니다. 하나님의 징계와 심판을 피하기 위해서는 이 땅의 교회와 그리스도인들부터 회개하고 나라를 위한 중보기도에 힘써야 할 것입니다. 무엇보다도 하나님의 사람들이 어디서나 제단을 쌓고 제사를 드려 왔듯이, 그리스도인이라면 마음과 정성을 다하여 예배를 드려야 하겠습니다. 예배와 말씀과 기도를 게을리하면 저절로 하나님과 멀어지게 되어 있고 세상의 세속적인 늪에 빠질 수 밖에 없어 급기야 하나님의 진노와 심판을 피할 수 없게 될 것입니다. 인간의 생사화복의 길은 나라의 흥망성쇠의 길과 같기 때문에 오직 믿음으로 우상 숭배와 불의를 멀리하고 하나님의 뜻을 따라 살아가야 할 것입니다. 이를 위해서는 우리 심령 깊은 곳에 숨어있는 우상 숭배의 뿌리인 탐심과 탐욕을 십자가 보혈로 씻어내고 성령의 불로 태워야 합니다. 오늘도 사도 바울의 말씀을 마음판에 새겨 봅니다. '하나님의 뜻은 거룩함이라, 말씀과 기도로 거룩하여짐이라'(살 전4:3, 딤전 4:5).

Letter 92

여호와께서 건지시리라

이사야 31:1-9

> 새가 날개 치며 그 새끼를 보호함 같이 나 만군의 여호와가 예루살렘을 보호할 것이라 그것을 호위하며 건지며 뛰어넘어 구원하리라 하셨느니라. 앗수르는 칼에 엎드려질 것이나 사람의 칼로 말미암음이 아니겠고 칼에 삼켜질 것이나 사람의 칼로 말미암음이 아닐 것이며 그는 칼 앞에서 도망할 것이요 그의 장정들은 복역하는 자가 될 것이라(5,8)

본문은, 하나님께서 유다 왕국을 앗수르 제국의 침공으로부터 구원해 주신다는 내용입니다. 앗수르는 북왕국 이스라엘을 멸망시킨 후 남진하여 남왕국 유다를 위협했습니다. 유다 왕국은 처음에는 조공을 바치는 방법으로 앗수르의 위협을 일단 모면한 후, 애굽과의 동맹을 통하여 앗수르를 물리치려고 했지만 오히려 앗수르로부터 대대적인 침공을 받게 됩니다. 이에 히스기야 왕과 이사야 선지자가 세상적인 방법이 아니라 오직 하나님께 기도함으로 말미암아 하나님께서 앗수르로부터 건져 주십니다. 잘 아시다시피 구약의 기본적인 메시지는, 하나님은 우상 숭배와 불의를 일삼는 자는 심판하시되, 자신의 잘못을 회개하고 하나님께 돌아오는 자는 용서하시고 구원하신다는 것입니다. 본문 말씀 역시 하나님의 심판과 구원의 메시지를 담고 있습니다. 본문 말씀 묵상을 통하여 영적 교훈을 살펴 봅시다.

첫째, 어렵고 힘든 고난이 닥칠 때 인간과 세상의 지혜와 방법을 구하지 말고 먼저 믿음으로 하나님께 도움을 구해야 한다는 것입니다. 분문 말씀을 보면 유다 왕국은 앗수르의 침공을 받자 하나님께 도움을 구하기 전에 먼저 또다른 강대국인 애굽에게 도움을 구합니다(사 31:1). 왜냐하면 인간의 눈에는 군마와 병거와 기마병이 많은 애굽 군대가 하나님보다 더 크게 보였기 때문입니다. 그러나 세상의 힘과 권세는 인간의 눈에는 영원하고 막강하게 보일지는 모르지만 하나님의 섭리 앞에서는 순간이고 무력하기 때문에 우리를 결코 구원해 줄 수 없습니다. 진정 세상의 모든 것은 영원하신 하나님의 손에 달려 있습니다. 그러므로 우리는 독수리가 그 새끼를 보호함같이 자기 백성을 보호해주시는 하나님 앞에 무릎 꿇고 우리의 연약함을 고백하며 그 크신 은혜와 사랑을 구해야 할 것입니다(사 31:5).

둘째, 하나님은 악행하는 자를 심판하시되(사 31:2), 반면 자신의 죄악을 회개하고 하나님께로 돌아오는 자에게는 용서와 구원의 은총을 베풀어 주십니다(사 31:6,55:7). 이는 신실하신 하나님의 일관된 약속입니다. 그러므로 죄인인 우리는 날마다 우리의 모든 것을 다 아시는 전지전능하신 하나님 앞에 나아가 우리의 죄를 자복하며 회개의 은총을 구해야 할 것입니다. 특히 하나님은 우상과 함께 우상 숭배하는 자를 미워하시기 때문에(출 20:3-5), 눈에 보이는 우상이 있다면 내던져 버려야 하고, 눈에 보이지 않은 마음과 생각 안에 우상이 있다면 십자가 보혈로 씻어야 할 것입니다.

셋째, 하나님의 구원 방법은 인간과 세상의 방법을 초월합니다. 하나님은 우리의 역사와 생사화복을 주관하시는 창조주이심을 믿어야 합니다. 하나님은 본문 31장 8-9절 말씀대로, 앗수르의 산헤립 왕과 랍사게 장군이 이십 만 군대를 이끌고 예루살렘을 침공했을 때 히스기야 왕과 이사야 선지자가 금식하고 하나님 앞에 나아가 무릎 꿇고 기도하자, 하룻밤 사이에 앗수르의 군대 십팔만 오천 명이 몰살당하고 산헤립이 퇴각하게 됩니다. 실로 하나님은 우리의 기도를 들으시고 하나님의 때, 하나님의 방법으로 응답해 주십니다. 성경에는 이런 내용이 적지 않습니다. 홍해 사건, 요단 강 사건, 기드온 군대 삼백 명의 미디안 연합군에 대한 승전 사건, 여호사밧 찬양대의 에돔 연합군에 대한 격퇴 사건 등은 하나님의 개입과 역사 없이는 도저히 이루어질 수 없는 기적과 같은 사건들입니다. 그러므로 고난의 때일수록 하나님 앞에 우리의 모든 것을 내려 놓고 기도 가운데 믿음으로 하나님의 선하신 손길을 구해야 할 것입니다.

이처럼 공의와 사랑의 하나님은 신실하게 심판과 함께 구원의 은총을 베푸십니다. 그러므로 구원의 축복을 받으려면 성경 말씀대로 살아야 합니다. 그런데 우리는 믿는다고 하면서도 말씀대로 살아가지 못하고 있습니다. 왜 그럴까요? 한마디로 우리의 믿음이 부족하기 때문입니다. 그러므로 믿음의 성장을 위하여 예배와 말씀과 기도에 더욱 힘써야 할 것입니다. 특히 예배는 말씀과 기도와 찬양이 하나로 연결된 최고의 신앙행위이므로 특히 예배에 힘써야 할 것입니다. 그리고 말씀과 기도 훈련을 통하여 성령의 체험과 충만을 받아야 합니다. 왜냐하면 성령은 우리의 연약함을 도와 주시고 우리로 하나님의 뜻을 따라 살아가도록 인도해 주기 때문입니다(롬 8:26-27). 우리 모두 회개하고 믿음을 고백하며 성령을 사모합시다. 그리하면 하나님으로부터 성령을 선물로 받을 것입니다(행 2:38, 눅 11:13).

Letter 93

히스기야의 기도

열왕기하 19:1-19

히스기야가 사자의 손에서 편지를 받아보고 여호와의 성전에 올라가서 그 편지를 여호와 앞에 펴 놓고 그 앞에서 기도하여 이르되 천지를 만드신 우리 하나님 여호와여 원하건대 이제 우리를 그의 손에서 구원하옵소서 그리하시면 천하 만국이 주 여호와가 홀로 하나님이신 줄 알리이다 하니라(14,15,19)

    본문은 앗수르가 유다 왕국을 침공할 때 히스기야 왕이 하나님께 기도 드린 내용입니다. 앗수르 산헤립 왕과 랍사게 군대장관은 히스기야 왕과 백성들을 협박하면서 하나님의 이름까지 비방했습니다. 즉 다른 나라 신들이 자기 나라를 앗수르로부터 구원하지 못한 것처럼, 여호와 하나님 역시 앗수르로부터 유다 왕국을 결코 구원할 수 없다는 것입니다. 이에 히스기야 왕은 성전에 올라가서 하나님께 간절히 기도하고 이사야 선지자에게 구원의 기도를 요청하였습니다. 이와같이 히스기야 왕과 이사야 선지자와 백성들이 하나님께 기도한 결과, 그날 밤 이사야의 예언대로 하나님 천사의 손에 의하여 앗수르 군대 십팔만 오천 명이 죽고, 산헤립 왕은 퇴각하여 니느웨 성으로 돌아가서 아들 손에 살해당합니다(왕하 19:7,35-37). 정말 기적과 같은 불사사의(不可思議)한 일이 벌어진 것입니다. 오늘 말씀이 주는 영적 교훈을 살펴봅시다.

첫째, 환란과 어려움이 닥칠 때는 세상적인 방법에 의지하기보다 먼저 하나님 앞에 나아가 기도해야 합니다. 우리는 어려운 상황을 직면할 때 곧잘 세상적인 방법으로 대처하고 해결하려고 합니다. 그러나 하나님은 나라의 흥망성쇠와 사람의 생사화복을 주관하시는 분이시므로, 가장 먼저 하나님께 나아가 도움을 간구해야 합니다. 정말 하나님은 우리의 기도를 들으시고 하나님의 때에 하나님의 방법으로 응답해 주십니다. **사람이 마음으로 자기의 길을 계획할지라도 그의 걸음을 인도하시는 이는 여호와시니라**(잠 16:9). 아무 것도 염려하지 말고 다만 모든 일에 기도와 간구로 너희 구할 것을 감사함으로 하나님께 아뢰라, 그리하면 모든 지각에 뛰어난 하나님의 평강이 그리스도 예수 안에서 너희 마음과 생각을 지키시리라(빌 4:6-7). 너희 염려를 다 주께 맡기라 이는 그가 너희를 돌보심이라(벧전 5:7).

둘째, 어렵고 힘든 일이 닥쳐올 때 하나님의 사람들에게 중보기도를 부탁하는 것이 좋습니다. 히스기야 왕이 앗수르의 침공으로 나라가 풍전등화와 같은 위기에 처했을 때 선지자 이사야에게 구원의 기도를 요청하고, 온 백성과 함께 기도함으로 말미암아 하나님의 천사가 직접 앗수르를 물리치는 기적이 일어난 것입니다. 합심기도와 중보기도는 홀로 기도하는 것 보다 더 힘과 능력이 있습니다. **진실로 너희에게 이르노니 너희 중의 두 사람이 땅에서 합심하여 무엇이든지 구하면 하늘에 계신 내 아버지께서 그들을 위하여 이루게 하시리라**(마 18:19). **합심기도할 때 성령이 강하게 임합니다**(행 4:23-31). 또한 의인의 간구는 역사하는 힘이 크므로(약 5:16), 어려울 때 하나님의 사람들에게 중보기도를 요청함과 아울러 우리 자신도 중보기도의 사람들이 되도록 힘써야 할 것입니다.

셋째, 어려운 문제일수록 하나님께 구체적으로 기도하는게 좋습니다. 히스기야 왕은 성전에 올라가서 앗수르의 사자가 보낸 모욕과 항복을 요구하는 편지를 하나님 앞에 펴 놓고 하나님께 구원의 기도를 간절히 드렸습니다(왕하 19:14-19). 이는 하나님께서 하나님의 뜻대로 모든 상황을 해결해 주시리라는 믿음이 있었기 때문입니다. 우리도 아주 가까운 사람들에게는 우리 속마음을 다 말하듯이, 날마다 하나님께 믿음으로 우리의 모든 것을 고백하고 아뢰어야 할 것입니다(요일 1:9 참조). 한편 산헤립과 랍사게는 유다 백성들에게 하나님을 비방했기 때문에 심판당한 것입니다. 하나님은 무소부재(無所不在)하시므로, 언제 어디서나 비방이나 더러운 말은 입 밖에도 내지 말고 오직 덕을 세우고 선한 말을 하여 듣는 자에게 은혜를 끼쳐야 합니다(엡 4:29).

이처럼 히스기야 왕이 나라가 누란(累卵)에 처했을 때 먼저 하나님 앞에 나아가 구원을 요청하게 된 것은 무엇보다도 그의 믿음이 굳건했기 때문입니다. 히스기야는 다윗의 모든 행위와 같이 여호와께서 보시기에 정직하게 행한 믿음의 사람입니다. 그는 우상 숭배의 본산인 산당과 바알 신상과 아세라 목상과 놋뱀을 제거하는 등 종교를 개혁하고 신앙을 회복하며 그 계명을 지켰습니다. 그 결과 여호와께서 그와 함께 하심으로 그는 어디로 가든지 형통했습니다(왕하 18:1-7). 우리도 히스기야의 믿음을 본받아 세상의 풍조를 따르지 말고 오직 믿음으로 자기를 부인하고 자기 십자가를 지고 예수님을 따라갑시다(막 8:34).

Letter 94

요시야의 개혁

대하 34:1-28

여호와 보시기에 정직하게 행하여 그의 조상 다윗의 길로 걸으며 좌우로 치우치지 아니하고, 산당들과 아세라 목상들과 아로새긴 우상들과 부어 만든 우상들을 제거하여 버리고 바알의 제단들을 헐었으며 이것들을 빻아 가루를 만들어 제사하던 자들의 무덤에 뿌리고 제사장들의 뼈를 제단 위에서 불살라 유다와 예루살렘을 정결하게 하고 -- 성전을 수리하면서 발견한 율법책의 율법의 말씀을 듣자 곧 자기 옷을 찢더라, 우리 조상들이 여호와의 말씀을 지키지 아니하고 이 책에 기록된 모든 것을 준행하지 아니하였으므로 여호와께서 우리에게 쏟으신 진노가 크도다 하니라 (2-5,8,19,21)

본문은 남유다 왕국의 3대 성군(聖君) 중 한 명인 요시야 왕의 종교개혁에 관한 말씀입니다. 요시야 왕은 남유다 왕국의 열여섯 번째 왕으로 팔 세에 즉위했으며, 할아버지 므낫세(히스기야의 아들)는 남유다 역대 왕 중에서 가장 악한 왕이었고, 아버지 아몬 역시 악한 왕이었습니다. 므낫세와 아몬은 60년 동안 이방 신들과 우상을 섬기는 등 하나님 보시기에 가장 악한 일을 행했습니다. 그러나 요시야는 사무엘 이후 처음으로 유월절을 율법대로 온전히 지키는 등 종교적 개혁을 철저히 했기 때문에(대하 35:18), 요시야가 살아 있는 동안에는 백성이 하나님께 순종하고 떠나지 않았습니다(대하 34:33). 요시야의 종교개혁을 살펴보면서 우리 각자 신앙의 모습을 돌아봅시다.

첫째, 요시야는 전국의 모든 우상들을 철저히 제거하는 등 종교적 시설을 정화하고 종교적 풍토를 정결하게 했습니다. 요시야는 어린 나이에 왕위에 올랐지만 다윗의 하나님을 구하기 시작하여 산당과 아세라 여신상과 그 밖의 모든 우상들을 제거했으며, 백성들이 지켜보는 데서 바알 제단을 헐고 분향단을 찍어 버렸으며, 아세라 여신상과 모든 우상을 빻아 가루로 만들어 그 우상에게 제사하던 사람들의 무덤 위에 뿌렸습니다(대하 34:3-4). 또한 이방 제사장들의 뼈를 그들이 제사하던 단 위에서 불살라 유다와 예루살렘을 정결하게 했습니다(대하 34:8-13). 이처럼 철저한 정화 및 정결 작업으로 말미암아 60년간 지속된 뿌리 깊은 우상 숭배 풍토가 척결된 것입니다. 히스기야 왕이 우상을 철저하게 척결했음에도 그의 사후 곧바로 므낫세 왕때 우상 숭배가 성행한 것을 보면 우리 힘만으로는 결코 세상의 유혹과 시험을 물리칠 수 없는 것 같습니다. 십자가 보혈과 성령의 능력에 의지하여 우리 안에 우상이 자리 잡지 못하도록 늘 깨어 기도해야 하겠습니다.

둘째, 요시야 왕은 많은 재정을 지원하여 낡은 하나님의 성전을 정성껏 수리했습니다. 그동안 유다 왕국은 우상 숭배로 인하여 성전을 외면해 왔지만, 요시야 왕은 제사를 올바로 드리고자 성전의 낡은 곳을 수리하는 등 하나님 중심의 신앙을 회복했습니다. 성전은 하나님이 임재하시는, 만민이 기도하는 하나님의 집입니다. 그러므로 하나님을 만나기 위해서는 성전에서 제사(예배)를 드려야 합니다. 오늘날 교회 역시 하나님을 예배하고 기도하는 예배처이므로 교회를 정결하게 정성껏 잘 관리해야 할 것입니다. 또한 하나님의 성전인 우리 몸과 마음을 정결하고 거룩하게 가꾸어야 하겠습니다(고전 3:16-17, 롬 12:1).

셋째, 요시야 왕은 성전 수리 중 발견한 율법책을 통하여 하나님께 철저히 회개하고 순종의 언약을 했습니다. 요시야는 율법책을 통하여 유다가 앗수르의 침공을 받고 있는 것이 바로 유다 백성이 하나님의 말씀을 지키기 않았기 때문임을 깨닫고 옷을 찢고 통곡하며 회개 기도를 했습니다. 이에 하나님은 요시야의 기도를 들으시고 '모든 재앙을 너가 죽을 때까지는 내리지 않겠다, 내가 너를 네 조상들에게 보낼 때에는 네가 평안히 무덤에 안장되게 하겠다'고 요시야에게 자비를 베풀었습니다. 이처럼 하나님은 우리의 간구에 응답하시고 특히 우리의 회개를 가장 좋아 하십니다. 성경은 신구약을 통하여 회개의 은총을 약속하고 있습니다. 주님도 잃어버린 자를 찾아 구원하려 이 땅에 오신 것입니다(눅 19:10). 무엇보다도 회개는 하나님의 말씀으로부터 시작된다는 사실을 깨닫고 날마다 하나님의 말씀으로 우리 심령을 깨끗하게 해야 하겠습니다(요 15:3).

참고로 구약 특히 열왕기와 역대기를 보면 하나님의 신앙을 지키며 살기란 결코 쉬운 일이 아닌 것 같습니다. 신앙을 지킨 왕들은 아주 적으며, 대부분 많은 왕들은 세상적인 욕심과 안락을 좇아 하나님을 떠나 우상 숭배의 길을 걸었습니다. 그 많은 왕 중 여호사밧, 히스기야, 요시야 왕만 온전히 다윗의 길을 걸어 갔습니다. 참고로 루터의 종교개혁의 핵심은 '오직 말씀, 오직 믿음, 오직 예수, 오직 하나님 은혜'입니다. 우리 모두 세상의 유혹에 빠지지 않고 시험에 들지 않도록 날마다 예수 그리스도의 이름을 부르며, 하나님의 말씀을 붙들고 깨어 기도합시다.

Letter 95

성전에 대한 잘못된 신앙

예레미야 7:1-15

너희가 도둑질하며 살인하며 간음하며 거짓 맹세하며 바알에게 분향하며 너희가 알지 못하는 다른 신들을 따르면서 내 이름으로 일컬음을 받는 이 집에 들어와서 내 앞에 서서 말하기를 우리가 구원을 얻었나이다 하느냐 이는 이 모든 가증한 일을 행하려 함이로다(9-10)

본문은 예레미야 선지자가 유다 백성들에게 성전에 대한 잘못된 신앙을 경고한 말씀입니다. 당시 유대 백성은 성전에서 하나님께 제사를 드리면서 한편으로는 우상을 숭배하고 심지어는 성전 안에 가증한 우상을 세우기도 하며, 일상에서는 하나님의 말씀에 불순종한 채 불의와 악행을 저지르는 삶을 살았습니다. 그런데 그들은 하나님이 가장 싫어하시는 우상 숭배와 악행의 삶을 살면서도 하나님의 심판을 두려워하지 않았습니다. 왜냐하면 성전과 성전 예배가 지속되는 한 자신들은 안전할 것이라고 믿었기 때문입니다. 본문 말씀을 통하여 이들의 성전에 대한 잘못된 신앙이 무엇인지 살펴봅시다.

먼저 구약을 보면 이스라엘 민족의 신앙은 성막과 성전 중심의 신앙이라고 해도 과언이 아닙니다. 이스라엘 민족은 출애굽 후 광야에서 하나님의 지시로 성막을 만들고, 그곳에서 하나님께 제사를 드렸습니다. 성막은 하나님을 만나는 예배의 처소이자, 하나님의 임재를 상징하는 거룩한 곳이었습니다(출 25:8, 29:42, 레위기). 가나안에 들어온 후에는 성막은 실로에 세워졌는데 블레셋과의 전쟁을 거친 후 다윗 왕 때 예루살렘과 기브온에 다시 세워졌다가, 솔로몬 성전 건립 후 성전으로 대치되었습니다(왕상 8:1-4). 참고로 성전은 솔로몬 성전, 스룹바벨 성전, 헤롯 성전이 있었는데, 본문은 예레미야가 유다 멸망 직전 솔로몬 성전에서 유다 백성들에게 한 설교 말씀입니다.

이처럼 성전은 하나님의 집이기 때문에, 유다 백성은 삶 속에서 아무리 우상을 숭배하고 갖은 악행을 일삼더라도 성전에 와서 예배를 드리기만 하면 하나님의 심판을 면할 수 있다는 소위 성전 만능의 잘못된 신앙을 갖게 된 것입니다. 그러나 하나님은 외모를 보지 아니하고 중심을 보시므로, 예레미야 선지자를 포함한 모든 하나님의 선지자들은 성전 제사보다 하나님의 뜻에 합당한 삶이 중요하다고 선포했습니다. 하나님은 인애를 원하고 제사를 원하지 아니하며 번제보다 하나님을 아는 것을 원하시고(호 6:6), 정의를 행하고 인자를 사랑하며 겸손하게 하나님과 함께 행하는 것을 원하십니다(미 6:8). 무엇보다도 고아와 과부와 나그네와 같은 약자를 보살피고 도와주는 것을 원하십니다(사 58:3-7). 예레미야 선지자는 분명히 말합니다. 아무리 성전에서 제사를 정성껏 드린다고 하더라도 일상에서 하나님의 말씀(율법)에 불순종한 삶을 산다면 하나님께서 이를 심판하신다는 것입니다. 결국 유다 백성은 예레미야의 경고를 무시한 채 우상숭배와 악행의 삶을 회개하지 않은 결과 성전이 파괴되고 포로로 끌려가는 심판을 받게 됩니다. 무릇 성전은 하나님이 임재하지 않으시면 일반 건물에 지나지 않습니다.

본문 말씀이 오늘날 우리에게 주는 영적 교훈을 살펴봅니다. 예배는 성도들이 하나님을 만나고 축복과 은총을 체험하는 통로입니다. 그런데 하나님은 모든 예배를 다 받아 주시는 것이 아니라 신령과 진정으로 드리는 예배만 받아 주신다는 것입니다(요 4:24). 그러므로 헌신과 섬김의 삶을 통하여 우리 몸을 하나님이 기뻐하시는 거룩한 산 제사로 드려야 합니다(롬 12:1). 본문과 같이 유다 백성처럼 말씀 순종의 삶 없이 습관적으로 드리는 형식적이고 위선적인 예배는 은혜는 커녕 오히려 하나님의 심판을 면하기 어렵다는 것입니다. 우리의 삶이 새 사람의 모습으로 변하지 않고 옛 사람의 모습 그대로라면 아무리 주일성수와 십일조 헌금을 하며 교회 봉사를 한다고 할지라도 구원을 받을 수 없다는 것입니다. 유다 백성과 바리새인과 같이 자기 의를 내세우는 종교생활을 하지 말고, 예수님의 제자들처럼 자기를 부인하고 주님을 따르는 신앙생활을 해야 하겠습니다.

성경에 따르면 신앙은 크게 성전 신앙과 말씀 신앙으로 구분할 수 있습니다. 성전 신앙은 하나님 임재를 체험하는 신앙이므로 우리가 본받아야 하지만, 자칫 삶보다 교회 예배 자체에 중점을 두다 보면 자기 의를 내세우는 형식주의 신앙으로 변질될 수 있음을 경계해야 합니다. 말씀 신앙 역시 말씀을 듣고 지식적으로 아는데 그쳐서는 안되고 행함이 뒤따르는 실천 신앙이어야 합니다. 믿음이란 예수 그리스도의 십자가 보혈과 부활의 능력을 믿는 것입니다. 온전한 믿음을 갖기 위해서는 무엇보다도 성경과 성령이 중요합니다. 왜냐하면 성경을 모르면 예수 그리스도의 복음을 올바르게 알 수 없고, 또한 성령의 도움 없이는 성경을 제대로 알 수 없기 때문입니다. 그러므로 예배와 말씀과 기도에 힘써 성령 충만한 믿음생활을 해야 하겠습니다.

Letter 96

거짓 선지자 하나냐

예레미야 28:1-17

> 평화를 예언하는 선지자는 그 예언자의 말이 응한 후에야 그가 진실로 여호와께서 보내신 선지자로 인정받게 되리라, 선지자 예레미야가 선지자 하나냐에게 이르되 하나냐야 들으라 여호와께서 너를 보내지 아니하셨거늘 네가 이 백성에게 거짓을 믿게 하는도다 그러므로 여호와께서 이와 같이 말씀하시되 내가 너를 지면에서 제하리니 네가 여호와께 패역한 말을 하였음이라 네가 금년에 죽으리라 하셨느니라 하더니 하나냐가 그 해 일곱째 달에 죽었더라(9,15-17)

본문은 거짓 선지자 하나냐와 참 선지자 예레미야에 대한 말씀입니다. 남유다의 마지막 왕 시드기야 때 선지자로 불리는 기브온 출신 하나냐가 예레미야의 예언을 반박하는 거짓 예언을 하였다가 심판을 받는 내용입니다. 당시 예레미야는 하나님의 말씀에 따라 나무 멍에를 목에 메고 유다 백성들에게 '바벨론 왕 느브갓네살을 섬기지 아니하며 그 목으로 바벨론 왕의 멍에를 메지 않으면 칼과 기근과 전염병으로 벌 받게 되리라'(렘 27:8)는 심판의 메시지를 전했습니다. 이에 하나냐는 하나님의 말씀이라며 '바벨론 왕의 멍에를 꺾어버리겠다, 탈취된 성전의 모든 기구들도 회수하고 잡혀간 포로들도 모두 귀환시키겠다'(렘 28:2-4)고 예레미야의 예언과 전혀 다른 거짓 예언을 선포했습니다. 그 결과 하나냐는 거짓 예언을 하였다는 이유로 죽임을 당하는 심판을 받게 됩니다. 성경에 기록된 거짓 선지자들의 행태를 살피면서 우리의 신앙생활을 돌아 봅시다.

먼저 선지자에 대하여 살펴봅니다. 선지자(Prophet)는 하나님의 특별한 부르심을 받아 하나님의 말씀을 대언하는 사람을 말합니다(렘 1:5-9, 암 7:12). 히브리어로는 '나비'로 '말하도록 부르심을 받은 자'라는 뜻입니다. 선견자(삼상 9:9), 하나님의 사람(삼상 9:6), 하나님의 종(왕상 14:18)으로 불렸습니다. 선지자는 제사장과 달리 세습되지 않습니다. 성경에서 말하는 선지자는 하나님의 말씀을 해석하는 사람이 아니라 하나님이 주시는 말씀만을 가감없이 그대로 선포하는 사람입니다(신 18:18). 때로는 자신의 의지나 환경과 다를지라도 하나님의 말씀이 임하면 그대로 선포해야 했기 때문에 사람들로부터 미움과 고난을 당했습니다(렘 38:1-6). 선지자는 주로 백성들의 죄를 꾸짖고 바른 길로 인도하는 역할을 했으며(왕하 17:13-14), 미래에 대한 예언은 이차적인 사명이었습니다(신 18:20-22). 따라서 선지자들은 이스라엘 백성들의 우상 숭배, 부패, 외식 신앙 등을 지적하고 회개를 촉구하였으며, 미래에 대한 예언 또한 그들에게 회개와 격려를 하기 위한 것이었습니다.

다음 거짓 선지자들에 대하여 살펴보겠습니다. 성경을 보면 종종 거짓 선지자들에 대한 내용이 있습니다. 거짓 선지자는 하나님의 말씀을 받지 않았음에도 하나님의 말씀이 자신에게 임한 것처럼 행세합니다. 이들은 참 선지자의 예언과는 달리 부(富)나 인기를 얻기 위하여 권력자나 백성들이 듣기 좋아하는 거짓 예언을 하거나 자신들의 기득권을 지키고자 참 선지자를 참소하며 거짓 진리를 유포하고 있습니다. 거짓 선지자들의 행위는 결국 하나님을 잊게 하는 것으로(렘 23:27), 사람들을 우상 숭배나 이단의 길로 빠지게 합니다. 참 선지자들은 성령의 지배를 받는 반면 거짓 선지자들은 사탄과 마귀의 지배를 받기 때문에 다 하나님으로부터 멸망의 심판을 받게 됩니다.

성경에 기록된 대표적인 거짓 선지자들의 행태를 살펴봅니다. 메소포타미아의 선지자인 발람은 모압 왕 발락으로부터 이스라엘 민족을 저주해 달라는 요청을 받고 처음에는 하나님의 말씀에 따라 저주를 하지 않았으나 결국에는 돈을 받고 이스라엘 민족으로 하여금 우상 숭배와 음행의 죄를 짓게 함으로써(민 31:16) 죽임을 당하는 심판을 받게 됩니다(민 31:8, 수 13:22). 이로 인하여 신약시대에 와서도 발람은 불의의 삯을 탐하는 불법의 선지자, 거짓 선지자의 대명사가 되었습니다(벧후 2:15-22, 유1:11, 계 2:14). 본문 하나냐도 백성들의 인기를 얻기 위하여 거짓 예언을 한 결과 죽임을 당합니다(렘 28:16-17). 아합 왕 시절 참 선지자 미가야를 참소한 많은 선지자들(왕상 22:8-28) 역시 거짓 선지자들입니다. 신약시대에 와서는 적그리스도로서 그리스도를 부인하고 대적하는 일에 앞장 섰습니다(요일 2:18).

이처럼 거짓 선지자들은 하나님과 예수님을 부인하고 대적하는 자들이므로 이들을 삼가야 합니다(마 7:15-20). 그런데 외양적으로는 구별하기 어렵기 때문에 진리인 말씀의 거울로 구별해야 합니다. 그들은 거짓과 위선에 능숙하며 참소, 비방은 물론 탐욕을 채우는 데에도 익숙합니다. 예수님을 참소하여 십자가형을 지게 했던 가야바와 안나스는 대제사장이었지만 실은 거짓 선지자에 불과합니다. 성경은 교훈과 책망의 말씀입니다(딤후 3:16). 우리 모두 날마다 성경 말씀의 거울로 우리의 모습을 돌아보며 경고와 경계의 말씀을 붙잡고 세상의 유혹과 시험에 들지 않도록 늘 깨어 기도에 힘씁시다.

Letter 97

남왕국 유다의 멸망

역대하 36:1-23

유다 왕 시드기야의 백성이 하나님의 사신들을 비웃고 그의 말씀을 멸시하며 그의 선지자를 욕하여 여호와의 진노를 그의 백성에게 미치게 하여 회복할 수 없게 하였으므로 하나님이 갈대아 왕의 손에 그들을 다 넘기시매 그가 와서 성전에서 칼로 청년들을 죽이고 하나님의 전을 불사르며 성벽을 헐며 귀한 그릇들을 부수고 칼에서 살아 남은 자를 바벨론으로 사로잡아가매 무리가 노예가 되어 바사국이 통치할 때까지 이르니라(16-20)

본문은 남왕국 유다의 멸망에 관한 내용입니다. 이스라엘은 BC 930년 솔로몬 왕 사후 그 아들 르호보암 왕 때 나라가 남북으로 분열되었습니다. 남왕국 유다는 그때부터 약 350년간 유지되다가 BC 586년 시드기야 왕 때 바벨론에게 멸망당합니다. 당시 남유다는 바벨론에게 3차례 포로로 끌려가는데, 1차는 BC 605년 다니엘 등이, 2차는 BC 597년 에스겔 등이, 3차는 BC 586년 시드기야 왕 등이 끌려갑니다. 참고로 북왕국 이스라엘은 BC 722년 앗수르에게 멸망당했습니다. 남왕국의 멸망을 통하여 신앙적, 역사적 교훈을 되새겨 봅시다.

먼저 남왕국 멸망의 주요 원인은 한마디로 남유다의 왕과 제사장들과 백성들 모두 하나님의 말씀을 불순종했기 때문입니다. 첫째, 하나님이 그동안 선지자들을 통하여 그들에게 우상들을 타파하고 하나님의 뜻에 합당한 삶을 살도록 명령하였음에도, 이들은 이를 거역한 채 우상 숭배와 불의의 삶을 살았습니다. 둘째, 하나님은 선지자들을 통하여 회개하면 구원하지만 회개치 않으면 심판하겠다는 명백한 심판의 경고 메시지를 전했음에도, 그들은 하나님의 심판을 전혀 두려워하지 않고 오히려 선지자들을 핍박하고 조롱하며 죄악으로 얼룩진 생활을 하였습니다. 이에 하나님께서 계속 참으시다가 결국 진노의 심판을 하신 것입니다.

다음 하나님의 심판에 대하여 살펴봅니다. 유다 왕과 제사장들과 백성들 모두 하나님의 말씀을 거역하자, 하나님은 포악한 바벨론 느브갓네살 왕을 통하여 이들을 철저하게 심판하십니다. 바벨론은 유다의 젊은이들을 닥치는 대로 칼로 쳐죽였으며, 심지어는 성전 안에서도 그러한 살육을 저질렀습니다. 또한 그들을 포로로 끌고 가서 노예로 삼았을 뿐만 아니라 성전을 불사르고 성벽을 헐며 궁궐들을 불사르고 성전의 값진 성전 기구들과 보물들을 모조리 가져 갔습니다. 하나님의 바벨론을 통한 남 유다에 대한 심판은 철저한 심판 그 자체였습니다. 그 후 이스라엘 민족은 바벨론, 바사, 헬라, 로마의 식민지 생활을 거쳐 오랫동안 이슬람 아랍 민족과 오스만 투르크로부터 지배를 받다가 1948년에야 비로소 국가를 회복합니다.

　일찍이 하나님은 이스라엘 민족을 선민으로 삼고 율법과 성전도 허락하셨음에도 왜 이스라엘 민족을 이렇게 무자비할 정도로 심판하셨을까요? 하나님께서 이스라엘을 포기했을까요? 결론은 아닙니다. 하나님이 이처럼 철저한 징계의 심판을 하셨지만 이는 심판을 위한 심판이 아니고 회복을 위한 심판인 것입니다. 왜냐하면 하나님은 예레미야 선지자를 통하여 포로로 끌려간 이스라엘 민족이 칠십 년 후에 예루살렘으로 귀환할 것을 약속하셨고, 이에 따라 스룹바벨과 에스라와 느헤미야를 통하여 성전 재건과 영적 개혁과 성벽 재건도 허락하셨던 것입니다. 이 모든 것은 이스라엘 민족을 사랑하셨기 때문입니다. 무엇보다도 독생자이신 예수님을 다윗의 혈통으로 그 땅에 메시아로 보내주셔서 온 인류를 구원하셨습니다. 이처럼 이스라엘 민족을 향한 하나님의 계획과 섭리는 징계를 통하여 이스라엘 민족을 하나님의 백성으로 연단시키기 위함입니다. 그 결과 이스라엘 민족은 비록 2500년이 넘도록 세계 방방곡곡에 흩어져 나라 잃은 고초를 당했지만 이로 인하여 하나님 말씀을 가까이함으로써 세계의 정치계, 경제계, 문화계, 학계 등에서 걸출한 인물들을 배출시켰습니다. 하나님의 구원의 약속은 여전히 신실하십니다.

　살피건대 나라의 멸망과 마찬가지로 인간도 하나님의 뜻을 따르지 않으면 멸망의 길을 걸어갈 수 밖에 없습니다. 하나님께 돌아오지 않고 계속 세상적이고 방탕한 삶을 살아간다면 하나님의 심판을 피할 수 없을 것입니다. 성경은 분명히 경고하고 있습니다. 하나님께 불순종한 자는 육체의 사망 이후에 지옥불로 떨어져 영원히 심판받는다는 것입니다. 이 땅에서의 인생은 잠깐이지만 죽음 이후의 삶은 영원합니다. 잠깐의 유익을 위하여 영원한 복락을 포기해서는 안됩니다. 예수님께서 잃어버린 자를 찾아 구원하고자 세상에 오신 것처럼, 하나님은 분명 우리의 회개를 기뻐하십니다. 우리 모두 구원과 위로의 하나님께서 허락하신 회개의 은총에 감사하며 십자가 보혈로 죄 사함 받고 성령의 기름부으심에 힘입어 하나님의 뜻인 거룩한 삶을 살아가도록 날마다 말씀 묵상과 기도에 힘써 나갑시다.

Letter 98

파수꾼의 사명

에스겔 3:1-27

인자야 내가 너를 이스라엘 족속의 파수꾼으로 세웠으니 너는 내 입의 말을 듣고 나를 대신하여 그들을 깨우치라(17)

본문은 하나님이 에스겔을 파수꾼으로 세우신 말씀입니다. 작년 12월경에는 동일한 제목의 속회공과 말씀을 나누었는데 당시 해당 본문은 에스겔서 33장이었습니다. 본문에 앞서 에스겔서 2장을 보면 하나님은 에스겔을 먼저 예언자로 세우셔서 포로로 끌려간 이스라엘 민족에게 그들이 듣든지 말든지 오직 하나님의 말씀을 전하라고 명하십니다(겔 2:7). 이때 하나님은 에스겔에게 하나님의 말씀이 적혀있는 두루마리 책을 주면서 이를 먹고 배에 가득히 채워 모든 말을 마음 속에 받아들이고 귀를 기울여 들은 후 전하라고 합니다(겔 3:3,10,11). 그 후 하나님은 에스겔을 이스라엘 족속의 파수꾼으로 세우고 하나님 대신 하나님의 말을 이스라엘 족속에게 경고하라고 합니다(겔 3:17). 본문을 중심으로 파수꾼의 사명을 새롭게 살펴봅시다.

첫째, 영적 파수꾼이 되기 위해서는 무엇보다도 먼저 하나님의 말씀을 많이 먹어야 합니다. 다시말하면 하나님의 말씀을 많이 듣고 읽고 연구하고 묵상해야 합니다. 에스겔은 하나님의 말씀이 꿀같이 달다고 했습니다(겔 3:3). 그렇습니다. 하나님의 말씀은 꿀과 송이꿀보다 더 달기 때문에 그 교훈으로 경고를 받고 그것을 지키면 푸짐한 상을 받게 됩니다(시 19:10,11). 하나님의 말씀은 영적 양식입니다. 요한 사도가 예수님을 말씀으로(요 1:1), 생명의 떡(6:35)으로 기록한 것처럼 말씀은 우리 생명의 양식입니다. 그러므로 믿음의 사람이 되기 위해서는 무엇보다도 먼저 갓난 아기가 어머니의 젖을 먹고 자라듯이 말씀을 사모하고 들어야 합니다(벧전 2:2, 롬 10:17).

둘째, 영적 파수꾼의 사명은 받은 하나님의 말씀을 가감없이 사실대로 전해야 합니다. 파수꾼은 자기의 생각과 뜻을 내려 놓고 하나님의 말씀, 명령에 순종하여 들은 그대로 전해야 합니다. 왜냐하면 하나님의 생각과 길은 우리 인간의 생각과 길보다 높고(사 55:8-9), 하나님의 말씀을 전하지 않으면 이로 인한 책임은 결과와 관계없이 전적으로 자신이 져야 하기 때문입니다(겔

3:18-21). 파수꾼이 전하는 메시지의 핵심은 악인이나 의인 모두 구별없이 악한 길에서 떠나 하나님께로 돌아오라는 것입니다(겔 3:18-21). 악인이라도 회개하여 하나님께로 돌아오면 그 생명이 구원을 받게 되고, 의인일지라도 악을 행하면 그동안 쌓은 모든 의로운 행실은 수포(水泡)로 돌아가 사망의 심판을 받게 된다는 것입니다. 참으로 무서운 경고의 말씀입니다. 천국에 들어가려면 끝날까지 날마다 회개하며 하나님의 말씀에 순종하며 살아가야 합니다.

셋째, 영적 파수꾼은 누구에게나 하나님의 말씀을 전해야 합니다. 우리는 복음을 전할 때 상대방의 입장과 형편 등을 고려하여 복음을 전하기도 하고 스킵하기도 합니다. 그러나 하나님은 우리가 임의로 상대방을 선택하여 복음을 전파하지 말고 누구에게나 전하라고 합니다. 왜냐하면 들을 사람은 들을 것이고, 듣기를 거절하는 사람은 거절할 것이기 때문이라는 것입니다(겔 3:27). 선교는 우리가 하는 것 같지만 실은 하나님이 우리를 통하여 하시는 것입니다. 복음을 받아들이는 것은 전적으로 하나님의 은혜일 뿐 우리의 수고와 노력이 아니라는 것입니다. 그러므로 우리는 선교하기 이전에 말씀과 기도로 준비만 하면 됩니다. 나머지는 모두 하나님께서 이루어 주십니다.

끝으로 영적 파수꾼의 사명은 바로 이 시대의 그리스도인의 사명이라 하겠습니다. 예수님의 지상명령은 땅 끝까지 복음의 증인이 되라는 것입니다(행 1:8). 모든 족속을 제자 삼아 성부와 성자와 성령의 이름으로 세례를 주고, 그들에게 예수님의 명령(말씀)을 가르쳐 지키게 하라는 것입니다(마 28:18-20). 이처럼 그리스도인의 사명은 바로 선교와 약자들에 대한 돌봄(섬김)입니다. 한편 에스겔이 파수꾼의 사명을 감당할 수 있었던 것은 바로 성령이 임함으로써 가능했던 것처럼(겔 2:2, 3:24), 우리도 복음의 증인된 삶과 함께 섬김과 나눔의 삶을 살기 위해서는 무엇보다도 성령을 받아야 합니다. 올해 감리교 본부에서 발행한 하디 목사님의 신앙적 삶에 관한 사순절 묵상집을 보더라도 교회의 부흥은 교인들의 성령 충만에 달려있으므로, 우리 모두 성령의 충만을 받도록 힘씁시다. 아시다시피 성령을 받는 최고의 방법은 회개와 함께 하나님 약속의 말씀을 붙들고 기도하는 것입니다.

Letter 99

새 영과 새 마음

에스겔 11:14-21

내가 그들에게 한 마음을 주고 그 속에 새 영을 주며 그 몸에서 돌 같은 마음을 제거하고 살처럼 부드러운 마음을 주어 내 율례를 따르며 내 규례를 지켜 행하게 하리니 그들은 내 백성이 되고 나는 그들의 하나님이 되리라(19-20)

본문은 에스겔서의 주요 주제 중 하나인 새 영, 새 마음에 관한 말씀입니다. 동일한 말씀이 에스겔서 36장 22-28절에서 다시 기록될 정도로 중요한 주제입니다. 모든 예언서와 마찬가지로 에스겔서 역시 이스라엘 민족에 대한 하나님의 심판과 구원에 관한 메시지를 담고 있는데, 본문은 에스겔 선지자가 바벨론 포로로 끌려간 이스라엘 민족을 향하여 이스라엘의 회복을 알리는 구원의 메시지입니다. 이스라엘은 하나님의 말씀에 불순종하여 우상 숭배와 불의의 죄악을 저지른 잘못으로 인하여 나라가 처참하게 바벨론에게 멸망당하고 백성들이 포로로 끌려가는 심판을 받았으나, 하나님은 에스겔를 통하여 이스라엘의 회복을 약속합니다. 본문을 통하여 하나님이 이스라엘 민족을 어떻게 구원하시는지 살펴보면서, 우리의 믿음을 굳게 세워 나갑시다.

먼저, 하나님은 이스라엘 백성이 포로로 끌려간 그곳에서 그들의 성소가 되어 구원하시겠다는 것입니다(겔 11:16). 이는 하나님께서 이스라엘 백성이 어디에 있든지 함께 하시겠다는 뜻입니다. 포로로 끌려가 여러 민족과 여러 나라에서 흩어져 살고 있는 이스라엘 민족을 모아 이스라엘 땅을 주겠다는 것입니다(겔 11:17). 그렇습니다. 비록 험한 곳에 있을지라도 하나님께서 함께 하신다면 두려워하거나 무서워할 필요가 없습니다. 왜냐하면 하나님이 우리의 성소가 되어 우리를 지키시고 보호해 주시기 때문입니다. 하나님은 믿는 자와 항상 함께 하신다고 약속하셨으므로 어떤 환난 속에서도 말씀과 기도로 하나님의 선한 손길을 구해야 하겠습니다. **내가 너와 함께 있어 네가 어디로 가든지 너를 지키며 너를 이끌어 이 땅으로 돌아오게 할지라 내가 네게 허락한 것을 다 이루기까지 너를 떠나지 아니하리라**(창 28:15). **볼지어다 내가 세상 끝날까지 너희와 항상 함께 있으리라**(마 28:20b).

다음, 하나님은 포로인 이스라엘 백성에게 새 영과 새 마음을 주어 새 사람으로 만들어 구원하시겠다는 것입니다. 멸망 전의 이스라엘 민족은 우상 숭배와 죄악으로 물든 옛 사람이었으나, 하나님이 그들에게 새 영과 새 마음을 주어 새 사람으로 만들어 예루살렘으로 돌아오게 하시겠다는 것입니다(겔 11:17, 36:24,28). 그렇습니다. 죄악으로 얼룩진 우리는 하나님의 심판을 절대로 피할 수 없습니다. 그러나 하나님의 은혜로 새 영인 성령을 받으면 우리의 굳은 마음도 부드러운 마음으로 새롭게 변하게 되고(겔 11:19,36:25-26), 전에는 율법과 규례를 범하는 삶을 살았지만, 이제는 하나님의 백성이 되어 율법이 요구하는 거룩한 삶을 살아가게 됩니다(겔 11:20,36:27).

우리의 마음은 선악간 양면성을 갖고 있는데, 성령의 지배를 받으면 선한 마음이 되어 생명의 근원이 되는 반면, 사탄의 악령의 지배를 받으면 악한 마음이 되어 거짓되고 부패됩니다(잠 4:23, 렘 17:9). 옛 사람은 사탄의 지배를 받아 탐욕과 죄악으로 가득한 세상적 삶을 살아감으로 말미암아 하나님의 심판을 받지만, 새 사람은 성령의 지배를 받아 생명과 평안의 길을 걸어가게 됩니다. 인간의 구조상 혼(마음)은 영의 지배를 받고, 육은 혼(마음)의 지배를 받도록 되어 있기 때문에 하나님께서 기뻐하시고 원하시는 거룩한 삶을 살려면 무엇보다도 먼저 성령을 받아야 합니다. 그럼 어떻게 성령을 받아야 하나요? 하나님이 일찍이 요엘 선지자를 통하여 만민에게 성령을 부어 주시겠다고 약속하신 것처럼(욜 2:28-32), 성령은 하나님이 약속하신 하나님의 선물입니다. 그러므로 하나님께 성령을 간절히 구하면 성령을 받을 수 있습니다. 다만 먼저 죄를 회개해야 합니다(눅 11:13, 행 2:38). 말씀은 마치 CT와 MRI와 같아 우리 안에 몰래 숨어있는 죄를 찾아냅니다. 말씀 앞에서 우리의 죄를 회개하며 하나님의 은혜를 구할 때 성령이 임할 것입니다.

참고로 바울 사도는 옛 사람과 새 사람(엡 4:22-24), 겉사람과 속사람(고후 4:16), 육신과 성령, 사망과 생명(롬 8:5-6), 죄인과 의인(롬 5:19), 세상과 천국, 땅과 하늘(빌 3:19-20) 등 비유와 대조의 말씀을 통하여 심판과 구원의 메시지를 선명하게 전했습니다. 성령을 받은 사람은 성령의 권능에 힘입어 속사람이 강건해지고, 의인의 길을 걸으며, 천국을 바라보고 영생복락을 소망하는 새 사람의 삶을 살아갑니다. 만일 우리의 삶이 여전히 옛 사람에 머물러 있다면 아직 성령을 제대로 받지 못한 것입니다. 우리 모두 말씀과 기도에 더욱 힘써 성령 충만한 새 사람의 삶을 살아갑시다(골 3:10-17).

Letter 100

자기 백성을 붙드시는 하나님

이사야 41: 8-20

> 나의 종 너 이스라엘아 내가 택한 야곱아 나의 벗 아브라함의 자손아 내가 땅 끝에서부터 너를 붙들며 땅 모퉁이에서부터 너를 부르고 네게 이르기를 너는 나의 종이라 내가 너를 택하고 싫어하여 버리지 아니하였다 하였노라, 보라 내가 너를 이가 날카로운 새 타작기로 삼으리니 네가 산들을 쳐서 부스러기를 만들 것이며 작은 산들을 겨 같이 만들 것이라 (8-9,15)

본문은 이사야서 후반부에 해당되는 구원과 소망의 메시지에 관한 말씀으로, 하나님께서 바벨론의 포로생활을 하고 있는 이스라엘 백성에게 구원을 약속하는 내용입니다. 하나님이 이스라엘 백성을 우상 숭배의 죄악으로 말미암아 심판을 하셨지만, 이는 심판을 위한 심판이 아니라 연단을 통한 회복의 과정입니다. 하나님은 이스라엘 백성을 '나의 종, 내가 택한 야곱, 나의 벗 아브라함의 자손'이라고 친밀히 부르시면서(사 41:8), 자신이 택한 백성을 결코 버리지 않고 끝까지 돌보시겠다고 보증하십니다(사 41:9,17). 먼저 하나님 자신이 기름부은 자(바사의 고레스 왕)

를 통하여 바벨론을 심판하고 포로인 이스라엘 백성을 예루살렘으로 돌아오게 하겠다는 것입니다(사 41:1-4, 25-27, 45:1-7 참조). 그런 다음 본문 말씀을 통하여 구원을 약속하십니다. 하나님께서 어떻게 구원하시는지를 살펴봅시다.

첫째, 하나님이 이스라엘 백성을 친히 붙들고 도우시겠다는 것입니다(사 41:8-13). 하나님이 이스라엘 백성을 속박하고 있는 바벨론을 멸망시키고, 이스라엘을 대적하는 자들을 아무 것도 아닌 허무한 존재로 만들어 버리겠다는 것입니다(사 41:11-12). 하나님은 오늘도 변함없이 영적 이스라엘 백성인 우리와 함께 하시고 우리를 붙잡아 주시고 도와주십니다. 그러므로 우리는 어떠한 고난이 닥쳐 올지라도 두려워하거나 염려하지 말고 하나님의 약속의 말씀을 붙들고 믿음으로 하나님의 뜻을 따라 하나님의 은혜를 구하기만 하면 됩니다. 우리 모두 힘과 위로가 되는 하나님의 말씀을 붙잡고 하나님의 도움을 구하며 살아갑시다. **두려워하지 말라 내가 너와 함께 함이라 놀라지 말라 나는 네 하나님이 됨이라 내가 너를 굳세게 하리라 참으로 너를 도와 주리라 참으로 나의 의로운 오른손으로 너를 붙들리라**(사 41:10).

둘째, 하나님이 버러지 같은 이스라엘 백성을 새 타작기로 만들어 주시겠다는 것입니다. 전에는 이스라엘 백성이 바벨론 포로로서 지렁이와 같이 힘이 없지만, 이제는 이가 날카로운 새 타작기와 같이 강한 힘과 능력으로 바벨론을 부스러기와 겨와 같이 만들어 바람에 날려 버릴 것이라는 것입니다(사 41:14-16). 그렇습니다. 하나님이 함께 하시면 노예인 요셉도 애굽의 총리가 되고, 80세 노인 모세도 이스라엘 민족을 출애굽시킨 영도자가 되며, 약하고 어린 기드온도 최고의 사사가 되고, 목동인 다윗도 이스라엘 최고의 성군이 되는 것입니다. 우리가 어렵고 힘들더라도 결코 위축되지 말고 날마다 말씀과 기도로 하나님의 능력을 구합시다. '내가 약할 때 그리스도의 능력이 내게 머물므로, 내가 약한 그 때에 오히려 강함이라'(고후 12:9-10)는 바울의 고백이 우리의 고백이 되기 바랍니다.

셋째, 하나님이 목마른 이스라엘 백성에게 물을 주고, 광야와 사막에 강과 물이 흐르게 하며 그곳에 이스라엘의 대표 일곱 나무인 백향목, 싯딤 나무, 화석류, 들감람나무, 잣나무, 소나무, 황양목를 심게해 주시겠다는 것입니다(사 41:17-19). 그렇습니다. 하나님은 능치 못한 일이 없으시므로 광야에 길을 내고 사막에 물이 흐르게 합니다. 무엇보다도 하나님은 우리의 기도에 신실하게 응답해 주십니다. 그러므로 우리는 어려운 상황에 놓이더라도 하나님께 간절히 기도해야 합니다. 하나님은 반드시 우리의 기도에 응답하사, 우리의 열악한 환경을 좋은 환경으로 바꾸어 주실 뿐만 아니라 우리가 구하는 것보다 훨씬 더 큰 축복을 허락해 주실 것입니다.

끝으로 우리를 향한 하나님의 사랑의 극치는 독생자 예수님의 보혈로 우리의 죄악을 사하시고, 우리를 하나님의 자녀로 삼아 주신 것입니다. 오늘 말씀과 같이 하나님이 택하신 이스라엘 백성을 끝까지 사랑하고 구원하신 것처럼, 영적 이스라엘 백성인 우리와 영원히 함께 하시고 우리에게 힘과 능력을 주십니다. 성경 곳곳에서 약속하신대로 하나님은 미쁘시고 의로우사 우리의 기도를 들으시고 하나님의 때에 하나님의 방법으로 반드시 응답해 주시리라 믿습니다. 그러므로 우리는 힘들고 어려울 때마다 우리와 함께 하시고 우리를 굳세게 하시며 도와 주시고 붙들어 주시는 하나님의 약속의 말씀을 붙들고 겸손히 하나님의 뜻을 구해야 하겠습니다. 우리 모두 때를 따라 돕는 하나님의 은혜를 얻기 위하여 은혜의 보좌 앞에 담대히 나아갑시다(히 4:16). 이 땅의 하나님 대사로서 섬김과 구제로 예수 그리스도의 복음을 전하고, 세상의 빛과 소금의 사명을 온전히 감당하며 살아갑시다.

Letter 101

역사의 주인이신 하나님

이사야 45:1-13

이스라엘의 거룩하신 이 곧 이스라엘을 지으신 여호와께서 이같이 이르시되 너희가 장래 일을 내게 물으며 또 내 아들들과 내 손으로 한 일에 관하여 내게 명령하려느냐 내가 땅을 만들고 그 위에 사람을 창조하였으며 내가 내 손으로 하늘을 펴고 하늘의 모든 군대에게 명령하였노라(11-12)

본문은 하나님이 바사 왕 고레스를 이스라엘의 구원자로 세우시고, 자신이 창조의 주, 역사의 주이심을 선포하는 말씀입니다. 본문의 역사적 배경을 살펴보면 당시 이스라엘은 하나님의 심판으로 바벨론에게 멸망당하고 포로로 끌려가 바벨론에서 노예처럼 살던 때였습니다. 당시 바벨론은 세계 최강의 국가로서 세상의 눈으로는 영원한 제국으로 보였기 때문에, 이스라엘 백성들은 고국으로 귀환하리라는 생각을 전혀 할 수 없는 상황이었습니다. 그러나 이사야 선지자와 예레미야 선지자의 예언대로 바사(페르시아) 왕 고레스가 BC 539년에 바벨론을 멸망시키고

BC 538년 고레스 칙령을 공포한 후 BC 536년경 이스라엘 백성들을 고국으로 귀환하게 했습니다(대하 36:22-23, 스 1:1-2, 사 45:1-13, 렘 29:10,14, 30:3). 하나님은 과연 어떤 분이실까요?

먼저 하나님은 역사의 주인이십니다. 본문 말씀처럼 바벨론의 포로였던 이스라엘 백성들이 70년 만에 고국으로 귀환하였는데, 이는 선지자 이사야와 예레미야의 예언대로 오로지 하나님의 역사였습니다. 하나님이 고레스를 바사 왕으로 세워 바벨론을 멸망시키고, 그를 통하여 이스라엘 백성을 고국으로 귀환토록 한 것입니다. 성경은 이를 명백하게 기록하고 있습니다. **바사 왕 고레스 원년에 여호와께서 예레미야 입을 통하여 하신 말씀을 이루게 하시려고 고레스의 마음을 감동시키시매 그가 온 나라에 공포도 하고 조서도 내려 이르되, 바사 왕 고레스는 말하노니 하늘의 하나님 여호와께서 세상 모든 나라를 내게 주셨고 나에게 명령하사 유다 예루살렘에 성전을 건축하라 하셨나니, 이스라엘의 하나님은 참 신이시라 너희 중에 그의 백성된 자는 다 유다 예루살렘으로 올라가서 이스라엘의 하나님 여호와 성전을 건축하라 그는 예루살렘에 계신 하나님이시라(스 1:1-3).**

다음 역사의 주인라는 말은 나라의 흥망성쇠와 인간의 생사화복을 주관하고, 민족과 백성의 길을 인도하는 주관자와 인도자되심을 뜻합니다. 성경 안에서 하나님이 역사의 주인되심을 더 살펴봅시다. 먼저 하나님이 나라의 흥망성쇠를 주관하시는 내용으로는 다니엘서가 으뜸입니다. 실제 세계 역사는 놀랍게도 다니엘서의 예언 내용대로 그대로 이루어졌습니다. 즉 중동의 패권국가는 바벨론에서 바사로(BC 539년), 바사에서 헬라로(BC 333년), 헬라에서 로마로(BC 63년경) 되었습니다. 이는 마치 역사가 다 이루어진 후 이를 그대로 기록한 것으로 의심하지 않을 수 없을 정도로 성경 내용이 그대로 성취되었습니다. BC 70년경 예루살렘은 로마제국에 의하여 처참하게 초토화되었습니다(눅 23:26-30 참조). 다음 인간의 생사화복에 관한 내용으로는, 하나님의 말씀대로 아브라함의 자손이 하늘의 별과 바다의 모래와 같이 많아졌을 뿐만 아니라 요셉과 모세와 다윗의 인생도 하나님의 손에 의하여 애굽의 총리와 민족의 영도자와 백성의 왕이 된 것입니다. 참고로 메시아이신 예수님의 탄생과 십자가의 고난, 성령의 강림 등 성경의 예언들은 그대로 성취되었습니다. 예수님의 재림 역시 언젠가 이루질 것이므로 재림에 대비하여 늘 깨어 기도해야 하겠습니다(눅 21:34-36).

이처럼 하나님이 역사의 주인이신 것은 하나님이 천하만물을 창조하신 창조의 주로 절대주권하에 그의 계획과 섭리 가운데 인생을 다스리시기 때문입니다. 진정 하나님은 토기장이고 우리는 토기에 불과합니다(사 45:9-13). 하나님은 언제나 사람을 통하여 일하시며 고레스와 같은 이방인도 사용하십니다. 참고로 하나님의 속성과 성품을 살펴보면, 하나님은 창조주이시고 전지전능하시며 영원불변하시고 무소부재하신 유일신입니다. 그리고 하나님은 은혜와 사랑이 충만하시고, 긍휼과 자비가 풍성하시며, 공의로우시고 신실하시며, 악도 선으로 바꾸시는 참으로 거룩하신 분이십니다.

따라서 우리는 우리의 장래와 생명이 하나님의 손에 달려 있음을 깨닫고 날마다 말씀과 기도 가운데 하나님의 나라와 뜻을 구하며 살아가야 합니다. 특히 고난을 당하였을 때에는 아브라함의 중보기도, 이사야와 히스기야의 구국기도, 엘리야의 구원기도, 다니엘의 세이레기도, 초대교회의 합심기도를 본받아 간절히 하나님의 은혜를 구해야 할 것입니다. 간절한 기도만이 하나님의 보좌를 움직입니다. 무엇보다도 예수님으로 말미암지 않고는 하나님께로 올 자가 없으므로 예수님의 마음을 품고, 예수님을 깊이 생각하고 바라보며 살아가야 하겠습니다(요 14:6, 빌 2:5, 히 3:1,12:2).

Letter 102

여호와의 제사장으로 불릴 사람들

이사야 61:1-11

> 오직 너희는 여호와의 제사장이라 일컬음을 받을 것이라 사람들이 너희를 우리 하나님의 봉사자라 할 것이며 너희가 이방 나라들의 재물을 먹으며 그들의 영광을 얻어 자랑할 것이니라 너희가 수치 대신에 보상을 배나 얻으며 능욕 대신에 몫으로 말미암아 즐거워할 것이라 그리하여 그들의 땅에서 갑절이나 얻고 영원한 기쁨이 있으리라(6-7)

본문은 이스라엘의 구원에 관한 메시지로, 예수님이 공생애 초기에 회당에서 인용한 유명한 말씀이 포함되어 있습니다(눅 4:18-19). 본문은 메시아 곧 그리스도의 사명과 하나님의 축복을 함축적으로 잘 묘사하고 있습니다. 그리스도라는 말은 하나님으로부터 '기름 부음을 받은 자'라는 뜻의 헬라어에서 왔습니다. '기름 부음'은 구약에서 제사장이나 사사, 선지자, 왕 등이 특정한 직임이나 사역을 위해 하나님에 의해 위임을 받을 때 하는 의식 행위입니다(출 30:22-33, 왕상 19:16, 삼하 2:4, 왕상 1:39, 대상 29:22). 또한 하나님의 성령의 능력을 받는 것을 뜻하기도 합니다(삼상 10:1-7, 16:13). 참고로 예수님은 본문 성경 말씀이 자신에 의하여 이루어졌다고 하시면서 자신을 하나님으로부터 기름 부음을 받고 성령이 임한 그리스도로 선언했습니다(눅 4:21). 메시아의 사명과 함께 제사장의 사명을 살펴봅시다.

먼저, 메시아의 사명을 살펴봅니다. 메시아는 가난한 자에게 기쁜 소식을 전하고, 마음이 상한 자를 고치며, 포로된 자에게 자유를 선포하고, 갇힌 자에게 석방을 선언하며, 하나님의 은혜의 해와 보복의 날을 선포하면서, 모든 슬픈 자에게 위로와 함께 기쁨과 영광을 줍니다(사 61:1-3). 다시말하면 지금 이스라엘이 망하고 그 백성들은 포로로 끌려가 노예생활을 하고 있지만 하나님께서 메시아를 보내어 이들을 포로생활로부터 구원해 주시고, 바벨론은 심판하시겠다는 것입니다. 그렇습니다. 예수님은 친히 십자가의 고난을 통하여 우리를 죄의 사슬로부터 구원해 주신 그리스도이시요 하나님의 때에 재림하여 우리의 죄를 심판하실 심판주이십니다.

다음 제사장의 직임에 대하여 살펴봅니다. 하나님은 일찍이 시내산에서 이스라엘 백성이 하나님의 언약을 지키면 그들을 제사장 나라와 거룩한 백성으로 삼겠다는 약속을 하셨습니다(출 19:5-6). 제사장이란 하나님과 사람 사이에서 중보적인 역할을 하면서 백성을 대신해서 하나님께 제사드리는 일을 하는 사람입니다. 그러므로 이스라엘 백성을 제사장 나라로 삼는다는 것은 하나님을 섬기기 위해 많은 민족들 중에서 특별히 선택된 하나님의 백성(選民)으로 삼겠다는 뜻입니다. 참고로 제사장 제도는 모세가 시내 산에서 하나님으로부터 받은 율례에서 비롯됩니다. 제사장은 모세의 형인 아론과 그 후손들만 될 수 있습니다(출 28:1, 레 1:5-7). 제사장의 임무는 제사를 주관하고 성소와 제단을 관리하며, 율법을 백성들에게 가르치고(대하 15:3), 하나님의 뜻을 묻기도 하며(출 28:30), 재판관의 역할도 담당하고(신 17:8-9), 하나님의 이름으로 축복을 하기도 합니다(민 6:22-27).

본문 말씀의 핵심은, 이스라엘 백성이 지금은 비록 포로 신세이지만 사람들로부터 '여호와의 제사장' 곧 '하나님의 봉사자'로 일컬음을 받게 되고 또한 열방의 재물과 함께 영광도 받게 된다는 것입니다. 즉 모든 것을 회복할 뿐만 아니라 포로된 수치와 능욕에 대하여 갑절의 보상을 받으며 영원한 기쁨도 차지한다는 것입니다(사 61:4-7). 특히 하나님은 그들의 수고를 성실히 보상하여 주고 그들과 영원한 언약을 맺으며, 그들의 자손을 복의 자손이 되게 해주시겠다는 것입니다. 하나님의 백성으로 인정 받게 되면 하나님께서 구원과 공의의 옷으로 단장시켜 주고, 모든 나라 앞에서 공의와 찬송을 샘 솟듯이 솟아나게 하심으로 말미암아 우리의 영혼이 주 안에서 크게 기뻐하고 즐거워지는 축복을 받게 됩니다(사 61:8-11).

이처럼 하나님은 구약의 제사장에게 영원한 언약을 맺어 영육간의 축복을 약속하셨는데, 우리에게도 이 약속이 유효할까요? 베드로 사도는 예수님을 믿는 성도들을 하나님이 택하신 족속이요 왕 같은 제사장들이요 거룩한 나라요 하나님의 소유가 된 백성이라고 했습니다(벧전 2:9a). 그렇습니다. 성도(聖徒)는 '왕 같은 제사장'이므로 우리가 바른 믿음 생활을 한다면 본문 말씀과 같은 제사장의 축복을 능히 받을 것입니다. 그런데 하나님이 우리를 제사장으로 삼은 이유는 우리로 하여금 죄악과 흑암에서 우리를 구원하신 하나님의 아름다운 덕을 선포하게 하기 위함입니다(벧전 2:9b). 그러므로 우리가 제사장의 축복을 온전히 누리기 위해서는 먼저 대제사장이신 예수님을 깊이 생각하며(히 3:1), 이웃과 열방에 그리스도의 향기를 전하는 복음의 증인된 사명을 잘 감당해야 할 것입니다.

Letter 103

첫 번째 귀향

에스라 1:1-11

바사 왕 고레스 원년에 여호와께서 고레스의 마음을 감동시키시매 그가 온 나라에 공포도 하고 조서도 내려 이르되 바사 왕 고레스는 말하노니 하늘의 하나님 여호와께서 세상 모든 나라를 내게 주셨고 나에게 명령하사 유다 예루살렘에 성전을 건축하라 하셨나니 이스라엘의 하나님은 참 신이시라 너희 중에 그의 백성 된 자는 다 유다 예루살렘으로 올라가서 이스라엘의 하나님 여호와의 성전을 건축하라 그는 예루살렘에 계신 하나님이시라(1-3)

본문은 바벨론으로 포로로 끌려간 이스라엘 백성들 중 일부가 예루살렘으로 귀향하는 배경을 기록한 말씀으로, 구약의 포로귀환 시대의 서막입니다. 구약은 시대적으로 창조 시대, 족장 시대, 출애굽 및 광야 시대, 정복 시대, 사사 시대, 단일왕국 시대, 분열왕국 시대, 포로 시대, 포로귀환 시대, 침묵 시대 등 10개 시대로 구분합니다. 포로 시대는 BC 605년부터 586년까지 분열왕국 시대인 남유다 왕국이 멸망당하는 과정에 세 차례에 걸쳐 바벨론에 포로로 끌려가서 그곳에서 살던 시대이고, 포

포로귀환 시대는 BC 536년부터 445년까지 세 차례에 걸쳐 포로 된 이스라엘 백성이 바벨론에서 예루살렘으로 귀환하는 시대입니다. 영적으로 포로 시대는 하나님의 심판을, 포로귀환 시대는 하나님의 구원을 뜻하며, 특히 포로귀환은 제2의 출애굽으로 평가합니다. 참고로 포로귀환 시대는 성전 재건(스룹바벨), 영적 개혁(에스라), 성벽 재건(느헤미야)의 이른바 영적 각성과 부흥의 시대입니다.

먼저 에스라서에 기록된 포로귀환에 대하여 살펴봅니다. 에스라서는 제1차와 제2차 포로귀환에 대하여 기록하고 있는데, 제1차 포로귀환은 BC 536년 스룹바벨과 제사장 예수아의 주도로 이루어지고(스1-6장), 제2차 귀환은 BC 458년 학사 겸 제사장인 에스라의 주도로 이루어집니다(스7-10장). 제1차 포로귀환의 주역인 스룹바벨은 남유다 왕국 마지막 왕 시드기야 직전 왕 여호야긴(여고냐)의 손자로서 바사 왕 고레스로부터 유다 총독으로 임명을 받고, 제사장 예수아와 함께 바벨론에 있는 많은 이스라엘 백성(유다와 베냐민 지파의 우두머리들, 제사장들, 레위지파 사람들, 일반 사람들)을 이끌고 예루살렘으로 귀환하여 성전을 재건하는 중요한 사명을 감당합니다. 참고로 예수님은 스룹바벨의 혈통을 따라 탄생했으며(마1장), 제3차 포로귀환은 BC 445년 느헤미야에 의하여 이루어집니다.

본문의 핵심은, 포로인 이스라엘 백성이 바벨론에서 예루살렘으로 귀환하게 된 배경입니다. 결론적으로 포로귀환은 겉으로 보기엔 바사 왕 고레스와 스룹바벨 등 인간의 힘과 역사(役使)에 의하여 이루어진 것 같지만, 실제로는 역사(歷史)의 주관자이신 하나님에 의하여 이루어진 것입니다. 이는 일찍이 신실하신 하나님께서 선지자들을 통하여 한 예언을 성취하기 위함이고 또한 느브갓네살 왕의 침공으로 훼파된 하나님의 성전을 재건하기 위함입니다. 이사야서에서 말씀하신 바와 같이 하나님은 이방의 바사 왕 고레스를 택하여 바벨론 등 주변국을 통일하게 한 후 그를 통하여 이스라엘 백성을 포로에서 석방하여 성전을 건축하도록 고국으로 귀환하게 합니다(스1:1-4, 사45:1-8). 이때 이웃 사람들은 하나님의 감동으로 귀환자들에게 자원예물 뿐만 아니라 자신들의 진기한 보물조차 주는 등 물심양면으로 지원하고, 고레스 왕 역시 성령의 감동을 받아 느브갓네살 왕이 예루살렘 성전에서 빼앗은 성전의 귀한 많은 그릇들을 귀환하는 사람들에게 되돌려줍니다.

본문 말씀을 통하여 우리 하나님이 어떤 분이신가를 살펴보면, 첫째, 하나님은 그 뜻대로 역사를 이끌어가는 절대주권을 가진 역사의 주인입니다. 둘째, 하나님은 자신이 택한 사람을 통하여 하나님의 뜻을 이루어갑니다. 셋째, 하나님은 사람의 지혜와 능력이 아니라 성령의 감동하심으로 역사를 이루어갑니다.

넷째, 하나님은 선민인 이스라엘과 이방인을 구별하지 않고 임의로 사용합니다. 그렇습니다. 성경의 위인들 모두 하나님으로부터 택함받고 하나님의 함께 하심의 은총을 받아 의의 길을 걸어간 사람들입니다. 우리도 하나님의 손에 택함받아 붙들린다면 신앙의 위인들과 고레스와 스룹바벨과 같이 하나님의 일을 하는데 쓰임을 받을 것입니다. 우리 모두 하나님께 택함 받아 주의 일에 쓰임받도록 기도합시다.

끝으로 본문의 포로귀환이 주는 영적 의미를 살펴봅니다. 첫째, 하나님은 선택한 백성과 나라를 지키시는 분입니다. 하나님은 다함없는 사랑으로 백성의 부르짖음을 들으시고 구원의 역사를 이루어가십니다. 둘째, 하나님은 유다의 죄악을 심판하기 위하여 바벨론이라는 도구를 사용하셨지만, 다시 고국으로 귀환하게 하셨듯이 징벌은 결코 하나님의 뜻이 아닙니다. 셋째, 하나님은 당신의 백성이 포로생활의 고난을 통해 영적 유익과 각성을 체험하게 한 다음 하나님께로 돌아오게 하십니다. 우리 모두 하나님의 크신 긍휼과 사랑에 힘입어 우리에게 때때로 임하는 고난을 오직 믿음과 순종으로 이겨 나갑시다. 고난은 단지 과정일 뿐 결코 목적이 아닙니다. 고난은 믿는 자에게 영적 유익을 주는 축복의 통로입니다.

Letter 104

성전을 재건하다

에스라 3:1-13

예루살렘에 있는 하나님의 성전에 이른 지 이 년 둘째 달에 스룹바벨과 예수아와 제사장들과 레위 사람들과 예루살렘에 돌아온 자들이 공사를 시작하고 레위 사람들을 세워 여호와의 성전 공사를 감독하게 하매(8)

　본문은 바벨론 포로에서 이스라엘로 귀환한 이스라엘 백성들이 성전을 재건하는 내용의 말씀입니다. 에스라 1장 말씀 같이 바사 왕 고레스는 하나님의 감동을 받아 예루살렘에 하나님의 성전을 짓도록 하기 위하여 유다 포로들의 귀환을 허락하고, 옛 솔로몬 성전에서 탈취당했던 성전 기물들도 되돌려 주었습니다. 이스라엘 백성들은 귀환한지 일곱째 달에 예루살렘에 모여 제단을 쌓고 율법대로 제사와 절기를 지내다가 2년 후 본격적으로 솔로몬 성전의 터 위에 성전 재건을 위한 성전의 기초를 놓았습니다. 이때 유다 총독 스룹바벨과 대제사장 예수아를 중심으로 제사장들과 레위 사람들과 백성이 하나가 되어 다함께 하나님께 감사와 영광의 찬송을 드리기도 하고 일부 나이 많은 제사장들은 감격하여 통곡을 하기도 했습니다. 한마디로 찬송과 통곡이 한데 뒤섞인 축제의 현장이었습니다. 본문 성전 재건이 주는 의미를 음미해 봅시다.

먼저 성전이 어떤 곳인지 살펴봅니다. 성전은 이스라엘 백성이 출애굽하여 광야에서 세운 성막과 같이 하나님께 제사를 드리는 곳입니다. 광야 시대부터 다윗에 이르기까지 줄곧 성막에서 제사를 드리다가 BC 960년경 솔로몬 왕때 비로소 성전을 짓고 성전에서 제사를 드렸습니다. 성전은 하나님의 임재를 상징하는 곳으로 제사를 드리고(대하 6:21), 기도하며(사 56:7), 하나님의 말씀이 선포되는 하나님의 집입니다(출 25:22, 대하 6:6). 그래서 이스라엘 백성은 성전에서 제사를 드리기만 하면 우상 숭배와 탐욕적 삶을 살더라도 하나님께서 그들을 보호하고 지켜 주실 것으로 믿었지만, 역사의 현실은 그렇지 않았습니다. 오늘날 적지 않은 그리스도인들도 교회 건물을 성전으로 생각하면서 주일성수하고 십일조 헌금을 내면 만사 형통할 것으로 믿는데, 이는 분명 잘못된 신앙입니다. 중요한 것은 하나님의 임재와 만남을 사모하는 예배의 마음가짐과 자세입니다.

귀환한 이스라엘 백성이 성전을 재건한 가장 근본적인 목적은 그곳에서 하나님께 예배드리고 하나님을 만나는 등 신앙을 회복하기 위함입니다. 그런데 중요한 것은 성전 자체가 아니라 성전 안에 하나님의 임재가 있어야 합니다. 하나님의 임재가 있기 위해서는 우리가 영과 진리로 예배하고, 우리 삶이 하나님의 뜻에 합당할 때 비로소 하나님이 우리를 찾아 오신다는 것입니다. 다시말하면 하나님의 임재가 있어야 참 성전이고 참 교회 예배당인 것입니다. 만일 우리 예배당에 하나님께서 임재하시지 않으시면 우리가 드리는 예배는 아무런 힘과 능력이 없을 것입니다.

참고로 성경에서 기록된 성전을 살펴보면, 솔로몬 성전, 스룹바벨 성전, 헤롯 성전, 에스겔 성전, 성령이 임하는 우리 몸(고전 3:16, 6:19)입니다. 우리 몸도 성전이라는 바울의 신앙처럼 성령이 임하느냐 여부가 성전의 정체성을 가릴 수 있는 본질입니다. 따라서 우리는 성령 충만한 예배를 드려야 하고 또한 성령 충만한 삶을 살아야 합니다. 성령 충만한 예배를 드리기 위해서는 무엇보다도 말씀과 기도와 찬양이 함께해야 하며, 또한 우리의 일상적인 삶이 말씀에 순종하고 하나님의 뜻에 합당해야 할 것입니다. 그러므로 우리는 주 안에서 항상 기뻐하고 무시로 성령 안에서 쉬지 말고 기도하며 말씀 안에서 범사에 감사하는 삶을 살아야 할 것입니다.

결론적으로 성전 재건의 영적 의미란, 성전은 하나님의 임재를 상징하는 곳이므로 성전 재건이란 바로 예배를 통한 하나님과의 관계 회복입니다. 하나님은 선지자들을 통하여 이스라엘 민족에게 회개하고 하나님께로 돌아오라고 촉구했습니다. 이는 하나님이 그들과의 관계회복을 하기 위함입니다. 우리 모두 온전한 신앙의 회복을 위하여, 하나님과의 뜨거운 만남을 위해서는 무엇보다도 성령충만한 예배를 드리고, 하나님의 성전인 우리 몸과 마음이 깨끗하고 정결하도록 늘 말씀과 기도에 힘써 거룩한 삶을 살아야 할 것입니다.

말씀 묵상 104

발 행 일 | 2023년 8월 10일
지 은 이 | 노상균
펴 낸 이 | 박희정
펴 낸 곳 | 에디아
주　　소 | 04557 서울시 중구 퇴계로37길 14 기종빌딩 6층
전　　화 | 02-2263-6321
팩　　스 | 02-2263-6322
이 메 일 | koreaedia@hanmail.net
등록번호 | 제2-2217호(1996.7.30)
ISBN • 978-89-87977-53-9 03230

*책값은 뒤표지에 있습니다.